인구 감소 사회는
위험하다는 착각

인구 감소 사회는 위험하다는 착각

저출산, 저성장 시대를 맞이하는
미래 세대를 위한 처방전

우치다 다쓰루 외 지음 | 김영주 옮김

위즈덤하우스

일러두기

1. 이 책은 內田樹(編集),『人口減少社會の未來學』(文藝春秋, 2018)을 완역한 것이다.

2. 본문의 각주 중 옮긴이 주는 ●로 표시했다.

3. 외국어 표기는 국립국어원 외래어 표기법에 따라 표기했다. 단, 필요한 경우 외래어를
   순화하지 않고 그대로 두었다.

문명사적 규모의 문제에
직면한 미래 예측

우치다 다쓰루內田樹

일본의 대표적인 사상가, 교육가, 문화평론가. 1950년 일본 도쿄 출생. 도쿄대학 문학부 불문과를 졸업. 도쿄도립대학대학원 인문과학연구과 박사 과정 중퇴. 고베여학원대학 문학부 종합문화학과 명예교수이자 교토세이카대학 객원교수. 무도관 '가이후칸凱風館' 관장. 대표 저서로《대세를 따르지 않는 시민들의 생각법》,《사쿠라 진다》,《소통하는 신체》,《말하기 힘든 것에 대해 말하기》,《거리의 현대 사상》,《어떤 글이 살아남는가》,《푸코, 바르트, 레비스트로스, 라캉 쉽게 읽기》,《하류지향》,《스승은 있다》,《어른 없는 사회》 등이 있고,《유대문화론(사가판)》으로 고바야시 히데오小林秀雄 상을,《일본변경론》으로 신서대상新書大賞을 받았다.

'모두의 지혜를 모아 대화하는' 방법

먼저 머리말을 겸해 이 책의 취지를 밝히고 사견을 조금 더해 〈서론〉으로 삼고자 합니다.

반년 전쯤 출판사 분게이순주文藝春秋의 야마모토 히로키山本浩貴에게 "인구 감소 사회의 미래에 대해서 다양한 관점의 식견을 모은 책을 만들고 싶다"는 제안을 받았습니다. 저도 관심을 가지고 있던 문제였기에 제안을 받아들였습니다. 제가 하고 싶은 이야기가 있었다기보다 인구 감소 사회의 실상에 대해서 다른 분들이 어떻게 전망하고 있는지 궁금했기 때문입니다. 제가 이 책의 편자로서 원고를 의뢰하는 글의 초안을 작성했습니다. 다음과 같은 글입니다.

여러분, 안녕하십니까. 우치다 다쓰루입니다.
분게이순주로부터 '인구 감소 문제'에 관한 논문집을 편찬하고 싶다는 의뢰를 받았습니다. 인구 감소는 앞으로 전 세계가 직면하게 될 문명사적 규모의 문제입니다. 국립사회보장·인구문제연구소의 보고에 따르면 일본의 21세기 말 총 인구는 중위 추계中位推計 기준 6천 만 명으로 추산됩니다. 앞으로 80년 동안 인구가 약 7천 만 명 가까이 줄어듭니다. 이러한 변화는 정부와 자치단체가 시행 중인 결혼 장려나 육아 지원 수준의 정책으로 대응할 수 있는 규모가 아닙니다. 무엇보다 인구 감소에 따른 시장의 축소로 현재 비즈니스 모델의 상당수가 시장에서 퇴장당하거나 근본적 변화를 강요당할 것입니다. 국민 생활의 격변이 예상됩니다. 그러나 인구 감소로 인해 일어날 일들에 대한, 과학적 예측에 입각한 '국가의 형태'에 대한 국민적 의논은 아직 시작되지 않았습니다.

인구 감소와 함께 인공지능AI으로 인한 일자리 감소 역시 눈앞에 임박한 문제입니다. 기술의 진화로 야기되는 일자리 감소는 제조업과 서비스업을 중심으로 공전의 규모가 될 것으로 예측됩니다. 그러나 언제, 어느 업계에서, 어떤 형태로 시작될지는 아직 불확실합니다. 그렇지만 미국에서는 이미 경제학자들이 기본소득의 도입을 심각하게 논의하고 있습니다. 이러한 사실을 통해서 우리는 대량실업의 절박함을 짐작할 수 있습니다.

앞으로 사회 형태가 어떻게 변할지 장기적 예측을 세우고, 우리가 할 수 있는 일과 해야 할 일을 의논하여 일단 당장 가능한 일부터 시작하는 것이 미래 세대에 대한 우리의 피할 수 없는 책임입니다. 우리가 마주하고 있는 것은 전대미문의 사태입니다. "나는 이런 문제에 대해서 어떻게 해야 하는지 그 해답을 알고 있다"고 말할 수 있는 사람은 아무도 없습니다. 이것은 어떤 일이 일어날지, 그리고 어떻게 대처해야 할지 누구도 해답을 알지 못하는 문제입니다. 그러나 답을 모르는 문제에 대해서도 '모두의 지혜를 모으는' 일은 가능합니다. 이 책에서는 우선 '어려운 문제에 대해서 모두의 지혜를 모아 대화한다'는 방법론을 제시하고자 합니다.

이 책에 수록할 원고를 부탁드리는 여러분 가운데 누가 올바른 예측을 하고 있으며 누구의 제언이 합리적인지, 지금 단계에서는 알수 없습니다. 그러나 저는 다양한 영역의 지식과 견문에서 도출된 제언을 모아 대조함으로써, 한층 적용 범위가 넓고 개연성이 높은 가설을 함께 만들어낼 수 있다고 생각합니다. 어쩌면 이러한 작업은 세계 각지에서 동시다발적으로 다양한 영역에서 이미 시작되고 있을 것입니다. 그러한 시도의 하나로서 이 책이 일본의 미래에 대한 국민적 논의가 되기를 희망합니다.

원고는 십여 분께 부탁드릴 예정입니다. 모두 바쁘신 분들이시기에 집필할 시간을 내기 어려운 분도 계시리라 생각합니다. 가능한 다양한 시점에서 '인구 감소 사회'에 일어날 것으로 예측되는 일들과 그에 대처하는 제안에 대해서 가르침을 받고자 합니다. 아무쪼록 잘 부탁드립니다.

이런 내용이었습니다.

인구 감소 사회의 미래를 예측하는 책은 이 책을 포함하여 앞으로 계속 출판될 것입니다. 인구 감소와 같은 국민적 문제에 대해서는 가능한 많은 저자의, 가능한 많은 지식과 견해가 제시되어야 합니다. 미래는 언제나 안개에 싸여 있습니다. 안개 너머에 어떤 풍경이 펼쳐져 있는지 확실하게 알고 있는 사람은 아무도 없습니다. 그렇기 때문에 미래상은 논자의 수에 비례합니다. 예측한 미래상이 다를수록 우리가 추려내야 하는 '마음의 준비' 목록도 길어집니다.

그런데 아무래도 우리는 일어날 수도 있는 일에 대해서 '마음의 준비'를 하는 데는 대단히 서툰 것 같습니다. 원고 의뢰 글에서 저는 인구 감소 사회의 미래 예측은 "세계 각지에서 동시다발적으로 다양한 영역에서 이미 시작되고 있다"고 적었습니다. 확실히 몇 년 전부터 '탈성장론'과 '정상경제론定常經濟論'은 세계적으로 중요한 논안이었습니다. 그러나 일본 사회에는 아직 이들이 중요한 논안이라는 위기의식이 없습니다. 참으로 이상한 일입니다. 왜냐하면 일본은 세계 최초로 초저출생 및 초고령화 단계에 돌입하는 국가이기 때문입니다. 일찍이 세계 어느 나라도 경험한 적 없는, 역사상 전례가 없는 국면에 접어들면서도 '그때 무슨 일이 일어날 것인가?'에 대한 예측이 이루어지지 않고 있습니다.

저처럼 경제학·인구학·제도론 등 어떤 것과도 무관한 사람이 '이런 책'의 편자가 된 이유는 솔직히 말하면 전문가들이 이에 대한 논의를 기피하고 있기 때문입니다. 전문가가 "인구 감소 사회에 대한 예측과 대책은 전문가에게 맡겨주십시오. 비전문가가 주제넘게 나설 일이 아닙니다"라고 해주면 저도 걱정하지 않습니다. 애초에 저 같은 비전문가에게 이런 책의 의뢰가 들어오지도 않았을 것입니다. 그러나 지금 저는 '이런 글'을 쓰고 있습니다. 이 사실이야말로 우리가 인구 감소 사회를 대비하고 있지 않다는 증거입니다.

다시 한 번 말씀드립니다. 우리는 최악의 상황에 미리 대비하는 것을 싫어합니다. '싫어하는지', '불가능한지' 어느 쪽인지는 모르겠지만 이것은 일종의 국민적인 '병'입니다.

전쟁이나 경제공황이나 자연재해는 모든 국가에서 일어날 수 있습니다. 그런 의미에서 '일반적인 일'입니다. 그러나 '높은 확률로 위기가 예측되는데도 아무런 대책을 강구하지 않는 국민성'은 '일반적인 일'이 아닙니다. 그것은 **한층 더 높은 차원의 위기**입니다. '위험 요소'는 우리 의사와는 상관없이 외부에서 찾아오지만, '위험 요소의 도래가 예측되는데도 아무런 대책을 강구하지 않는다'는 집단적 무능력은 우리 스스로 선택한 결과이기 때문입니다. '선택했다'는 표현이 지나치다면 '눈을 감은' 결과라고 바꿔 말할 수 있습니다.

인구 감소는 자연스러운 과정

인구 감소 자체는 천재지변이 아닙니다. 자연과정입니다. 환경수용능력carrying capacity을 초과한 인구 팽창에 대응하여 인류가 살아남기 위해서 무의식적으로 선택한 집단적 행동입니다.

70억이라는 인류 총 인구는 아무리 생각해도 지구환경에는 지나치게 큰 부담입니다. 그러나 22세기까지 인구는 계속 증가합니다. 2050년에는 97억 명, 2100년에는 112억 명에 달할 것으로 예측됩니다. 그렇게 많은 인구에게 에너지, 식량, 물, 의료, 교육자원을 안정적으로 공급할 수 있다고 생각하는 사람은 아마 없을 것입니다. 지금도 세계에서 8억 명이 영양 불량 상태에 놓여 있습니다. 아홉 명 가운데 한 명이 굶주리고 있습니다. 그럼에도 세계 인구는 앞으로 30년 동안 22억 명, 1년에 약 7천 만 명의 속도로 계속 증가합니다.

인구가 눈에 띄게 증가하는 국가는 인도(3.2억 명), 나이지리아 (2.2억 명), 콩고민주공화국(1.2억 명), 파키스탄(1.1억 명), 에티오피아(9천 만 명), 탄자니아(8천 만 명), 미국(7천 만 명), 인도네시아(6천 만 명), 우간다(6천 만 명) 등입니다. 이들 국가가 30년 후에는 지금보다 정세가 안정되고 경제가 호경기를 맞이하고 민심이 평온해질까요? 그렇게 예측하기 위해서는 상당히 낙관적인 기대가 필요할 것입니다. 이들 국가에는 (미국을 제외하고) 더 이상의 인구 증가를 수용할 수 있는 체력이 없습니다. 그런 이유에서 지구환경이 지속가능한 상태까지 인구가 감소하는 현상은 자연스럽고 합리적인 일입니다. 인구 감소 그 자체를 마치 '나쁜 일'처럼 취급하는 것은 이치에 어긋납니다. 모든 선진국은 (미국을 제외하고) 앞으로 인구 감소 국면에 접어듭니다. 22세기에는 아시아와 아프리카를 포함한 전 세계가 저출생과 인구 감소 국면을 맞이합니다. 이것은 '모두에게 일어나는 일'입니다. 먼저 이 사실을 인정하는 일부터 시작해야 합니다.

모두에게 일어나는 일이기 때문에 모든 나라가 머잖아 인구 감소에 대한 대비를 시작해야 합니다. 그러나 가장 먼저 위기에 직면하는 일본에서는 어째서인지 대비가 시작되지 않고 있습니다. 사람들은 인구 감소에 대해서 생각하지 않으려고 합니다. 타조가 모래밭에 머리를 묻고 있는 것처럼 다가오는 위기를 모르는 척하고 있습니다. 인구 감소 사회의 실상에 대해서 구체적인 고찰에 들어가기에 앞서, 저는 서론에서 이러한 일본인의 집단적 무능함에 대해 고찰해보고자 합니다. 짧지 않은 내용이지만 양해를 부탁드립니다.

얼마 전 《마이니치신문每日新聞》이 '축소되는 일본의 미래'라는 특집 좌담회를 열었습니다. "인구 감소가 어째서 심각한 문제인가? 어떤 과제에 대해서 어떻게 대처해야 하는가?"라는 기자의 질문에 어떤 사람은 "낙관할 문제는 아니지만 그렇다고 비관주의에 빠질 필요도 없다. 인구 감소를 기정사실로 받아들이고 어떻게 할지 대처 방법을 고안하면 된다"고 대답했습니다. 또 어떤 사람은 "인구가 줄어들면 '쇠퇴숙명론'이 사회에 확산된다. 그렇게 되면 취해야 할 대응을 잊어버리고 사회는 쇠락해버린다"고 대답했습니다. 다른 사람은 "인구 감소에 대응하는 사회체계를 만들 필요가 있을 것이다"라고 대답했습니다. 그리고 개별적 논의로 넘어가 도쿄 집중화에서 지방 분산으로의 전환, 정년의 연장과 고령자의 취업 촉진, 연금 지급 연령의 상향 조정 등 몇 가지 무난한 의견들이 나왔습니다. 마지막으로 정치가(후쿠다 야스오福田康夫, 전 일본 총리)가 "국가의 미래를 종합적으로 생각하는 중심이 없다"고 차갑게 내뱉으며 좌담회는 끝이 났습니다.

이 일화를 통해 알 수 있는 것은 현재 일본에는 인구 감소 사회에 대해서 행정의 어느 부서가 대응책을 기안하고, 그 제안의 적합

성 여부를 누가, 어떤 기준에 입각해서 판단하는지 아직 어떤 합의
와 규칙도 존재하지 않는다는 사실입니다. 행정 전문가라는 사람
이 "인구 감소에 대응하는 사회 체계를 만들 필요가 있을 것이다"
라고 이제 와서(해당 기안의 책임이 본인에게 있다는 자각이 완전히 결여
된 상태로) 말하고 있다는 사실에 일본인은 조금 더 충격을 받아야
합니다.

일본인은 '최악의 사태'를 대비하여 다양한 계획을 준비하는 것
을 좋아하지 않습니다. 상당히 기이한 일본인의 민족지誌적* 습관
입니다. 일단 미국은 그렇지 않습니다.

이미 글로 쓴 적이 있는 이야기이지만 적절한 방증이기에 한 번
더 인용하도록 하겠습니다. 〈에어포트 77〉(1977)이라는 재난영화
가 있습니다. 납치된 점보여객기가 고장으로 버뮤다 해역에서 바
다로 추락합니다. 조난신호를 받은 미국 해군이 급히 현장으로 달
려가, 승객을 태운 점보여객기를 끌어올리기 위한 대규모 구조 작
전이 시작됩니다. 이렇게 '줄거리'만 보아도 '흔한 재난영화'임을
알 수 있을 것입니다. 딱히 손에 땀을 쥐게 하는 긴장감도 없고 눈
이 즐거운 화려함도 없는 평범한 영화입니다.

그런데 휴일 낮에 뒹굴거리며 이 영화를 보다가 강한 위화감을
느낀 장면이 있었습니다. 점보여객기를 끌어올리는 작업(해저에 가
라앉은 기체에 풍선을 붙여 떠오르게 만드는 방법)을 시작하는 장면이
었습니다. 함장은 "그런 경우라면 작전 제○○호로군"이라고 말하

---

* 현장조사를 통해 연구자가 관여한 대상사회의 현상을 기술, 분석한 결과.

면서 함교의 벽장을 열고 빼곡히 늘어선 작전 실시 요령 서류철 중에서 한 권을 꺼내들었습니다. 그리고 함내 방송으로 "지금부터 작전 제○○호를 실시한다. 현 상황은 연습이 아니다"라고 알렸습니다. 저는 저도 모르게 텔레비전 화면을 향해 "정말?"이라고 중얼거렸습니다. '해저 30미터 지점에 승객과 함께 가라앉은, 침수되고 산소가 희박해진 점보여객기를 풍선으로 떠오르게 만드는' 작전에 특화된 지침이 존재하고, 배의 승무원은 이미 여러 번 연습한 적이 있다는 설정이 지나치게 비현실적으로 느껴졌기 때문입니다. 그러나 이 영화의 각본은 유니버설영화사의 기획회의를 통과하고 1,000만 달러의 제작비를 받았습니다. 유니버설영화사에는 "이렇게 억지스러운 설정에 분명히 관객은 화를 낼 것이다"라고 말한 사람이 없었던 것입니다.

저는 이때 미국과 일본은 '위기'에 대한 사고방식이 상당히 다르다는 사실을 깨달았습니다. 미국인은 '일반적으로 일어나지 않는 일'을 망라하여 열거하고, 각 상황에 대해서 구체적인 대응책을 준비하는 것을 절대 '쓸데없다'고 생각하지 않습니다. 오히려 미국사회는 '누구도 예상하지 못하는 최악의 사태'를 예상하고, 그 사태에 대처하는 계획을 제시할 수 있는 능력을 높게 평가한다고 합니다.

"파국적 사태(카타스트로프catastrophe)가 과거 한 번도 일어나지 않았다는 것은, 파국적 사태가 미래에도 결코 일어나지 않는다는 근거가 될 수 없다"는 명제는 (데이비드 흄David Hume 이후) 분명히 영미 지성인의 내면 깊이 자리 잡고 있습니다. '지금까지 일어나지 않은 일'은 앞으로도 일어나지 않을 개연성이 높습니다. 그러나 그것은 어디까지나 개연성에 불과합니다. 개연성의 전망에 주관적인 희망을 개입시켜서는 안 된다는 것이 앵글로·색슨 문화권의 지성인이 생각하는 '상식'입니다. 그러나 일본에서는 상식이 아닙니다. 일본의 상황은 정반대입니다. 일어날 확률이 낮은 파국적 사태에 대해서는 '생각하지 않기로 한다'가 일본의 전통입니다.

최악의 사태를 외면하는 현실

———

그런 경향이 가장 극단적 형태로 나타난 예가 태평양전쟁 기간의 전쟁지도부였습니다. 전쟁지도부에는 '이 작전이 성공하고 이 작전도 성공하면 일본군의 대승리'라는 '최선의 사태'만 계속해서 제시할 수 있는 참모들이 중용되었습니다. 물론 현실은 그렇게 원하는 대로는 흘러가지 않습니다. 패색이 짙어진 이후에는 거의 모든 작전이 실패했습니다. 그러나 작전이 실패한 경우도 실패의 책임은 작전 기안자가 아니라 지시대로 행동하지 않은 현장 지휘관이나 병사들에게 돌아갔습니다. 작전이 성공하면 기안자의 공적, 실패하면 실행부대의 책임이었습니다. 노몬한 사건* 이후, 임팔 전투**에서도 필리핀에서도 마찬가지였습니다. 상황이 이렇다보니 작전을 세울 때 '최악의 사태'를 상정하는 인간은 아무도 없었습

---

* 국경 문제를 둘러싸고 1939년에 만주와 몽골의 국경지역 노몬한에서 일어난 소련과 일본의 군사적 충돌. 일본군이 대패하여 소련의 주장에 따라서 국경선이 확정되었다.

니다. "만약 작전 A가 실패하면 어떻게 합니까?"라는 질문은 "바로 그런 패배주의가 일본군의 사기를 저하시켜 작전의 실패를 초래한다"는 논리로 단박에 기각당했습니다.

앞에서 예로 든 좌담회에서도 '비관주의에 빠지면 안 된다'는 점에 대해서는 네 명의 논자 모두 의견이 일치했습니다. 확실히 맞는 말이지만 주의해야 할 점이 있습니다. 일본 사회에서는 '최악의 사태를 상정하여 그 대처법을 고안하는' 태도 자체를 '비관적 행동'으로 분류합니다. 그렇기 때문에 '그런 일'을 해서는 안 된다는 엄명이 내려집니다. 비관주의에 빠지면 인간은 '쇠퇴숙명론'에 사로잡혀 '대응을 취해야 한다는 사실을 잊어버리고' 결국 '사회가 전복되기' 때문입니다. 저는 절망적 사태에 대비하는 인간을 비관적이라고 생각하지 않습니다(적어도 〈에어포트 77〉의 경우는 그렇습니다). 그러나 일본 사회에서 저처럼 생각하는 인간은 소수의 예외처럼 보입니다. 왜냐하면 분명 그들의 주장대로 일본인이 '최악의 사태'를 상정할 경우, 어떻게 대처할지 냉철하게 검토하기 전에 **절망한 나머지 사고정지 상태에 빠져버리기 때문**입니다.

인구 감소는 제대로 대처하지 못하면 망국의 위기를 초래할 수 있는 문제입니다. 그러나 정부도 자치단체도 아직 그 어떤 대책도 강구하지 않고 있습니다. 어느 부서가 책임지고 대책을 강구할지

•• 1944년 일본군이 인도 침략을 위해 임팔지역의 연합군을 공격한 전투. 일본은 사상자 약 6만 명에 달하는 막대한 피해를 입고 패배했으며, 이는 일본군의 버마 방위선의 붕괴를 초래했다.

에 대한 합의조차 이루어지지 않고 있습니다. '비관주의에 빠지면 어떤 대책도 떠오르지 않는다'는 믿음이 사회에 널리 퍼져 있기 때문입니다. 실제로 경험에서 얻은 지식도 이를 뒷받침합니다. 비관주의에 빠지면 일본인은 어리석어집니다.

그리고 정반대의 '근거 없는 낙관론'에 매달려 이상행복감•에 가까운 망상을 이야기하는 것을 적극적으로 추천하고 있습니다. 원자력발전소의 재가동, 무기 수출, 자기부상 신칸센, 올림픽·엑스포·카지노 등의 '빵과 서커스'성 행사, 일본은행의 '이차원완화異次元緩和'••, 정부가 주도하는 관제상장官製相場. 이것들은 모두 실패하면 비참한 상황에 처할 수 있는 무모한 작전입니다. 그러나 관계자들은 이런 작전에서 "예상할 수 있는 최악의 사태에 어떻게 대처할 것인가?"에 대해서는 1초도 생각하지 않습니다. 모든 것이 성공하면 일본 경제는 다시 활성화되고, 전 세계에서 자본이 모여들고, 주가는 급등하고, 인구도 V자 곡선을 그리며 회복된다는 이야기를(그런 일은 아마 절대 일어나지 않으리라는 것을 알고 있으면서도) 하고 있습니다. 생각대로 되지 않았을 경우에는 어느 시점에서 어떤 지표를 바탕으로 B안이나 C안으로 전환함으로써 피해를 최소화할지에 대해서는 아무도 이야기하지 않습니다. '성공하지 못했을 경우를 대비한다'는 태도는 패배주의이며, 패배주의야말로 패

• 현재의 객관적 상황과 상관없이 비정상으로 과도하게 느끼는 행복한 감정.

•• 일본은행이 2013년 4월에 시작한 금융완화정책. 지금까지와 차원이 다른 수준이라는 의미에서 '이차원'이라는 이름이 붙었다.

배를 불러온다는 순환논리에 사로잡혀 있기 때문입니다. 그리고 이 논법에 매달리는 동안은 **미래의 어떤 위험을 예측하고도 아무 것도 하지 않는 것을 용서받을 수 있습니다.**

이런 점에서 현재 일본 엘리트의 사고방식은 태평양전쟁 지도 부와 거의 다르지 않습니다. 양쪽 모두 높은 확률로 파국적 사태가 도래한다는 것은 예측했습니다. 막상 파국이 도래하면 사회 전체 가 큰 혼란에 빠집니다. 그런 상황에서 "책임자는 누구냐?"며 비난 조로 책임의 소재를 추궁하는 인간은 없습니다. 그럴만한 시간적 여유도, 귀를 기울이는 사람도 없습니다. 그렇다면 아예 파국으로 치닫는 편이 개인적인 책임을 면할 수 있으니 '이득'이라는 것이 바로 '패배주의가 패배를 불러온다'는 논리의 이면에 숨겨진 계산 입니다.

극동국제군사재판에서 25명의 피고인 전원은 "나는 전쟁을 일 으키는 것을 원하지 않았다"고 주장했습니다. 만주사변에 대해서 도, 중국과의 전쟁에 대해서도, 태평양전쟁에 대해서도, 피고인들 은 "다른 선택안이 없었다"는 말로 책임을 회피했습니다. 예를 들 어 고이소 구니아키小磯國昭는 만주사변, 중국에서의 군사행동, 3 국 동맹, 미국과의 전쟁에 대해서 전부 개인적으로는 반대했다고 증언했습니다. 이에 기가 막힌 검찰관은 그렇다면 어째서 당신은 본인이 반대하는 정책을 집행하는 정부기관에서 잇달아 중요한 직위로 나아갈 수 있었냐고 추궁했습니다. 그러자 고이소는 다음 과 같이 대답했습니다.

"우리 일본인의 방식은 자신의 의견은 의견, 논의는 논의입니다. 만약 국가정책이 결정되었다면, 그 국가정책에 따라 노력하는 것이 우리에게 부과된 종래의 관습이며 또한 **존중받는 방식입니다.**"[1]

마루야마 마사오丸山眞男는 이 증언을 인용하면서 이렇게 말했습니다.

"위와 같은 사례를 통해서 얻을 수 있는 결론은 '현실'이라는 대상을 진행형으로 만들어내거나 만들어가는 것이라 생각하지 않고, 이미 만들어**진 것**, 아니 좀더 구체적으로 표현하면 **어디선가 발생해서 찾아온 것**이라고 생각한다는 점이다."[2]

피고인들은 전쟁지도부라는 중요한 지위에 있으면서도 자신들이 전쟁이라는 현실을 만들어냈다는 사실을 완강히 거부했습니다. 그들은 전쟁을 인간의 능력을 초월한 천재지변처럼 '어디선가 발생해서 찾아온 것'으로 받아들였습니다. 그렇기 때문에 그 압도적인 현실에 적응하는 것 말고는 "선택 안이 없었다"고 변명한 것입니다.

전쟁이 통제할 수 있는 정치적 행위라면, 어떤 이념과 계획에 의거하여 전쟁을 시작했는지에 대한 정치적 책임이 발생합니다. 그러나 '어디선가 발생해서 찾아온' 천재지변과 같은 종류의 파국이라면, 누구에게도 어떠한 정치적 책임도 발생하지 않습니다. 때문에 다소 부정적으로 해석해보면, 저는 패색이 짙어진 이후에는 전

---

1 마루야마 마사오, 《현대 정치의 사상과 행동》, 미라이샤, 1964, 109쪽.

2 같은 책.

쟁지도부 사람들은 오히려 '전쟁이 제어 불능 상태에 빠지는 것'을 **무의식적으로는** 바라고 있었다고 생각합니다.

1942년 미드웨이 해전에서 일본 해군은 주력 부대를 잃어 이미 전쟁 수행 능력을 상실한 상태였습니다. 때문에 그 시점에서 강화 교섭을 시작하는 것이 합리적인 선택지였습니다(실제로 기도 고이치木戸幸一와 요시다 시게루吉田茂 등은 평화공작을 시작했습니다). 그러나 예를 들어 강화 조건으로 일본제국의 존속을 인정해주는 대신, 만주·한반도·대만 등 식민지를 포기하라는 요구를 받았다면 어떤 일이 일어났을까요? "누가 무엇을 위해서 이런 무모한 전쟁을 시작했는가? 국익을 손상시킨 자는 누구인가?"라는 엄중한 책임추궁이 이루어졌을 것입니다. 통치기구가 제대로 기능하고, 국민 생활이 일상적으로 이루어지고, 언론이 아직 살아 있다면 전쟁지도부에게 책임을 물었을 것입니다. 그리고 극동국제군사재판에서 피고석에 세워진 사람의 상당수는 일본인이 직접 재판했을 것입니다.

그러나 전쟁이 제어불능 상태가 되고, 통치기구가 와해되고, 사람들이 전쟁을 피해 우왕좌왕 도망가고, 정치적 의견을 논할 기회나 대화의 기회도 사라지면 **사태가 너무나 파국적이기 때문에** 일본인이 직접 전쟁 책임을 추궁할 기회는 사라집니다. 사람들은 일단 파국적 현실에 적응해 살아남기 위해서 전력을 다할 수밖에 없습니다. 그리고 국가의 운명이 결정된 이상, '자신의 의견은 의견, 논의는 논의'로서 한쪽으로 치워둔 채, 살아남은 사람끼리 손을 맞잡고 국가를 재건하는 사업에 착수하는 것이 '부과된 종래의 관습이며 또한 존중받는 방식'이 됩니다. '일억총참회—億総懺悔'*는 그런 의미입니다. 지금의 파국은 천재지변이니 그런 아수라장에서 "누구의 책임이다"라는 천박한 이야기는 하지 말라는 뜻입니다.

직접 패전 처리를 할 수 있는 여력이 있을 때는(책임을 추궁당하기 때문에) **아무것도** 하지 않습니다. 그저 천재지변과 같은 파국이 찾아올 때까지(또는 '가미카제神風'**의 도움으로 지도부의 무위무책에도 불구하고 일본군의 승리가 찾아올 때까지) 손을 쓰지 않고 기다립니다. 이러한 병적인 심리기제는 태평양전쟁 패전 무렵에만 나타난 특징이 아닙니다. 지금도 여전합니다. 그대로 일본 사회에 남아 있습니다. 실제로 지금도 일본의 지도층은 인구 감소가 어떤 '최악의 사태'를 초래하며, 그 피해를 최소화하기 위해서 지금 어떤 일을 시작해야 하는지 아무것도 생각하고 있지 않습니다. 비관적인 미래를 생각하면 사고가 정지해버리기 때문입니다. 자신이 처한 상황은 알고 있습니다. 그보다는 근거 없는 이상행복감에 가까운 망상에 빠져 있는 편이 '오히려 낫다'고 판단할 뿐입니다.

낙관적인 상태가 유지되는 동안에는 통계자료를 유리하게 해석하거나, 위험 가능성을 낮게 예측하거나, 거짓말을 하거나, 다른 사람에게 죄를 덮어씌우는 '지혜'가 잘 돌아가기 때문입니다. 그렇

● 패전 처리 내각의 히가시쿠니 도시히코(東久邇稔彦內) 수상이 1945년 8월 28일 기자 회견에서 "1억 국민이 모두 참회해야 한다"라고 한 발언.

●● 신이 일으키는 바람. 13세기 원나라가 일본을 침공했을 때, 원나라 배를 전복시킨 폭풍우를 일컫는 경우가 많다.

게 적당한 거짓말이나 변명이 생각나는 한, 얼마 동안 자기 자신은 지위를 보전할 수 있고 이익도 확보할 수 있습니다. 그러나 비관적인 미래를 예측하고 입에 담는 순간, 그때까지의 실패와 부작위에 대한 책임을 추궁당하고 필요한 대책을 세울 것을 강요당합니다. 그런 책임을 지고 싶지 않고 그런 일을 떠맡고 싶지도 않기 때문에 비관적인 일은 생각하지 않습니다. 빨리 실패를 인정하고 사회 전체에 피해가 미치지 않도록 노력한 인간에게 오히려 책임을 추궁합니다. 집중적으로 비난 공격을 쏟아 붓고, 사죄와 해명을 요구하고, '확실하게 책임'을 지라며 위협합니다. 이것이 일본 사회의 방식입니다. 사회 전체를 위해서는 '좋은 일'을 했지만 개인에게는 전혀 '좋은 일'이 아닙니다. 그렇다면 실패는 인정하지 말고 "모두 최상의 상태입니다"라고 계속 거짓말을 하면서 책임을 뒤로 미루는 편이 '오히려 낫다'고 생각하게 됩니다.

이런 현상은 거품경제 시절의 은행경영에서도 볼 수 있습니다. 은행경영자는 불량채권의 위험성을 알고 있었습니다. 그러나 본인의 재임 기간에 사건화되어 책임을 추궁당하는 것을 원하지 않았습니다. 그들은 문제를 뒤로 미루고 퇴직금 전액을 받아 도망쳐 은행이 파산할 때까지 문제를 방치했습니다. 빨리 실패를 인정하고 피해를 최소화하는 것보다 실패를 인정하지 않고 피해를 파국적으로 만드는 편이 '자신의 이익을 확보하는 데 유리'하다고 판단한 것입니다.

모든 사회에는 이렇게 이기적인 인간이 어느 정도 존재합니다. 이런 인간은 결코 사라지지 않습니다. 그러나 '그런 인간'들이 통치기구의 요직을 차지하는 체계는 분명히 병들어 있습니다. 그런 의미에서 현대 일본 사회는 심각하게 병들어 있습니다.

후퇴할 때 필요한 것은 냉철하고 계량적인 지성

————

비관적인 미래에 대해서 생각하고 싶지 않다는 두려움은 인구 감소문제에서 두드러진 형태로 나타났습니다. 인구 감소는 대처하기 어려운 문제임에 틀림없지만 누가 뭐래도 천재지변은 아닙니다. 인구문제는 다른 문제(예를 들어 외교상의 난제나 경제적 어려움 등)와 같은 수준에서 논할 수 없습니다. 왜냐하면 그것이 언제, 어떤 형태로 발생할지 이미 오래전에 예측되었기 때문입니다. 다시 한 번 말씀드리겠습니다. 인구 문제는 천재지변이 아닙니다. 인구 문제에서는 '어디선가 발생해서 찾아온 것'이라는 변명은 절대로 통하지 않습니다.

특정 연도의 출생자수는 아이가 태어난 시점에 확정되지만, 사실은 그 20년 전부터 높은 확률로 예측할 수 있습니다. 그 이유는 95퍼센트의 여성이 20세부터 39세 사이에 아이를 낳기 때문입니다. 이 세대의 인구를 '출산연령인구'라고 부릅니다. 출산연령인구의 증감은 출생자수에 직접 반영됩니다. 언론은 '올해 출생자수가 늘었다 또는 줄었다'는 것을 '뉴스'로 보도하지만, 실은 이것은 '뉴스'라고 부를 수도 없습니다. 사실상 20년 전부터 '올해의 출생자수'를 예측할 수 있었기 때문입니다.

출산연령인구는 2000년 기준 1,730만 명이었습니다. 2020년에는 1,280만 명으로 25퍼센트가 감소합니다. 합계특수출생률*은 1947년 4.54에서 1989년 '1.57 쇼크'**를 거쳐 2005년 1.26까지 계속 떨어지고 있습니다. 때문에 21세기 초의 급격한 인구 감소는 이미 1980년대에 예측되고 있었습니다. 그러나 "저출생을 대비하여 필요한 대책을 조속히 강구해야 한다"는 주장은 1980년대에는 중요한 논안이 아니었습니다. 적어도 제 주변에서는 누구 한 사람 화제로 삼은 적이 없었습니다.

1980년대 일본의 국내총생산량GDP은 미국에 이어 세계 2위였습니다. 거품경제를 맞이하여 도쿄의 인구는 계속 증가하고, 건물은 숲처럼 늘어섰으며, 음식점이나 카페나 디스코장은 어디나 손님으로 가득 찼습니다. 학생들이 수입차를 몰고, 스키장과 해변도 입추의 여지가 없을 정도로 사람들이 북적거렸습니다. 미래의 인구 감소는 전혀 현실성 없는 이야기였습니다. 제 스스로도 지나치게 불어난 도쿄 인구에 질려 있었기 때문에, 당시에는 21세기 초에 총 인구가 감소하기 시작한다는 통지를 받아도 "그게 뭐?"라는 차가운 대응밖에 하지 않았을 것입니다.

대학에 있다 보면 '미래의 일을 생각하지 않는다'는 심리적 경향을 절실하게 실감할 수 있습니다. 대학에게 중요한 '인구 문제'는 18세 인구입니다. 특정 연도의 18세 인구는 18년 전에 알 수 있습

● 여성 한 명이 평생 동안 평균 몇 명의 아이를 낳는지 나타내는 수치.

●● 1989년 인구동태통계에서 합계특수출생률이 역대 최저치인 1.57로 떨어진 사태.

니다. 다시 말해 지원자 증감에 관한 문제는 18년 전부터 대처할 수 있습니다. 구체적인 수치를 살펴보면, 1970년대부터 1992년의 205만 명에 이를 때까지 18세 인구는 계속 증가했습니다. 1993년부터 하락 경향에 돌입하여 2018년에는 117만 명으로 1992년의 57퍼센트까지 감소했습니다.

1990년대 초의 일입니다. 제가 재직하던 대학에서 학교 전체를 대상으로 하는 연수회가 마련되었습니다. 그리고 그 자리에서 "이제부터 18세 인구가 감소하기 시작하기 때문에 생존을 위한 대책을 강구해야 한다"는 통지를 받았습니다. 저는 깜짝 놀랐습니다. 연수회에 참석하기 전까지 그런 절망적 상황이 다가오고 있다는 사실을 몰랐기 때문입니다. 연수회에서 그런 이야기를 듣고 '큰일 났구나'라고 걱정하다가 '잠깐만, 1993년부터 18세 인구가 줄어든다는 사실은 1975년부터 알 수 있었잖아……. 지금까지 18년 동안 대학은 대체 뭘 한 거지?'라는 생각이 들었습니다.

학교 측에 물어보고 나서 그들이 아무것도 하지 않았다는 것을 알게 되었습니다. 지원자 수가 증가하는 동안 지원자 수에 맞춰서 입학 정원을 늘리고, 교직원 수를 늘리고, 예산규모를 늘리고, 급료를 인상했습니다. '18세 인구가 감소하기 시작하면 상당히 힘들어지는 체계'를 18년 동안 만들어 온 셈입니다.

제가 재직한 대학이 유난히 식견이 부족했다고는 생각하지 않습니다. 일본의 사립학교 가운데 미래의 인구 감소를 계산에 넣어서 견실하게 제도를 설계한 학교는 아마 한 곳도 없을 것입니다. 실제로 지원자는 매년 늘어나 정원 증원도 간단히 인정되고, 등록금도 얼마든지 들어왔습니다. 제가 그때 대학에 있었더라도 "미래에 대한 대비는 벌 수 있을 때 벌어두는 것이다"라는 주장에 제대로 반론하지 못했을 것입니다.

연수회에서 미래의 지원자 감소를 통지받고, 저는 학내에서 "18세 인구의 증가에 맞춰 입학 정원을 늘렸으니 같은 논리를 적용해서 18세 인구의 감소에 맞춰 입학 정원을 줄이는 것이 교육과 연구의 수준을 유지하기 위한 합리적 해법이라고 생각한다"는 축소론을 주장했습니다. 지극히 당연한 의견을 제시했다고 생각했지만 제 주장을 지지하는 사람은 학내 소수파에 불과했습니다. 심지어 믿기 힘든 어리석은 대책이라며 다짜고짜 야단을 치는 사람도 있었습니다. "정원과 교원과 연구비를 줄이는 '소극적'인 개혁을 하게 되면, 민심이 위축되어 대학은 활기를 잃고, 연구와 교육 모두 정체된다"는 것이 반대의 이유였습니다. "이런 때야말로 '공격적인 자세'로 규모를 더 확대해야 한다. 이것이 바로 '비즈니스 마인드'라는 것이다, 대학 교수는 세상물정을 몰라서 안 된다"는 훈계를 들었습니다. 학계에서도 '패배주의가 패배를 불러온다'는 논법이 영원불변의 진리로 당당히 자리 잡고 있었습니다.

참고로 현 시점에서 사립대와 전문대를 운영하고 있는 일본 전국의 660개 학교법인 가운데 112개 법인(17퍼센트)이 경영난에 처한 상태이며, 그 가운데 21개 법인은 2019년도 말까지 파산할 우려가 있다고 합니다. 아마 이들 대학에서도 '공격적 경영'을 주장하는 사람들이 오랫동안 주도권을 잡고, 저처럼 '소규모 장사'로 전환하자고 주장한 인간은 '패배주의자'로 낙인찍혀 푸대접을 받왔을 것입니다.

　개인적인 푸념도 섞여서 글이 조금 길어졌습니다. 제가 하고 싶은 말은 한마디로 일본 사회에는 최악의 사태를 대비해 '위험회피 risk hedge'를 준비하는 습관이 없다는 것입니다. 그러나 오해하지 말아주십시오. 저는 그것이 '나쁘다'는 것이 아닙니다(이제 와서 그런 말을 해도 소용없습니다). 어떤 경우에도 일본인은 '최악의 사태'를 대비해서 위험회피를 준비하는 습관이 없고, 그러한 예측을 하는 것 자체를 '패배주의'로 간주해 기피한다는 사실을 염두에 두고 상황판단을 하는 편이 실용적이라고 말씀드리는 것입니다. **일본인이라는 위험인자 risk factor를 염두에 두지 않으면 적절한 위험 관리를 할 수 없다는 이야기**입니다. 차를 운전할 때 브레이크가 잘 걸리지 않거나, 공기압이 부족하거나, 전조등이나 후미등이 켜지지 않는 것을 염두에 두고 운전하지 않으면 사고가 나는 것과 마찬가지입니다. "제대로 정비하지 않은 자동차를 운전시키지 마라"라고 화를 내도 소용없습니다. 그것밖에 탈 것이 없어서 불완전한 상태를 '감수'하고 운전할 수밖에 없습니다.

　우리가 이제부터 시작하는 것은 '후퇴전'입니다. 후퇴전의 목표는 승리가 아니라 피해를 최소화하는 것입니다. "어떻게 승리할 것인가?"와 "어떻게 패배의 피해를 줄일 것인가?"는 머리를 쓰는 방법이 다릅니다.

　이기고 있을 때는 그다지 머리를 쓸 필요가 없습니다. 흐름이 변하는 순간을 가늠하여 기세를 이용하면 됩니다. 그러나 패배가 다가왔을 때는 피해를 최소화하기 위해서 그런 식으로 머리를 굴리

다가는 때를 놓치고 맙니다. 좀더 감정을 배제한 계량적인 지성이 필요합니다.

"불가사의한 승리는 있어도 불가사의한 패배는 없다"는 《갑자야화甲子夜話》•로 유명한 마쓰라 세이잔松浦静山의 말입니다(프로야구 감독 노무라 가쓰야野村克也가 자주 인용해 유명해졌지만, 원래는 검술의 비법에 관한 글입니다). 왜 이겼는지 알 수 없는 승리는 있어도, 왜 졌는지 이유를 알 수 없는 패배는 없습니다. 승리는 때때로 '불가사의'하지만 패배는 '사의思議', 다시 말해 사고의 범위 안에 존재합니다. 그렇기 때문에 후퇴전에서는 냉철하고 계량적인 지성이 필요합니다. 그것이 가장 중요합니다. 이념도, 정치적 정당성도, 비분강개도, 애국심도, 낙관도, 비관도 후퇴전에서는 전부 소용없습니다. 침착하게 냉정을 유지하는 것이 중요합니다.

앞으로 일어날 급격한 인구 감소는 이제 막을 수 없습니다. 인구 감소로 인해서 사회구조는 극적으로 변화됩니다. 수많은 사회제도가 기능 장애 상태에 빠지고, 어떤 산업분야는 통째로 소멸될 것입니다. 이런 전개는 피할 수 없습니다. 그러나 피해를 최소화하고 파국적 사태를 회피하여 연착륙soft landing하기 위한 대책을 고안할 수는 있습니다. 그것이 바로 '사의'가 하는 일입니다. 그리고 이 책은 그러한 '사의' 활동을 몇 가지 제시할 것입니다.

• 19세기 중엽 마쓰라 세이잔이 쓴 수필집. 정편 100권, 속편 100권, 3편 78권으로 구성.

어려운 고용환경 속에서 우리가 할 수 있는 일

————

여기까지 저의 예비적 고찰이었습니다. 주어진 지면은 이미 다했지만 '연착륙'을 위한 구체적인 제언을 하나만 제시하고자 합니다. 논의 재료로 써주시면 감사하겠습니다. 저의 제안은 주로 이 책을 읽고 있는 젊은 독자를 위한 것입니다. 앞으로 고용이 어떻게 전개될지에 관한 내용입니다. 어떤 산업분야가 살아남을까? 앞으로 어떤 전문지식과 기술이 유용할까? 어떤 자격과 면허가 있으면 '먹고살 수 있을까?' 젊은 세대에게는 절실한 문제일 것입니다. 이에 대해서 개인적인 의견을 말씀드리고 싶습니다(지금까지의 내용도 전부 '개인적인 의견'입니다만).

세계적 규모의 인구 감소와 인공지능의 도입과 탈세계화('○○○○퍼스트'와 같은 자국 우선주의)가 산업구조를 어떻게 변화시킬지에 대해서는 누구도 정확하게 예측할 수 없습니다. 확실한 것은 어느 나라도 더는 경제적 성공을 낙관할 수 없다는 점입니다. 미국도 러시아도 중국도 일본도 터키도, 정치가들은 대외적 모험주의를 바탕으로 열심히 적대적인 지정학적 환경을 만들고 있습니다. 그것은 한마디로 국민이 경제 문제에 관심을 가지지 않게 만들기 위해서입니다. 국민의 눈을 '화려한' 외교문제나 군사문제나 국내의 이념 대립에 집중시킴으로써 **다가올 경기후퇴**recession**를 생각하지 않도록 만들기 위해서**입니다.

그러나 이러한 경제적 위기를 자명한 여건으로 받아들이고, '저성장', '제로성장'의 경제체계를 구축하는 방안에 대해서 감정을 배제한 계량적 논의를 시작한 사람도 있습니다.

제가 최근에 가장 흥미롭게 읽은 글은 미국 외교 전문지《포린 어페어스*Foreign Affairs*》2017년 6월호에 실린〈자동화시대의 실업과 사회보장〉이라는 경제학자들의 대담이었습니다. 인공지능의 도입으로 인해서 미국의 고용환경이 악화될 것이라는 점에 대해서는 출석자 전원이 같은 의견이었습니다. "지금까지 비용 절감을 위해서 해외에 아웃소싱하던 제조업과 서비스업의 고용은 다시 미국으로 돌아오지 않는다. 단순한 반복 작업에 종사하던 사람은 일자리를 잃는다. 기계로 대체할 수 없는 종류의 업종(고도의 전문직과 대인서비스)은 기술의 영향을 크게 받지 않기 때문에, 결과적으로 소수의 고임금 기술관료technocrat와 간호나 간병 등의 저임금 중노동 서비스업 종사자만이 양극에 남아 중간 계층의 고용이 공동화된다." 여기까지의 전망은 일본과 다르지 않습니다. 제가 놀란 부분은 고용붕괴에 대한 대응책으로 경제학자들이 진지하게 최저소득보장basic income이나 고용보장의 도입을 검토했다는 점입니다.

미국에서도 노동자가 단기간에 대량 실직될 가능성이 있습니다. 그런 경우, 재취업을 위한 훈련프로그램을 통해서 실업자가 새로운 지식과 기술을 익히는 동안은 국가가 생활을 보장해주어야 합니다. 출석자 전원이 실업자를 길거리로 내몰 수 없다고 동의했습니다. 미국의 경제학자는 상당히 상식적이라는 생각이 들었습니다. 일본이었다면 "실업자가 된 것은 인공지능이 도입되는 순간 고용이 소실될 장래성 없는 업계에 취직한 본인의 부족한 통찰력 때문이다. 자기 책임으로 실직한 인간을 구제하기 위해서 세금을 투입할 필요는 없다"고 열을 올리는 정치가·관료·학자·언론인이 얼마든지 있었을 것입니다.

물론 미국에서도 정치가에 대한 기대는 결코 높지 않습니다. 사회보장과 고용 창출은 정치가가 강한 의지를 가지고 추진하지 않는 한 결코 실현할 수 없는 정치 과제입니다. 그런데 트럼프 정권은 그러한 정치 과제에는 전혀 관심이 없는 것처럼 보입니다.

일본의 고용 상황은 앞으로 어떻게 전개될까요? 변수가 너무 많아서 예측하기 어렵습니다. 그러나 앞으로 고용 환경이 좋아질 가능성은 없습니다. 고용이 대량으로 소실될 업계에 대해서도 어느 정도 예측할 수 있습니다. 그러나 누구도 입 밖에 내지 않습니다. '자신이 몸담고 있는 업계'가 그렇게 될 가능성이 있다면 더더욱 그렇습니다.

고용 상실의 위험이 높은 업계는 은행이라고들 합니다. 지방은행이나 신용금고는 이미 '일 자체가 없다'는 현실에 직면하여 젊은 사람들이 계속 빠져나가고 있다는 이야기를 저도 실제로 보고 듣고 있습니다.

신문과 텔레비전도 고용 상실의 위험이 높은 업계입니다. 이들 매체가 '노동수요가 어떻게 변화되고, 어느 업계에서 고용 상실이 발생할 것인가?'라는 중요한 주제에 대해서 **거의 아무것도 보도하지 않는다**는 사실에서도 이를 짐작할 수 있습니다.

통계에 따르면 일간지 발행부수는 격감하고 있으며 독자층의 고령화도 진행 중입니다. 발행부수는 1997년 5,377만 부에서 2017년 4,213만 부까지 1,164만 부가 감소했습니다. 20년 동안 22

퍼센트나 감소한 것입니다. 그러나 그보다 심각한 것은 열독률입니다. 신문열독률은 전자신문을 포함해 하루에 15분 이상 신문을 읽는 사람('구독하는 사람'이 아닙니다)의 비율을 나타냅니다. 2015년 조사에서 10대의 열독률은 4퍼센트였습니다(평일 남성 기준. 이하 동일). 40대는 20퍼센트였습니다. 70세 이상의 열독률은 66퍼센트로, 이 연령층이 신문이라는 비즈니스 모델을 간신히 유지하고 있음을 알 수 있습니다. 아마 10년쯤 지나면 전국지는 이제 수익 사업이 아닐 것입니다. 부동산 수입이 있기 때문에 적자라도 한동안은 계속 신문을 발행할 수 있겠지만 미래가 없습니다.

전국지의 소멸은 일본 사회의 국민간 의사소통과 합의 형성 과정에 지대한 영향을 미칩니다. 소멸을 어떻게 연기할 것이며, 전국지가 소멸된 이후에 그 기능을 대체할 수 있는 국민 여론을 위한 토대를 어떻게 구축할 것인지는 대단히 중요한 국민적 과제입니다. 그러나 저는 이 과제를 본격적으로 다룬 전국지를 본 적이 없습니다. 자신들의 업계가 사라질지도 모른다는 현실을 보도하지 못하고, 분석하지 못하고, 대책을 강구하지 못하는 매체가 다른 업종의 고용 상실에 대해서는 적절하게 보도하고 있다는 사고방식에 저는 동의할 수 없습니다.

전국지는 고용 상실의 당사자입니다. 말 그대로 자기 발밑이 무너져 내리는 사태를 한발 뒤로 물러나서 본인의 이해득실을 제쳐두고 냉정하게 관찰하고 분석할 수 있는 능력이야말로 지성을 증명할 기회라고 저는 생각합니다. 그러나 지금 신문에서 그런 지성은 느껴지지 않습니다. 무엇보다 결국 신문은(신문이라는 매체의 소멸을 포함해) 앞으로 고용환경이 어떻게 변화될지에 대해서 마지막까지 제대로 보도하지 못할 것입니다. 앞으로 세계가 어떻게 되는지 알기 위해서 필사적인 10대와 20대가 신문을 전혀 읽지 않는 것도 당연한 일입니다. 신문에는 그들이 알고 싶은 내용이 쓰여 있지 않기 때문입니다.

신문과 함께 민영방송의 끝이 가까웠음은 절망적인 콘텐츠의 질적 하락에서 알 수 있습니다. 저처럼 유아기부터 열렬한 텔레비전 시청자였던 인간이 보기에 지금의 텔레비전은 제가 알던 1950~60년대 텔레비전과는 전혀 다른 매체입니다. 지금의 텔레비전에서는 모험심도 비평성도 창조성도 아무것도 찾을 수 없습니다. 저는 벌써 10년 가까이 텔레비전을 거의 보지 않습니다(제가 텔레비전을 켜서 보는 방송은 태풍이나 폭설의 기상 뉴스와 선거 개표 속보 정도입니다). 제 주변에도 매일 일정 시간 텔레비전을 시청하는 사람은 거의 없습니다. 제가 알고 지내는 젊은 부부는 얼마 전 이사할 때 거치적거려서 텔레비전 수상기를 버렸다고 했습니다.

광고를 내보내는 대신 양질의 무료 콘텐츠를 배포한다는 민영방송의 비즈니스 모델은 가장 훌륭한 20세기 발명 중 하나였습니다. 그랬던 모델이 적어도 일본에서는 종언을 맞이하고 있습니다. 콘텐츠의 질적 하락이 계속 진행되어 제대로 된 기업은 광고 의뢰를 줄이고 저렴한 광고만 늘어나다가 특정 임계값을 넘어서는 시점에서(30분 방송 시간 중 15분이 광고라는 상태가 되었을 때) 텔레비전은 갑자기 역사적 역할을 완전히 끝내게 될 것입니다.

이에 대한 위기감은 텔레비전 업계 사람들 사이에서 당연히 공유되고 있을 것입니다. 그러나 험난한 현실에서 도망치지 않고 생존을 위해서 무엇을 해야 하는지 진지하게 의논하는 모습을(방송국 내 일부에서는 이루어지고 있겠지만) 텔레비전 화면에서는 볼 수 없습니다. 텔레비전의 공동화라는 중대한 문제를 도마 위에 올려서 검토할 수 없다는 사실 그 자체가 텔레비전이라는 매체의 종언이 가까워졌음을 알려주고 있습니다.

매체 중에서는 유일하게 출판업계가 퇴출 압력에 조금 더 저항할 것으로 보입니다. 일찍부터 '출판 위기'라는 어려운 상황을 있는 그대로 보도하고, 그것이 의미하는 바에 대해서 논하고, 출판사업이 정체된 경우에 사회가 어떻게 될지 예측하면서 경종을 울려왔기 때문입니다. 그러나 이렇게 할 수 있었던 것은 전국지 발행이나 전국네트워크용 방송 제작에 비해서 출판사업이 압도적으로 예산 규모가 작기 때문입니다. 그렇기에 제 돈을 들이거나 적자를 각오하거나 직접 책을 판매하는 등, 조금만 무리를 감수하면 책이나 잡지를 출판할 수 있습니다. 자본주의가 시작되기 전부터 책을 쓰고 인쇄하고 배포하는 시스템은 존재했습니다. 그렇기 때문에 자본주의의 종언과 운명을 같이 하여 함께 사라져야 할 의리는 없습니다. 저는 지금과 다른 형태가 되더라도 출판은 반드시 살아남을 것이라 믿습니다. 그러나 출판업계가 충분한 고용을 창출할 가능성은 없습니다.

대중매체가 사회적 영향력을 잃어버리면, 어떤 업종이 어떤 순서로 고용위기를 맞이할지는 예측할 수 없지만, 그와 연동해서 광고대리점을 비롯한 매체 관련 고용이 사라지기 시작할 것입니다.

마지막까지 살아남는 체계는 무엇인가

———

그밖에 인구 감소 사회의 고용환경 변화에 대해서 예측할 수 있는 것은 거대시장을 전제로 하는 대량생산, 대량유통, 대량소비, 대량폐기 등의 비즈니스 모델은 모두 조만간 사라질 수밖에 없다는 점입니다. 인구 감소뿐 아니라 인공지능 도입에 따른 고용의 공동화로 인해서 시장이 축소되고 소비활동이 침체될 확률이 높다고 예측되는 이상, 피할 수 없는 결과입니다.

미국에서는 앞으로 고용이 증가하는 유일한 분야는 섬세한 대인서비스라는 예측이 나오고 있습니다. 일본에서는 간호와 간병이라는 대인서비스를 포함한 '고령자 비즈니스'와 '빈곤 비즈니스'라는 두 분야가 활기를 띨 것으로 예상됩니다. 그러나 '빈곤 비즈니스'에는 그다지 장래성을 기대할 수 없습니다. 고령자의 증감은 자연과정이지만, 빈곤층 시장의 증감에는 인위성이 작용하기 때문입니다.

빈곤 비즈니스는 '많은 일본 국민이 빈곤한 경우, 빈곤하지 않을 때보다 이익이 상승'하도록 설계된 비즈니스 모델입니다. 빈곤 비즈니스에 참가한 사람은 어느새 '가능한 많은 일본 국민이 가난해지는 것'을 원하게 됩니다. 아무리 빈곤층을 지원한다는 대의명분이 있어도 '가난한 사람이 더 많아지기를' 원하는 마음은 사라지지 않습니다. 그런 결과를 원하는 사람이 늘어날수록 당연히 일본인은 더 가난해지고, 시장은 축소되고, 소비활동은 한층 더 얼어붙습니다.

금융경제도 희망을 갖기는 힘듭니다. '돈으로 돈을 사는' 유형의 다양한 머니게임도 지금은 거대한 규모의 경제활동이지만 장래성이 없습니다. 솔직히 말해 머니게임은 가치 있는 그 무엇도 창출하지 못하는 단순한 '도박'에 불과합니다. 전문가만으로는 시장이 성립되지 않습니다. 일확천금을 꿈꾸면서 열심히 땀 흘려 손에 넣은 푼돈을 쥐고 찾아오는 풋내기에게서 체계적으로 돈을 뜯어냄으로써 비로소 시장이 성립됩니다. 머니게임을 통제하고 있는 것은 고도의 기술을 가진 금융 기술 관료이지만, 머니게임을 가동시키는 것은 '일확천금을 꿈꾸는 보통사람의 사행심'입니다. 그렇기 때문에 풋내기가 "그렇게 쉬운 돈벌이가 있을 리 없다"고 꿈에서 깨어나 정신을 차리면 머니게임은 끝나버립니다. 전문가로만 진행되는 머니게임은 '손님이 한 사람도 오지 않은 전문 노름꾼들의 노름판'처럼 그저 '뺏고 뺏기는 난투극'에 불과합니다.

물론 일확천금을 꿈꾸는 자체는 그다지 나쁜 일이 아닙니다. 꿈꾸고, 배신에 호되게 당하고, 꿈에서 깨어나고, 그렇게 '인간이라는 존재'에 대해서 나름의 뼈아픈 경험을 얻을 수 있다면 그것도 하나의 수행이기 때문입니다. 그러나 그것을 경제활동의 중심으로 삼을 수는 없습니다.

인류학적으로 보면 경제활동은 친족 형성이나 언어를 통한 의사소통과 마찬가지로 변하지 않는 교환 주기를 창출함으로써 **인간이 성숙해지도록 지원하기 위한 체계입니다.** 태초부터 존재한 것도, 하늘에서 내려온 것도 아닙니다. 인간이 자력으로 만들어낸 것입니다.

조금만 생각해보면 알 수 있습니다. 안정적으로 경제활동을 하기 위해서는 먼저 시장, 교통로, 통신수단, 공통 통화, 언어, 도량형, 상도덕 등을 정비할 필요가 있습니다. 경제활동의 안정적인 참가자로 인정받기 위해서는 계약을 지키고, 거짓말하지 않고, 이익을 독점하지 않는 등의 인간적으로 훌륭한 성품을 갖출(그렇다고 평가받을) 필요가 있습니다.

브로니슬라브 말리노프스키Bronisław Malinowski에 의해 학계에 보고된 트로브리안드 군도Trobriand Islands의 '쿨라Kula 교역'은 마치 경제활동의 본질을 응축한 것 같은 체계입니다. 쿨라 교역에서 교환하는 물건은 조개껍질로 만든 장신구입니다. 그러나 크기가 작아 실제로 착용할 수 없습니다. 사용 가치는 없지만 이 장신구를 교역하기 위한 거대한 경제체계가 구축되어 있습니다.

트로브리안드 군도 사람들은 먼저 가까운 섬에 교역상대인 자신의 '쿨라 동료'를 만듭니다. 모든 섬은 잠재적으로 서로를 적대시한다는 '전제'가 존재하기 때문에, 다른 섬을 방문했을 때 신변의 안전을 보장해주는 것은 그 섬에 있는 '쿨라 동료'입니다. '쿨라 동료'가 섬에서 지위가 높고 인망이 두터울수록 안전하고 쾌적하게 머무를 수 있습니다.

다른 섬에서 자신을 찾아오는 '쿨라 동료'에게 이번에는 자신이 상응하는 대접을 해주기 위해서는 미리 섬에서 자신의 지위를 향상시키고 인망을 쌓아두어야 합니다. 주변 사람들에게 '좋은 사람', '성실한 사람', '자기가 한 말을 지키는 사람'이라는 평가를 받기 위한 노력을 소홀히 하는 인간은 쿨라 교역에서 낙오됩니다. 그뿐 아닙니다. 배를 타고 꾸준히 안정적으로 교역하기 위해서는 배를 만드는 기술, 배를 조종하는 기술, 해양과 기상에 대한 지식, 강인한 교섭 능력, 다른 의견에 대해서 합의를 이끌어내는 능력도 필요합니다. 저는 사용가치가 없는 장신구를 교환하기 위해서 이루어지는 이렇게 대대적인 활동 속에 경제의 본질이 전부 담겨 있다고 생각합니다.

경제활동은 인간이 사회적으로 성숙해질 수 있도록 지원하는 체계입니다. 따라서 인간의 사회적 성숙을 지원하는 기능이 없는 활동은 아무리 많은 금액, 아무리 많은 상품과 서비스가 오가더라도 엄밀한 의미의 '경제활동'이라고 부를 수 없습니다. 저는 그런 의미에서 금융경제는 이미 경제활동의 형태를 갖추지 못하고 있다고 생각합니다. 헤지펀드에서 주식거래와 환거래를 하는 주체는 살아 있는 인간이 아니라 1,000분의 1초 단위로 작동하는 컴퓨터 알고리즘입니다. 인간은 이제 심지어 참가자도 아닙니다. 인간의 성숙을 위해서 만들어진 제도가 본래의 사명을 망각하고 기형적으로 변한 존재가 금융경제입니다. 논리적으로 따지면 '돈으로 돈을 사는' 머니게임은 **인류학적으로 존재 이유가 없습니다.** 인류학적으로 존재 이유가 없는 존재가 타성으로 살아 있습니다. '좀비 경제'라고 표현하는 사람도 있는데 간과할 수 없는 직감이라고 생각합니다. 인간에서 비롯된 존재 이유를 잃어버린 채, 체계 혼자 독자적으로 연명과 증식을 해나가고 있습니다.

과연 이런 체계가 영원히 계속될 수 있겠습니까? 저는 회의적입니다. 왜냐하면 모든 사회제도는 인간의 적극적인 관여가 필요하기 때문입니다. 살아 있는 인간이 공급하는 생체에너지가 없다면 아무리 정밀하고 거대한 체계도 계속 돌아갈 수 없습니다.

사람이 살지 않는 집은 순식간에 폐허가 되어버립니다. 정원에 잡초가 자라고 페인트가 벗겨지는 정도가 아니라 지붕의 기와가 무너져 내리고 기둥이 기울어집니다. 그런 변화를 보고 있으면, 집이 그 안에 사는 인간의 '생기'를 자양분 삼아 서 있었다는 것을 실감할 수 있습니다. 절도 마찬가지입니다. 주지스님이나 당지기가 살면서 생활하고 있는 절과 그렇지 않은 절은 겉모습만 봐도 금방 구분이 갑니다. 청소가 잘 되어 있거나 경비가 철저하다는 단순한 차이가 아닙니다. 인간이 살지 않으면 무생물인 건물도 생기를 잃고 '사물死物'이 되어버린다는 뜻입니다. 저는 이것을 인간이 만들어낸 모든 제도에 적용할 수 있다고 생각합니다.

인간이 그 안에서 '생기'를 공급하는 체계, 체계를 유지하기 위해서 참가자들에게 인간적인 성숙을 요구하는 체계, 주변 사람들이 참가자를 '좋은 사람', '성실한 사람', '자기가 한 말을 지키는 사람'이라고 평가하는 것이 체계 유지에 반드시 필요한 체계, 이것이 **마지막까지 살아남는 체계**입니다. 동의하는 사람은 적을지 모르지만 저는 그렇게 믿고 있습니다.

젊은 사람이 앞으로 어떤 업종이나 업계에 취업할지 결정할 때는 이러한 조건을 충족시키는지 여부가 하나의 기준이 될 것입니다. 어떤 일자리가 이 기준을 충족시키는지는 한 사람 한 사람이 구체적인 상황을 체험하면서 자신의 돈을 들여 검증하는 수밖에 없습니다.

지금까지 인구 감소 사회의 고용환경 변화에 대한 개인적인 전망을 적어보았습니다. 다시 한 번 말씀드리지만 비관적인 미래를 예측한다고 반드시 사고가 정지되는 것은 아닙니다. 오히려 활발한 상상력과 추리력이 필요합니다. 앞으로 이 험난한 시대에서 살아남아야 하는 젊은이들의 건투를 빌며 서론을 마치고자 합니다.

인류는
어떻게 살아왔는가

호모사피엔스의 역사로 살펴보는
인구동태와 종의 생존 전략

이케다 기요히코 池田淸彦

1947년 도쿄 출생. 생물학자. 도쿄교육대학 이학부 졸업. 도쿄도립대학대학원 생물학 전공 박사과정 만기퇴학滿期退學. 이학박사. 야마나시대학 교육인간과학부 교수를 거쳐, 2004년부터 와세다대학 국제교양학부 교수로 재직하다 2018년 3월 정년퇴직했다. 구조주의 생물학 분야에서 평론 활동 중이며, 저서로는《구조주의 생물학은 무엇인가?》,《구조주의와 진화론》등이 있다.

환경수용력과 인구동태

––––––

항간에서는 일본과 같은 인구 감소 사회에서 저출생·고령화에 어떻게 대처해야 하는지 중요한 문제로 다루는 경우가 많다. 그러나 50년~100년이라는 기간에서 보면 고령화는 큰 문제가 아니다. 내 나이는 지금 일흔이다. 앞으로 30년만 지나면 나를 포함한 현재의 고령자는 대부분 세상을 떠날 것이다. 고령에 치우쳤던 인구분포는 해소되고 저출생과 인구 감소 문제만 남을 것이다. 그렇게 되었을 때, 사람들의 생활과 그것을 뒷받침하는 사회체계는 어떻게 되어 있을까? 이것이 이 책의 주제다. 졸고에서는 인구동태에 관한 생물학적 전제와 이에 대한 인구동태를 둘러싼 인류사, 끝에 도달한 인구 감소 사회에 대한 사견을 적어보고자 한다.

동물의 개체군동태(인류의 경우는 인구동태)를 고찰하는 데 가장 중요한 개념은 환경수용력carrying capacity이다. 이는 특정 지역에서 특정 종이 유지될 수 있는 개체수의 상한을 의미한다. 기후 조건, 서식 장소의 구조, 식량공급량으로 규정되지만 통상적으로 환경수용력까지 개체수가 늘어나는 경우는 거의 없다. 다른 종에 의한 포식과 기생, 전염병의 만연, 자원을 둘러싸고 생태적 지위ecological niche가 비슷한 다른 종 사이에서 벌어지는 종간 경쟁 등에 의해서 일반적으로 실제 개체 수는 환경수용력보다 훨씬 낮은 수준으로 억제된다. 인간의 규모에서 보면, 곤충이나 물고기처럼 한 세대가 짧은 동물이 가끔 폭발적으로 대량 발생한다. 그러나 대부분 환경수용력에 변동이 생긴 것이 아니라 환경수용력에 접근하는 것을 방해하던 요인의 억압이 사라졌기 때문이다.

예를 들어 아오모리青森현 히로사키弘前시에서 2011년과 2012년을 중심으로 몇 년 동안 귤빛부전나비라는 소형 나비가 하늘을 뒤덮을 정도로 대량 발생한 적이 있었다. 원인은 확실하지 않지만 대량 발생을 방해하던 어떤 제한 요인(예를 들어 기생체의 존재)이 사라진 결과임에는 틀림없다. 이와 반대로 주머니나방과(남방차주머니나방)는 과거에는 홋카이도를 제외한 일본 전국에서 극히 일상적으로 볼 수 있었지만 1995년 무렵을 경계로 그 수가 격감했다. 주머니나방에 기생하는 주머니나방기생파리라는 기생체가 중국에서 들어왔기 때문으로 추정된다. 이것은 강력한 제한 요인 때문에 개체수가 환경수용력보다 훨씬 낮은 수준으로 억제되는 좋은 예다.

인류도 농작을 시작하기 전까지, 다시 말해 1만 년 전까지는 거의 야생동물에 가까운 인구동태를 보였다. 환경수용력을 결정하는 기후 조건, 서식 장소의 구조, 식량공급량을 자신들의 힘으로 호전시킬 수 없었기 때문이다. 가장 오래된 호모사피엔스로 추정되는 약 30만 년 전 화석이 최근 모로코에서 발견되면서, 현생 인류의 기원은 기존 학설보다 10만 년이나 앞당겨졌다. 그러나 여전히 현생 인류가 다른 동물에 비해서 극히 최근에 출현했다는 사실은 변하지 않았다. 출현 초기에는 대형 육식동물에게 잡아먹히는 일도 잦아서 인구는 환경수용력에 도달하지 못했을 것이다. 이용 가능한 식량은 날씨에 좌우되기 때문에 인구도 그에 따라 변동했을 것으로 추정된다. 곤충 등에 비해서 한 세대가 길어서 급격한 인구 증감을 반복하는 일은 없었겠지만, 인구동태(개체군동태) 유형은 야생동물과 동일한 형태였다.

덧붙여 설명하면 전염병의 유행은 인구 증가의 제한 요인이 아니었을 것이다. 당시 인류는 '밴드band'라는 50명~100명 정도의 소집단으로 생활하고 있었다. 이러한 생활 형태에서는 인류 특유의 전염병은 존재할 수 없다. 병원체가 집단 내부로 침입했다고 가정해보자. 많은 사람이 전염병에 걸려서 죽거나 완치되면서 결국 병에 걸린 사람은 집단에서 사라진다. 그와 동시에 전염병의 병원체도 사라지는 것이다. 인류 특유의 전염병이 존재하기 위해서는 전염될 수 있도록 집단 내부의 누군가가 항상 감염되어 있어야 한다. 이것은 집단이 어느 규모 이상으로 커져야 가능한 일이다. 당시 사람들은 파상풍이나 인수 공통 전염병zoonosis으로 죽는 경우는 있어도, 천연두와 홍역 등의 인류 고유 전염병으로는 죽지 않았다(라기보다 그러한 전염병은 존재하지 않았다). 전염병의 대유행이 인구 동태에 영향을 미치는 것은 농작을 시작하고 집단이 어느 규모 이상으로 커지고 나서다.

호모사피엔스의 성적 파트너 선택 기준

———

아프리카에서 야생동물로 살아가던 초기 호모사피엔스 인구가 어느 정도였는지 정확히는 알 수 없지만, 현대인의 디엔에이DNA 다양성에 대한 해석을 바탕으로 최대 5만 명 정도로 추정하고 있다. 호모사피엔스의 일부는 10만 년 전에서 6만 년 전 사이에 아프리카를 떠나 유라시아로 진출했다. 그 가운데 고작 수천 명에서 1만 명 정도의 사람들이 아프리카 이외의 전 세계로 퍼져나간 현대인의 조상으로 추정된다. 현재 인구는 60억 명이 넘으니 참으로 무시무시한 번식력이라고 할 수 있다.

주목할 만한 점은 유라시아로 진출한 호모사피엔스와 선주인종이었던 네안데르탈인과 데니소바인 사이에서 교배가 이루어졌다는 점이다. 네안데르탈인의 DNA는 60억 명이 넘는 유전체Genom에 빠짐없이 섞여 있다고 알려져 있으며, 멜라네시아인과 티베트인의 유전체에는 데니소바인의 DNA도 섞여 있다. 이들 DNA가 도태되지 않고 지금까지 살아남은 것을 보면, 이후 현대인의 진화사에서 적응에 관한 어떤 기능과 관련이 있다고 생각된다. 네안데르탈인에게서 물려받아 지금도 유전체에 존재하고 있는 DNA는 추위를 견디는 능력과 관련이 있다고 추정되며, 티베트인에게 섞여 있는 데니소바인의 DNA는 고지대 적응과 관련이 있는 것으로 보인다.

좀더 흥미로운 사실은 호모사피엔스는 성적파트너를 선택할 때 어지간히 상대를 가리지 않았다는 점이다. 피부색은 물론이고 체

세계 인구의 추이와 추계

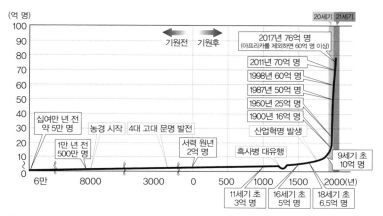

〈세계인구추계 2017〉(국제연합인구부), 〈세계의 통계 2017〉(일본 총무성 통계국) 등을 참고.

형이 조금 다르더라도 개의치 않고 성관계를 맺었다. 오스트레일리아의 학자 휴 패터슨은 종의 정의로서 인지적 종개념을 제창했다. 서로 상대를 성적인 대상으로 인지하면 같은 종이라는 뜻이다. 패터슨의 정의에 따르면 강간이 이루어지지 않은 한 호모사피엔스와 선주인종은 같은 종이라고 할 수 있다.

재미있는 사실은 살아남아 현대인의 선조가 된 것은 호모사피엔스 여성과 네안데르탈인 남성의 혼혈이라는 점이다. 호모사피엔스 남성과 네안데르탈인 여성의 혼혈 계열과 순수혈통을 유지한 호모사피엔스 집단(만약 실제로 존재했다면)은 멸종되었다. 이런 사실을 알 수 있는 이유는 현대인에게 당시 네안데르탈인의 미토콘드리아 DNA 흔적이 발견되지 않기 때문이다. 미토콘드리아 DNA는 어머니에게서만 물려받는다. 현대인의 모계를 거슬러 올라가도 네안데르탈인 여성은 나오지 않는다. 모계를 거슬러 올라가면 모두 호모사피엔스 여성에게 귀착된다. 한편 핵 DNA에 네안데르탈인에서 물려받은 인자가 들어 있는 것은 우리 조상에게 네안데르탈인 남성과 호모사피엔스 여성의 혼혈이 존재하기 때문이다. 갓난아이는 어머니가 소속된 집단에서 자랐을 것이다. 호모사피엔스 남성과 네안데르탈인 여성의 혼혈로 태어난 자손은 네안데르탈인의 멸망과 운명을 함께했음에 틀림없다.

네안데르탈인은 호모사피엔스보다 골격근이 발달하여 남성의 평균체중이 80킬로그램에 달했다고 한다. 체구가 작은 호모사피엔스 여성이 강간당했을 가능성도 있지만, 나는 대부분의 성관계가 합의하에 이루어졌다고 확신한다. 호모사피엔스 여성이 네안데르탈인 남성에게 강간당했다면 호모사피엔스 밴드는 여성들이 네안데르탈인과 접촉하지 못하게 경계했을 것이다. 경우에 따라서는 네안데르탈인에 대한 보복이 이루어졌을지도 모른다. 네안데르탈인뿐 아니라 데니소바인의 DNA가 현대인의 DNA에 섞여 있다는 사실에서도 선주인종과의 교배가 드문 일이 아니었다고 추정되며, 그 대부분은 합의하에 이루어진 성관계였다고 생각된다. 이것은 미래의 인구동태를 고찰하는 데 중요한 지점이다. 이에 대해서는 뒤에서 다시 설명하겠다.

인간을 포함한 고등영장류의 뇌에는 거울신경세포라는 영역이 있다. 사람과 대면했을 때 타인의 의도를 이해하고, 좋고싫은 감정에 공감하는 등의 기능을 가지고 있다고 알려져 있다. 거울신경세포는 브로카 영역과 베르니케 영역 등의 언어중추 주변에 위치하며, 언어를 습득할 때도 중요한 역할을 담당하는 것으로 추정된다. 언어라는 매개체가 없어도 기능하기 때문에 언어에 선행하는 좀 더 기본적인 의사소통 능력으로 여겨진다.

네안데르탈인이 언어를 구사했는지에 대해서는 의견이 분분하지만(후두喉頭의 위치가 높아서 말을 할 수 없었다는 주장도 있다. 그러나 나는 설골舌骨의 형태, 언어 능력과 깊은 관련이 있는 유전자 FOXP2가 호모사피엔스와 동일하다는 점에서 큰소리로 말하지 못했더라도 언어를 구사했다고 확신한다), 언어를 구사할 수 있었다고 해도 호모사피엔스와는 분명 말이 통하지 않았을 것이다. 성관계에 합의하는 정도의 의사소통이 가능했던 것은 거울신경세포의 기능이 거의 동일했기 때문일 것이다. 당시에는 아직 문자언어가 존재하지 않았다. 의사소통도 정보전달도 직접 얼굴을 마주하고 이루어질 수밖에 없었다. 가령 언어를 사용했어도 거울신경세포가 반드시 개재되었을 것이다. 집단의 규모가 커지고 문자언어로 정보를 전달하게 된 것은 농경을 시작한 이후의 일이다. 나는 거울신경세포를 개재하지 않고 문자언어로만 진행되는 정보의 전달이 전쟁을 일으키는 원인 중 하나라고 생각한다. 이에 대해서도 뒤에서 설명하도록 하겠다.

생물은 스트레스가 임계값을 넘으면 이동한다
———

호모사피엔스는 10만 년 전에서 6만 년 전 사이, 여러 차례에 걸쳐서 아프리카에서 유라시아로 건너갔다. 그 원동력은 무엇이었을까? 환경수용력에 비해서 인구 밀도가 상대적으로 높아진 것이 주요 원인임에 틀림없다. 그런데 스트레스가 쌓였을 때 나타나는 살고 있던 익숙한 곳을 떠나서 어디론가 멀리 떠나고 싶은 충동도 원인이 될 수 있지 않을까? 들짐승·날짐승·곤충 등 많은 동물이 서식장소에 보수적인 경향을 보인다. 서식지의 밀도가 높아져 굶주림에 직면해도 새로운 세상을 찾아 떠나는 동물은 많지 않다.

잘 알려져 있듯이 풀무치나 사막메뚜기는 서식지의 밀도가 높아지면 유전자는 변하지 않지만 유전자 외적 요인의 변이에 의해서 원래 생김새보다 몸통이 홀쭉하고, 색이 검고, 날개가 긴 군집상群集相이라 부르는 성체로 성장한다. 이들은 무리를 이루어 태어난 서식지를 떠나 목적지 없는 여행을 떠난다. 포유류 중에서 레밍(나그네쥐)은 서식지가 과밀해지면 집단 대이동을 하는 것으로 유명하다. 서식지를 떠난 개체의 운명은 대개 비참하다. 목숨을 잃는 경우가 많지만 밀도를 줄인 덕분에 적어도 원래 서식지에 남은 자손은 굶어죽지 않는다. 동물 중에는 선천적으로 이러한 행동 방식을 타고나는 동물이 있다. 물론 그중에는 이동에 성공하는 동물도 있다. 그런 동물이 광역분포종이 되었다고 추측되며, 호모사피엔스가 대표적인 예라고 할 수 있다. 고등영장류 가운데 침팬지와 고릴라는 아프리카를 벗어나지 않았다. 그에 비해 호모속屬은 호모에렉투스도 네안데르탈인도 아프리카를 떠나 유라시아 대륙으로 퍼져나간 것을 보면 스트레스가 임계값을 넘어가면 이동하는 성질을 가지고 있는 것 같다.

아프리카를 떠나 유라시아로 진출한 호모사피엔스는 정착한 토지의 환경수용력에 맞춰서 인구를 늘려갔다. 약 7만 년 전에 인지혁명이 일어나 호모사피엔스가 갑자기 영리해졌다는 학설을 신용한다면, 사냥 기술도 향상되어 사냥감을 효율적으로 잡을 수 있게 되었다. 식량공급량이 늘어나 인구는 환경수용력 가까이 증대되었다. 그러나 사냥 기술의 향상은 지속가능한 범위를 넘어 사냥감의 남획으로 이어지기 마련이다. 잉여인구는 또 다른 새로운 세상을 찾아 여행길에 올랐을 것이다. 네안데르탈인을 비롯한 선주인종은 성관계 상대인 동시에 식량 쟁탈전의 경쟁 상대이기도 했다. 네안데르탈인은 아마도 새로 침입해온 호모사피엔스에게 사냥감을 빼앗기고 식량 부족으로 서서히 쇠퇴해갔을 것이다. 당시는 약 7만 년 전에 시작되어 약 1만 년 전에 끝난 뷔름빙하기(마지막 빙하기)가 한창 진행되던 때였다. 따뜻한 시기와 추운 시기가 주기적으로 반복되었다. 혹한기에 접어들면 식물 생산량이 떨어지고 사냥감이 될 만한 동물의 개체수도 감소했을 것이다. 자신들보다 사냥감을 잡는 솜씨가 뛰어난 경쟁자가 출현하자 네안데르탈인은 굶주림에 직면하고 멸종할 수밖에 없었을 것이다.

물론 호모사피엔스도 사냥감 부족에 직면했다. 잉여인구는 운명을 하늘에 맡기고 새로운 세상을 향해서 생존을 건 여행길에 올랐을 것이다. 아프리카를 떠난 호모사피엔스는 8만 년 전에서 7만 년 전 사이에 동남아시아에 도착했고, 약 6.5만 년 전에는 오스트레일리아로 들어갔으며, 서쪽으로는 4만 년 전 유럽에 진출했다. 호모사피엔스는 동남아시아에서 더 북쪽으로 진출하여 3만 년 전에서 2.5만 년 전 사이에 아시아중앙부에 도착했다. 일본에 들어온 시기는 정확하지 않지만 적어도 3.5만 년 전에서 2.5만 년 전 사이에는 일본열도에 상륙했다. 이렇게 1만 년 전까지 호모사피엔스는 극한의 땅과 사막을 제외한 거의 모든 토지에 거주하게 되었다.

향상된 사냥 기술을 보유한 호모사피엔스가 이주해오면서 눈에 띄는 대형 동물을 모두 사냥하기 시작했다. 아시아 북부에서는 털매머드, 남북아메리카에서는 콜롬비아매머드, 마스토돈, 아메리카사자, 스밀로돈, 메가테리움 등이 인류로 인해서 멸종되었다.

유발 하라리Yuval Harari의 저서 《사피엔스Sapiens》에 따르면 호모사피엔스가 아메리카 대륙으로 건너와 2천 년이 지나기도 전에 북아메리카에서는 대형 포유류 47속 가운데 34속이, 남아메리카에서는 60속 가운데 50속이 멸종했다. 오스트레일리아 대륙에서도 수많은 대형동물이 멸종되었다. 거대한 주머니사자, 타조보다 두 배나 큰 날지 못하는 새, 소형자동차만 한 거북이 등의 대형 동물 대부분이 호모사피엔스가 도착한 이후에 사라져버렸다. 남북아메리카의 대형 동물 멸종 시기는 마지막 빙하기가 끝날 무렵이었다. 기후 변동이 격심한 시기였으므로 기후의 영향도 있었겠지만 역시 가장 큰 원인은 인류의 침입이었을 것이다.

농경사회의 출현에 따른 거대한 변화

———

약 1만 년 전, 인류의 인구는 500만 명 정도였다고 한다. 아프리카에서 유라시아로 건너온 선조의 수가 1만 명이라면 500배로 늘어난 셈이다. 인구가 증가하면 집단에는 당연히 식량난이 발생한다. 이에 인류는 두 가지 선택을 했다. 하나는 인구를 더는 늘리지 않고 수렵채집 생활을 고수한다. 또 하나는 증가한 인구를 먹여 살리기 위해서 농경을 시작한다. 전자를 선택한 집단은 오스트레일리아로 진출한 호모사피엔스(현재 오스트레일리아 원주민 애버리지니의 선조)와 아마존을 비롯한 열대우림에 정착한 일부 호모사피엔스다. 그 이외 지역의 호모사피엔스는 1만 년 전에서 5천 년 전 사이에 대부분 독자적으로 농경을 시작했다. 농경을 시작하지 않은 지역의 경우, 재배 가능한 식물과 사육 가능한 동물을 찾지 못했기 때문에 이러한 선택의 차이가 나타났을 것이다.

수렵채집에서 농경으로 생활양식이 변환되자 인구동태가 크게 달라졌다. 수렵이나 식용식물의 채집에는 동식물의 생태에 대한 많은 지식이 필요하다. 미숙한 일손은 도움이 되지 않는다. 필요 이상으로 아이가 늘어나면 밴드 전원에게 돌아갈 충분한 식량을 확보할 수 없다. 밴드 전체의 입장에서 보면 장점이 없는 셈이다. 필연적으로 밴드 구성원의 수는 제한되었으며, 구성원 사이의 의사소통은 음성언어와 거울신경세포로 충분했기에 문자언어를 사용할 필요가 없었다. 얼마 전까지 수렵채집생활을 계속해오던 애버리지니는 문자가 존재하지 않는다.

한편 농경을 시작한 인류는 어떻게 되었을까? 경지가 늘어나면 식량도 늘어나 좀더 많은 인구를 부양할 수 있다. 따라서 자연이 결정한 환경수용력으로 인구 최대치가 결정되는 생태학적 속박에서 조금은 자유로워졌다. 다시 말해 자신들의 노력으로 환경수용력을 늘릴 수 있게 된 것이다. 인류는 이제 비로소 야생동물에서 벗어났다. 수렵채집 생활에서는 인구가 환경수용력을 넘어서면 생태학적인 제재를 받아 인구는 감소할 수밖에 없다. 농경 생활에서는 인구가 증가하면 증가한 인구가 새로운 농지를 개간할 수 있다. '인구 증가→식량 증산→가일층의 인구 증가→가일층의 식량 증산'이라는 긍정적 피드백이 성립된 것이다. 이것은 1만 년 전부터 진행된 인류의 인구동태 과정 그 자체라고 할 수 있다.

그렇다면 농경을 시작한 인류는 수렵채집시대보다 행복해졌을까? 그런 것 같지는 않다. 수렵채집민은 각자 전문분야를 가지고 있다. 식량을 얻기 위해서는 지식과 기술이 필요하고 단순노동은 그다지 많지 않다. 반면에 농경은 경지를 만드는 기술이나 어떤 작물을 언제 심는지 등의 고급 지식을 가진 사람은 극히 일부라도 상관없다. 나머지는 단순한 반복 작업이다. 아이도 노동력이 될 수 있다. 그러자 기본적으로 다산을 선호하게 되었다. 저출생이 나쁘다는 논리는 농경민의 사고방식이다.

수렵채집 생활에서는 훌륭한 사냥감을 순조롭게 잡거나, 가지가 휘어지게 열매가 달린 나무를 발견했을 때 큰 성취감을 느꼈고, 이런 기쁨을 누구나 맛볼 수 있었다. 수렵채집에 성공하면 그 날의 노동은 끝나기 때문에 노동시간도 짧았을 것이다. 아침부터 밤까지 쉬지 않고 일하는 현대인의 입장에서는 부러운 노동시간이다. 실제로 지금도 수렵채집 생활을 하는 사람들의 노동시간은 놀랄 정도로 짧다. 예를 들어 오스트레일리아의 애버리지니는 수렵채집, 식사 준비, 도구 손질을 전부 포함해도 식량을 얻기 위한 노동시간은 3~5시간이라고 한다. 칼라하리사막의 쿵족과 산족, 아마존 선주민 야노마미족도 하루 노동시간은 길어야 3시간 정도다. 먹거리의 종류도 풍부하다. 천재지변이 일어나지 않는 한, 우아하고 건강한 생활이다. 이러한 예를 통해서 선사시대 수렵채집민의 생활도 상당히 우아했을 것으로 짐작된다.

전쟁의 발생

———

농경을 시작한 인류는 일하는 만큼 수확량이 증가했다. 따라서 앞에서 설명한 '인구 증가→식량 증산'이라는 긍정적인 피드백 체계가 확립된 이상, 일할 수밖에 없었다. "일하지 않는 자는 먹지도 말라"는 도덕적으로 옳지 않은 표어도 농경민의 사고방식에서 나왔을 것이다. 야생 동식물의 생산량 일부를 취하는 수렵채집과 다르게 농경은 날씨에 좌우되기 쉽다. 대흉작이 찾아오면 사람들은 아사의 위기에 직면했을 것이다. 또한 대풍작이라는 요행이 찾아왔을 때도 다른 부족이 습격해서 약탈해갈지도 모른다는 불안에 시달렸을지 모른다. 농경을 시작해서 잉여생산물의 축적이 가능해진 것도 역시 전쟁의 원인 중 하나다.

대흉작으로 이대로 앉아서 굶어죽기만을 기다리는 상황에 처한 취락이 풍문으로 어디어디 취락에 제법 비축된 식량이 있다는 이야기를 들으면 하늘에 운명을 맡기고 습격해서 식량을 빼앗으려

할지도 모른다. 반대로 습격에 대비해 굳게 방어할 필요도 있었을 것이다. 농경이 시작된 8천 년 전 중국에서는 이미 취락 주위에 해자를 둘러친 환호環濠취락이 출현했다. 일본에서도 약 2,500년 전 벼농사가 전해진 이후에 규슈九州 북부에서 환호취락이 만들어졌다. 환호의 기능에 관해서는 여러 의견이 있기 때문에 반드시 방어 목적이었다고 단정할 수는 없지만, 결국 전쟁의 발생 횟수가 늘어난 것은 확실하다.

전쟁은 농경이 시작되기 전에도 존재했지만 농경을 시작하고 급증했다. 수렵채집민 밴드 사이에서도 수렵채집을 하는 영역을 둘러싼 다툼이 있었다. 유명한 예로 케냐 투르카나 호숫가에서 발견된 약 1만 년 전의 27구의 인골 가운데 10구에서 폭력적으로 살해당한 흔적이 발견된 사례가 있다. 수단의 제벨 사하바 유적의 약 1만 2천 년 전에 만들어진 묘지에서 발굴된 59구의 인골 가운데 24구에도 폭력적으로 살해당한 흔적이 있었다. 여기에는 여성과 어린이도 포함되어 있었다. 일반적으로 어린이가 개인적인 원한으로 살해당할 가능성은 희박하다. 따라서 이것은 집단 사이의 다툼에서 적대하는 다른 집단을 없애버리기 위한 전쟁이 있었다는 증거로 여겨진다.

그러나 이러한 사례로 수렵채집민 밴드가 항상 전쟁을 했다고 생각해서는 안 된다. 일본의 석기시대에 해당하는 조몬시대(약 1만 5천 년 전~2만 8천 년 전)의 인골 2,576구를 조사한 연구에 따르면, 조사 결과 상처를 입은 인골은 23구(0.9퍼센트)였으며 어린이는 발견되지 않았다. 이를 보면 조몬시대에는 집단간의 전쟁이 거의 없

었던 것 같다.[1]

　마쓰모토는 이 논문에서 제벨 사하바에서 집단 간의 전쟁이 일어난 시기는 마지막 빙하기의 막바지였다고 지적하면서, 기후가 격변한 시기였기 때문에 집단간의 자원 쟁탈전이 치열했을 것이라고 추정했다. 갑자기 굶주림에 직면한 밴드 사이에 식량 쟁탈전이 가열되면서 전쟁이라는 사태가 발생했을지도 모른다. 나는 적어도 굶주림의 위기에 직면하지 않은 밴드끼리 전쟁을 일으키는 경우는 극히 드물었을 것으로 보고 있다. 전쟁이라는 하나의 단어를 사용하지만, 농경혁명이 일어난 이후의 전쟁은 굶주림에 직면해서 어쩔 수 없이 발생한 전쟁과는 조금 다른 양상을 띠게 된다.

　수렵채집시대에는 문자가 없었다. 밴드 구성원의 의사소통은 음성언어와 거울신경세포를 사용하여 이루어졌으며 명시적 규칙은 존재하지 않았다. 규칙에 따라서 강제로 사람에게 복종을 강요하는 일도 당연히 없었을 것이다. 앞에서 소개한 마쓰모토의 논문에 따르면, 지금도 평화적이며 전쟁을 하지 않는 사회는 소규모 수렵채집사회이며, 친족관계가 사회통합의 원리인 집단이다. 어린이를 가르칠 때도 관용적이며 체벌하지 않는다. 경찰처럼 사회규범에 개인을 강제로 복종하게 만드는 조직은 존재하지 않는다. 서로가 그것을 어떻게 생각하는지, 다시 말해 좋게 생각하는지 나쁘게 생각하는지를 기반으로 사회가 돌아간다. 사회적 결정권은 모든 어른들에게 있으며 남녀 모두 동등한 발언권을 가지고 있다. 반

---

1 마쓰모토 나오코(松本直子), 〈전쟁에 대한 인류사적 평가〉, 《현대사상》, 2017년 6월호.

대로 전쟁을 하는 사회에서는 어릴 때부터 교육을 통해 혹독하게 사회규칙을 주입받으며 힘에 의한 통제가 심한 집단이다.

영국의 인류학자 로빈 던바Robin Dunbar는 상대방과 친밀한 관계를 쌓을 수 있는 집단구성원은 최대 150명 정도라는 가설을 제창했다. 이것을 '던바의 수'라고 부른다. 150명 정도의 집단에서는 개인이 개성을 발휘하고 자유롭게 행동해도 집단의 통합이 유지되고 자율성과 유연성이 출현한다. 이런 현상은 인간뿐 아니라 동물에게도 나타난다고 한다.[2] 그러나 농경혁명이 일어나자 집단의 인구는 던바의 수를 훨씬 넘어 확대되기 시작했다. 집단을 통제하기 위해서 지도자가 출현하고, 집단을 통제하는 규칙이 만들어지고, 규칙을 기록하거나 명령을 전달하기 위해서 문자가 발명되었다. 문자는 직접 얼굴을 마주하는 의사소통을 생략했다. 다시 말해 문자는 거울신경세포를 거치지 않고 정보를 전달하는 수단으로, 좋고싫음이나 이해를 제외하고 규칙과 명령을 지키게 만들기 위한 도구로 기능했다. 물론 문자는 지식을 집적하여 다음 세대로 전달하는 기능이 있고, 개념을 날조함으로써 사상·종교·과학의 기초가 되기도 했다.

날씨가 좋으면 농경은 잉여생산물을 생산했지만 이것이 집단구성원에게 균등하게 분배되지는 않았다. 일반적으로 집단에서 정치적 권력을 장악한 지도자층이 독점하게 되면서 계급분화가 진행되었다. 결국 일반인은 세금이라는 형태로 생산물을 권력자

---

2 모리야마 도오루(森山徹), 《사물에 마음이 있을까?》.

에 바치게 되었고, 굶주림에 직면한 경우에도 생산물의 상당수를 권력자에게 빼앗겼다. 수렵채집 생활에서 농경 생활로 전환되고 일반인의 생활은 비참해졌다. 4천 년 전에서 3천 년 전 사이에 화폐가 출현하고, 세계 종교가 출현하고, 극단적 계급사회인 독재 제국이 출현했다.

계급사회는 제국에서 세계자본주의global capitalism로 모습을 바꿨지만 화폐와 세계종교는 현대사회에 단단히 뿌리를 내렸다. 현대인은 이러한 사회적 장치를 보편적인 것으로 생각한다. 그러나 4천 년이라는 역사는 현재 가장 오래된 인류로 간주되는 사헬란트로푸스 차덴시스의 출현으로 시작된 700만 년 인류사 가운데 겨우 0.057퍼센트, 호모사피엔스가 출현한 이후의 30만 년 역사 가운데 겨우 1.3퍼센트에 불과하다. 앞으로 인류가 언제까지 살아남을지는 알 수 없지만, 이런 사실을 깨닫는다면 사회체계가 앞으로 달라지지 않는다고 단정할 수 없다. 오히려 변한다고 생각하는 것이 합리적이다.

앞에서 문자의 발명이 전쟁의 원인 중 하나라고 말했다. 1만 2천 년 전에 제벨 사하바에서 전쟁이 일어났을 때는 아직 문자가 존재하지 않았다. 어린이까지 죽임을 당한 것에서 집단간의 전쟁임에는 틀림없어 보이지만, 나는 그 배후에는 식량쟁탈전에서 비롯된 깊은 증오가 있었다고 생각한다. 말하자면 개인적인 적대 관계에서 발전한 살인의 연장선상에 위치한 전쟁이 아니었을까? 그에 비해 농경혁명 이후의 전쟁은 거울신경세포가 개재된 개인적인 증오와는 무관하게 지도자의 명령에 따르는 행동이었다. 규칙과 명령이 전쟁을 수행시킨 것이다. 문자가 없다면 국가나 적이나 신이라는 개념을 날조하는 일도 없었고, 이념이나 종교의 차이로 인한 전쟁도 발생하지 않았을 것이다.

중요한 것은 농경혁명 이후의 전쟁은 권력자의 계산에 따라 이루어졌다는 점이다. 권력자는 전쟁을 할 이유가 있었겠지만, 병사는 전쟁을 할 필연적 이유는 없었을 것이다. 가장 일반적인 전쟁은 무력을 가진 집단이 주변 약소집단으로 쳐들어가 토지를 빼앗고, 경우에 따라서는 전쟁에서 패한 집단사람들을 노예로 삼아 세력을 확대하는 유형일 것이다. 이런 과정을 거치면서 한 권력이 지배하는 영토가 평균적으로 확대되어 거대한 제국이 출현했다. 일반인은 자신이 알지 못하는 곳에서 결정된 전투로 인해서 갑자기 병사로 징집되거나 느닷없이 쳐들어온 군대에 죽임을 당한다. 대개평화롭게 살아가던 수렵채집 생활에 비하면 비교가 안 될 정도로 확실히 불행해졌다. 정작 당사자들에게는 수렵채집 생활의 기억이 없기 때문에 어떻게 생각할지 알 수 없지만 말이다.

제국이 크고 강대해지면 소규모 전쟁은 오히려 줄어든다. 사람들을 괴롭힌 것은 일기 불순으로 인한 흉작과 전염병의 유행이었을 것이다. 그러나 그럼에도 기본적으로 인구증대 경향은 멈추지 않았다. 결정적 이유는 농업기술의 진보와 경작지 개발을 통해서 환경수용력이 증대되었기 때문이다. 약 1만 년 전에 500만 명이었던 세계 인구는 서기원년 무렵에는 2억 명으로 증가했다. 11세기 초에는 3억 명, 16세기 초에는 5억 명, 18세기 초에는 6.5억 명, 19세기 초에는 10억 명, 20세기 초에는 16억 명, 현재 세계 인구는 76

일본의 인구추이와 추계

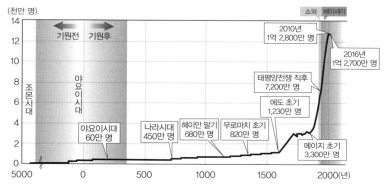

일본 총무성 통계국 〈국세조사〉 등을 참고

억 명이다. 일본의 인구는 야요이시대(1800년 전) 60만 명, 나라시대(725년) 450만 명, 헤이안시대 말기(1150년) 680만 명, 무로마치시대 초기(1340년) 820만 명, 에도시대 초기(17세기 초) 1,230만 명, 에도시대 중기(18세기 중반) 3,100만 명, 메이지시대 초기(1870년) 3,300만 명, 태평양전쟁 직후(1945년) 7,200만 명, 현재(2016년) 1억 2,700만 명이다(과거의 세계 인구 및 일본인구의 추정치는 연구자에 따라 상당한 차이를 보인다. 여기에서 제시한 수치도 확정된 추정치는 아니다).

산업 발전과 세계자본주의

———

세계 인구는 기근이나 전염병의 유행으로 가끔 감소하기도 했지만 18세기 초까지는 전체적으로 비교적 완만하게 증가했다. 그러나 18세기 중반부터 가속도로 늘어나기 시작했다. 산업혁명이 일어나고, 석탄과 석유가 목탄을 대체하는 유력한 에너지원으로 등장하고, 그것을 이용할 수 있는 과학기술의 발달로 인해 효율적으로 식량을 생산할 수 있게 되자 인류의 환경수용력이 비약적으로 증대되었기 때문이다. 산업혁명의 결과 도시노동자가 서서히 늘어났다. 이들이 식량 생산에 종사하지 않고 삯일을 해서 번 돈으로 식량을 구매하게 되면서 화폐경제는 없어서는 안 되는 사회장치가 되었다.

또한 이 시기는 자본주의가 확립되어 왕을 정점으로 하는 권력구조와는 다른 자본가와 노동자라는 계급이 생겨났다. 자본주의는 자본가가 시장에서 노동자를 고용하여 이윤을 추구하는 체계로, 자본(생산수단)의 사유私有를 전제로 한다. 소유한 자본이 없는 인간은 노동자가 되어 삯일로 근근이 살아가게 되었다. 자본주의는 비용과 이익의 차이를 극대화하는 방향으로 움직인다. 노동자의 임금은 가장 중요한 비용이기 때문에 자본가는 가능한 이것을 싸게 억제하기 위해서 노력을 기울였다. 그렇게 얻은 이윤은 자본가의 부로 축적된다. 결과적으로 자본가와 노동자의 빈부격차가 벌어지기 때문에, 정치권력이 개입하지 않는 한 소수의 자산가와 대다수의 가난뱅이라는 사회구조가 진행되는 것은 피할 수 없다.

대부분의 경우, 정치권력은 자본가와 결탁해 이러한 과정을 추진하는 정치제도를 정비하는 데 노력을 쏟았다. 그러나 국민국가가 성립되고 민주주의적 정치제도가 조금이라도 갖춰진 국가에서는 선거권을 가진 대다수의 국민이 노동자이기 때문에 자본가의 이윤을 극대화하는 체계는 상당한 통제를 받게 된다. 당연히 자본가는 국민국가의 속박에서 벗어나기를 원한다. 구체적인 내용을 생략하고 간단히 요약하면 그 결과 세계자본주의가 등장하게 되었다. 국가체계의 방해를 받지 않고 자유롭게 자본을 움직여 자원과 노동자를 최저 비용으로 쓰고 싶었기 때문이다.

그런데 세계자본주의가 성립되기 위해서는 인구와 자원이 계속 증가해야 한다. 자원 중에서도 가장 중요한 것은 에너지다. 국경에 얽매이지 않고 노동력과 물자를 자유롭게 움직이기 위해서는 풍족한 에너지가 필요하다. 농업도 어업도 제조업도 에너지 없이는 성립될 수 없다. 그렇기 때문에 세계자본주의는 에너지 확보에 혈안이 되어 있다.

그렇다면 인구는 어떨까? 싼 노동력을 손에 넣기 위해서는 노동인구가 많을수록 좋다. 현재 대부분의 선진국 정권은 세계자본주의의 앞잡이가 되어 세계자본주의에게 봉사하는 일만 생각하고 있다. 일본에서도 아베 정권이 "저출생이 진행되면 일본은 소멸한다. 원자력발전을 중단하면 에너지 부족으로 생활이 불가능해진다"고 국민을 협박하며 세계자본주의의 연명을 꾀하고 있다. 일본에서는 국가 또는 국민을 지킨다는 표어 아래 실은 국민과 함께 일본이라는 나라를 세계자본주의에 팔아넘기기 위한 정교한 속임수가 진행되고 있다.

한편 선진국, 특히 일본에서는 인류 역사상 최초의 사태가 진행 중이다. 바로 설명이 필요 없는 저출생이다. 지금까지 장황하게 설명한 것처럼 인류도 동물이기 때문에 생물학적으로 환경수용력이 증가하면 인구는 반드시 증가할 수밖에 없다. 농경혁명이 발생하고 세계 인구는 꾸준히 증가해왔다. 인구는 제국을 지탱하는 농민(농노)이자 병사이고, 자본주의를 지탱하는 노동력이며 소비력이다. 세계제국도 세계자본주의도 환경수용력(현재 인류에게는 에너지와 거의 동일한 의미다)을 늘리면 인구도 늘어난다는 생태학 원리를 바탕으로 성립된 셈이다. 선진국의 저출생은 환경수용력을 늘려도 인구가 늘어나지 않는 인류 역사 최초의 사태다. 현재 저출생은 일부 선진국에 머물러 있다. 그러나 범위가 세계적 규모로 확대되면 적어도 현재와 같은 형태의 세계자본주의는 종언을 맞이할 것이다. 과학기술이 아무리 발달해도 살아 있는 인간을 인공적으로 만들어낼 수는 없기 때문이다. 나는 세계자본주의가 붕괴되는 것은 시간문제이며 바람직한 일이라고 생각하지만, 씁쓸하게 느끼는 사람도 있을 것이다.

그러나 선진국과 개발도상국의 인구 감소에는 상당한 차이가 존재한다. 한동안은 선진국의 인구 감소를 보충하고도 남는 수준으로 개발도상국의 인구가 계속 증가한다. 2017년 국제연합이 발표한 미래예측에 따르면 2100년의 세계 인구는 112억 명으로 아프리카가 39퍼센트, 아시아가 44퍼센트를 차지한다. 국가별로는 인도가 15억 1,700만 명으로 1위, 일본은 현재의 1억 2,700만 명(11위)에서 8,500만 명(29위)으로 줄어들 것으로 예상된다. 별도의 조사에서는 2100년 일본의 인구가 6,000만 명 이하로 줄어든다고 예측하기도 했다. 그래서 이대로라면 일본인은 소멸된다고 말도 안 되는 소리를 하는 사람도 있지만, 어느 정도 감소하면 반드시 정상定常상태가 되어 인구는 안정된다.

한마디 덧붙이면 앞에서 설명한 것처럼 모든 현생 인류는(아프리카를 떠나지 않은 사람들을 제외하면) 수만 년 전에 최대 1만 명 정도였던 사람들의 자손이다. DNA의 99.9퍼센트가 동일해 거의 클론에 가깝다. 일본인이라는 생물학적 인종은 존재하지 않는다. 일본열도에 살고 일본어를 하면 인종에 관계없이 모두 일본인이다. 지금 일본열도에 살고 있는 사람들도 다양한 인종 사이에서 이루어진 혼혈의 결과물이다.

던바의 수만 넘지 않으면 된다

———

일본에서 인구가 감소한 이유는 여성이 육아의 노예가 되기를 거부하고 자신의 행복을 추구하기 시작했기 때문이다. 세계자본주의와 그 앞잡이 정치권력이 아무리 육아는 훌륭하다는 환상을 강요해도 금전적·시간적 여유가 없는 대부분의 여성은 간단히 속지 않았다. 생물학적 관점에서 보면 자원의 양이 동일한 경우 인구가 적을수록 1인당 이용가능한 자원의 양이 증가한다.

솔직히 저출생은 개인의 행복에 확실하게 공헌할 것이다. 개발도상국 여성도 지금은 아이를 많이 낳고 있지만 머지않아 육아는 줄이고 자신의 행복을 추구하게 될 것이다. 세계 인구는 2100년을 전후로 정점을 찍고 감소하기 시작할 것으로 예측된다. 2200년에서 2300년 무렵이 되면 세계 인구는 50억 정도로 안정되어 정상定

^纂상태에 도달할 것이다. 그렇게 되면 세계는 본격적인 후기 세계 자본주의 시대로 돌입한다.

그때까지 선진국의 인구는 감소하고 개발도상국의 인구는 증가한다는 과도기적 문제가 존재한다. 예를 들어 일본에서 저출생이 진행되면 노동력 부족으로 임금이 상승한다. 이윤을 추구하는 한 기업은 개발도상국으로 공장을 이전하거나, 이전할 수 없는 업종의 경우 외국에서 저임금 노동자를 받아들여 일을 시킨다. 그렇게 되면 원래 일본에 살고 있던 노동자의 임금도 내려갈 수밖에 없다. 이것이 바로 지금 진행되고 있는 사태다.

시급이 1천 엔 이하라면 하루에 8시간씩 일주일에 6일을 일해도 연소득 200만 엔 정도에 불과하다. 그렇다면 시골에 연고가 있는 사람은 도시에서 힘들게 생활하는 것보다 시골에서 농사를 짓는 편이 낫겠다는 생각이 들 것이다. 작물을 팔아 수입을 얻어서 생활하는 기존의 방식으로는 도시에서 노동자로 일하는 것보다 수입이 줄어든다. 따라서 작물을 팔지 않고 자신들이 소비하면서 먹거리를 자급자족하는 편이 합리적이고 우아하게 생활할 수 있다. 생산물을 시장에 내다팔지 않으면 세계자본주의에서 자유로워질 수 있다.

같은 생각을 가진 사람이 모이면 작은 공동체가 만들어진다. 집단의 인원수가 던바의 수를 넘지 않으면 모두가 적당히 자율적으로 행동해도 집단의 질서를 유지할 수 있다. 개인이 작물이나 제품을 만들어 물물교환을 하게 되면 집단은 결속이 강해진다. 이것이 바로 상호부조체계다. 이때 집단의 규칙을 명시적으로 정하지 않는 것이 중요하다. 문제가 생기면 그때마다 모여서 상황을 보고 결정한다. 말하자면 수렵채집민의 감성으로 살아가는 셈이다. 이러한 공동체에서 성장하면 전쟁을 원하는 사람도 줄어들 것이다. 생산 수단은 농업이다. 아이의 수가 적으면 어른이 되어서도 공동체에서 생활할 수 있기에, 회사에 취직해 일하지 않으면 먹고살지 못한다는 강박감에서 해방된다. 생산성을 무리하게 끌어올릴 필요는 없다. 지속가능한 범위 안에서 토지를 이용하기 때문에 노동시간도 길지 않다. 이렇게 이야기하면 장점만 있는 것 같지만, 직접 만들지 못하는 물건은 구매할 수밖에 없으므로 어느 정도 환금작물도 길러야 한다. 그러나 현금 수입이 많이 필요하지 않기 때문에 시장원리에 휘둘려 허둥대는 일은 줄어든다. 세계자본주의가 세력을 떨치는 한, 일본 노동자의 임금은 오르지 않기 때문에 이런 공동체가 출현할 가능성은 높아질 것이다.

한편 외국인노동자가 계속 유입된다면 호모사피엔스는 가리지 않고 성관계를 하는 종이므로 혼혈이 진행될 것이다. 조상이 외국인이라도 2세대, 3세대 정도 되면 일본어밖에 할 줄 모른다. 아시아인의 경우 수천 년 전부터 일본에 거주한 조상을 가진 사람과 겉모습만으로는 구별할 수 없을 것이다. 그렇게 되면 이 사람들은 명실상부한 일본인이다. 일본 국내의 노동인구가 감소하고 외국인노동자가 증가하는 현상이 보편화되면 일본인의 인구 감소에도 제동이 걸릴지 모른다.

그렇다면 선진국에서는 인구가 감소하고 개발도상국에서는 증가하는 과도기를 지나서 전 세계에서 본격적으로 인구 감소가 일어나면 어떻게 될까? 현재 세계적으로 인공지능의 개발에 의해서 다양한 노동이 로봇화되고 있다. 예를 들어 자동차의 자동운전 기술은 이미 현실화되었다. 가까운 미래에 자동차 운전사라는 직업은 없어질 것이다.

얼마 전 옥스퍼드대학의 인공지능 연구자가 지금 존재하는 직업의 절반 정도가 가까운 미래에 로봇으로 대체되어 소멸된다고 예측해서 화제가 되었다. 자동차 운전사 이외에도 검사기사와 편의점 점원처럼 틀에 박힌 일을 반복하는 직업은 로봇이 더 정확하게 수행할 수 있기 때문에 점차 소멸되고, 손님의 개성에 맞춰서 임기응변으로 대응해야 하는 직업은 살아남을 가능성이 높다고 한다. 독창성이 필요한 예술가와 작가도 당분간 살아남을 것이다 (물론 인공지능이 쓴 소설이 베스트셀러가 될 가능성은 있다).

산업용 로봇의 가격이 내려가 노동자를 고용하는 비용보다 저렴해지면 실업자가 늘어날 것이다. 노동자에게 임금을 지불할 필요가 없어진 기업은 낮은 비용으로 제품을 만들 수 있다. 그러나 문제는 '누가 구매하는가?'다. 현대사회에서 대부분의 소비자는 노동자들이다. 노동자의 절반이 직업을 잃으면 제품을 구매하는 손님이 격감한다. 제품이 팔리지 않으면 기업은 어려움에 처하고, 노동자는 극빈자가 되어 굶어죽는 사람도 나올 수 있다. 사회는 대단히 혼란스럽고 위험해질 것이다.

여기에서 드디어 기본소득basic income이 현실성을 띤다. 기본소득은 모든 국민에게 동일하게 같은 금액의 현금을 지급하는 제도다. 노동자를 대부분 해고한 결과 생산비용이 내려간 기업의 수익을, 예를 들어 80퍼센트 정도를 기초자금으로 삼으면 된다. 기업이 벌어들인 돈을 사람들에게 분배해 그 돈으로 제품을 사게 함으로써 기업도 국민도 살아남겠다는 제도다. 기본소득을 수령하고 있는 사람도 일자리를 찾으면 일할 수 있다. 이런 경우 구매 가능한 규모가 기본소득보다 커지기 때문에 기업의 실질적 수익은 감소하지 않는다. 국민인구가 적으면 기본소득의 기초자금도 적게 필요하고, 같은 기초자금이라도 1인당 지급액은 늘어난다. 이 제도는 인구가 적은 국가에 적합한 제도다.

태어났을 때부터 기본소득을 지급하면 인구가 증가해 제도가 파탄에 이른다. 그래서 어느 정도 규제가 필요하다. 성인이 될 때까지 지급하지 않거나, 일정 한도 이상의 아이를 낳은 부모는 지급액을 줄이는 등의 구체적인 방법을 고안해야 할 것이다. 국민의 상당수가 지방에서 농업에 종사하면서 식재료는 대부분 자급자족하고 그 밖의 물건은 기본소득으로 구매하는 날이 올지도 모른다. 세계자본주의는 붕괴되어 정상定常경제가 당연한 세상이 될 것이다. 그것은 환경수용력과 인구가 거의 일정하게 유지되는 사회, 생물종에게 최적의 생존 전략이라 할 수 있는 사회. 핵전쟁이나 거대 운석의 출동과 같은 대재앙이 일어나지 않는다면 인류는 한동안 살아남을 수 있을 것이다.

두뇌자본주의가 온다

저출생보다 심각한
인공지능시대의 문제

이노우에 도모히로井上智洋

고마자와대학 경제학부 준교수, 경제학자, 전문분야는 거시경제학. 2011년 와
세다대학대학원 경제학연구과에서 박사학위 취득. 와세다대학 정치경제학부
조교 등을 거쳐, 2017년 4월 현직 취임. 인공지능과 경제학의 관계를 연구하는
선구자로 폭넓게 활동 중. 저서로는《헬리콥터 머니》,《초인공지능》등이 있으
며, 2017년《2030 고용절벽 시대가 온다》로 신서대상을 수상했다.

목표로 삼아야 하는 경제성장률

———

"일본은 성숙 단계에 진입한 국가로 더 이상 경제가 성장할 가능성은 없다. 앞으로는 쇠퇴하는 일만 남았다"는 일본쇠퇴론을 최근 자주 듣는다. 인구가 많은 중국, 인도, 동아시아국가연합ASEAN 국가들이 높은 성장률을 실현하고 있는데 비해서 확실히 일본의 상대적 경제 규모는 저하되고 있다. 또한 디플레이션 불황과 저출산·고령화의 영향으로 최근 20년 동안의 평균 실질성장률이 0.9퍼센트 정도에 머물고 있는 것도 사실이다.

경제가 성숙할수록 성장률이 저하되는 것은 이론적으로도 실증적으로도 확인할 수 있다. 그러나 성장률 0퍼센트는 일반적으로 있을 수 없는 일이다. 많은 선진국이 2퍼센트 수준의 성장률을 유지하고 있다. 미국이 그 전형적인 예로, 최근 20년 동안의 평균 성장률은 약 2퍼센트다.

선진국을 따라잡는 과정에 있는 개발도상국은 자본(생산설비)을 급속히 증대시킴으로써 높은 성장률을 실현할 수 있다. 따라잡기가 끝나 선진국 대열에 들어간 이후에는 이렇게 급속한 성장은 불가능하지만 기술 진보가 주도하는 완만한 경제 성장은 지속할 수 있다.

사람들이 연구나 발명 및 발견을 계속하는 한 기술 진보와 그로 인한 경제 성장은 멈추지 않는다. 그러므로 2퍼센트의 성장은 자연스러운 현상이다. 그러나 일본 경제는 부자연스럽게도 잃어버린 20년 동안 0.9퍼센트의 성장률밖에 올리지 못했다. 주로 수요와 관련된 요인이 이러한 결과를 초래했다. 그래서 재정 및 금융정책을 통해서 자연스러운 성장을 되찾을 필요가 있었다.

아베노믹스의 첫 번째 정책인 금융정책의 배경에는 화폐공급량을 늘려서 디플레이션에서 탈출하겠다는 '리플레이션(통화 재팽창)'이라는 논리가 존재하며, 이러한 사고방식을 가진 경제학자와 경제가를 '리플레이션파'라고 부른다.

현재 일본 경제에 리플레이션을 적용하는 것이 타당한지 여부를 논의하기 전에 풀어야 하는 오해가 있다. 그것은 리플레이션파 사람들의 첫 번째 목표는 실업의 해소이며, 두 번째는 다른 선진국 수준의 경제 성장이라는 점이다.

성장률의 목표치는 2퍼센트 정도다. 그들은 6퍼센트나 7퍼센트처럼 신흥국 수준의 성장률을 목표로 삼고 있는 것이 아니다. 정부가 목표로 내걸고 있는 실질성장률도 2퍼센트다. 따라서 아베노믹스가 리플레이션을 통해서 무리하게 경제를 성장시키려고 한다는 비판은 타당하지 않다.

저출생의 진행으로 2030년대가 되면 일본은 지속적인 제로성

장에 빠진다는 예측도 있다. 그러나 개인 생활의 풍요로움을 나타
내는 것은 한 국가의 GDP가 아니라 1인당 GDP다. 1인당 GDP가
제로성장에 빠지는 일은 없다. 리플레이션파를 포함한 대부분의
경제학자가 1인당 GDP의 성장을 중요하게 생각하는 이유다.

일본 경제가 안고 있는 문제

————

그렇다면 앞으로 아베 정권이 주도하는 일본경제가 디플레이션
불황에서 완전히 빠져나와 당분간 2퍼센트 수준의 성장률을 지속
할 것인가? 아마 어려울 것이다.

제로금리(마이너스금리)에서는 금융정책의 효과가 줄어든다. 좀
더 큰 영향력을 가지는 것은 재정정책이다. 디플레이션을 벗어나
기 위해서는 재정지출의 증대 또는 감세가 필요하다. 그러나 이미
2019년 10월에는 소비세의 증세가 예정되어 있다.

2014년 4월의 소비세 증세는 소비수요의 침체를 초래해 디플레
이션 불황에서 탈출하는 시기를 뒤로 늦췄다. 그에 대한 반성도 충
분히 이루어지지 않은 상태로 새로운 증세가 이루어지려 하고 있다.

그 이후의 미래를 생각하면 눈앞이 더 캄캄해진다. 아베 총리 다
음에 누가 총리가 되더라도 아마도 증세와 긴축을 추진할 것이다.
디플레이션 불황이 다시 진행되고 심지어 잃어버린 20년이 30년,
나아가 40년으로 연장될 가능성도 있다.

한마디로 앞으로 일본이 쇠퇴 일로를 걷게 된다면 가장 큰 책임

은 재정 및 금융정책의 실수에 있다. 일본 경제의 쇠퇴를 자연 현상으로 간주해 포기하려고 하는 일본쇠퇴론은 문제의 본질을 제대로 파악하지 못하고 있다.

하지만 일본 경제가 안고 있는 문제는 재정 및 금융정책을 통해서 직접 해결할 수 있는 수요 관련 문제만이 아니다. 기업과 대학, 행정기구, 모든 조직에서 비효율이 만연해 생산성이 정체된 상태다. 2016년 일본의 1시간당 생산성은 OECD 35개국 가운데 20위다.[1]

노동생산성은 신뢰할 수 없는 지표라는 지적을 자주 받는다. 하지만 2016년 일본의 1인당 구매력평가GDP(물가를 고려한 GDP에 관한 지수)도 전 세계 국가들 중에서 30위다.[2] 프랑스보다 조금 아래, 한국이나 이탈리아보다 조금 위에 해당하며 선진국 중에서는 최저 수준이다. 어떤 지표를 참고해도 일본의 생산성 정체를 반증하기는 어렵다.

앞으로 생산성 정체는 한층 심각해질 것이다. 미래에 한 나라의 GDP를 결정짓는 것은 노동인구나 노동시간보다 과학기술력을 비롯한 사람들의 지력知力이지만, 일본의 지력이 지금 위기에 처했기 때문이다.

경제의 기본구조가 지금 상태에서 변하지 않을 경우, 확실히 저출생·고령화로 인해서 생산연령인구(15세 이상 65세 미만의 인구)의

---

1 일본생산성본부, 〈노동생산성의 국제 비교〉.

2 IMF, "World Economic Outlook Databases".

비율이 저하되어 1인당 GDP의 성장이 완전히 멈추지는 않더라도 둔화될 가능성이 있다.

그러나 미래의 세계 경제는 노동자의 머릿수가 아니라 사람들의 두뇌 수준이 한 나라의 GDP와 기업의 수익을 결정하는 '두뇌자본주의'로 전환될 것이다. 작가이자 평론가인 사카이야 다이치堺屋太一는 《지가혁명知価革命》(1985)에서 지혜에 가치를 부여하는 '지가사회'가 올 것이라고 예견했는데, 바로 그러한 사회가 본격적으로 도래한다. 그렇기 때문에 저출생·고령화가 아니라 과학기술력 등 지력의 쇠퇴가 경제에 더 큰 부정적 영향을 미칠 것이다.

'두뇌자본주의'는 원래 고베대학의 마쓰다 다쿠야松田卓也 명예교수가 만든 용어다. 경제사상 분야의 '인지자본주의'나 피터 드러커Peter Drucker의 '지적사회'와 유사한 개념이지만, 어떤 용어보다도 마음에 드는 어감이기에 이 글에서는 '두뇌자본주의'를 사용하도록 하겠다.

제1차부터 제3차까지의 산업혁명

———

두뇌자본주의로의 전환은 제3차 산업혁명(정보기술혁명, IT혁명)의 진행에 맞춰 일어나고 있으며, 앞으로 발생할 제4차 산업혁명(인공지능혁명, AI혁명)에 의해서 한층 심화될 것으로 예상된다.

18세기 말부터 19세기 초에 걸쳐 영국에서 처음 일어난 제1차 산업혁명에서 영향력이 가장 컸던 기술은 증기기관이다. 증기기

관처럼 모든 산업에 영향을 미치고 나아가 보완적인 발명을 연쇄적으로 발생시킨 기술을 '범용목적기술General Purpose Technology'이라고 한다.

내연기관(가솔린 엔진)과 전기 모터 등의 범용목적기술은 19세기 말부터 20세기 초에 사이에 제2차 산업혁명을 일으켰다. 현재 소비생활의 상당 부분은 제2차 산업혁명이 새롭게 개척한 분야에서 이루어진다. 예를 들어 자동차와 비행기는 내연기관, 세탁기와 청소기는 전기 모터의 보완적 발명이 낳은 산물이라 할 수 있다.

컴퓨터와 인터넷이라는 범용목적기술이 일으킨 것이 제3차 산업혁명이다. 1995년 마이크로소프트의 윈도95Window95가 세상에 나온 시기로 잡으면 제3차 산업혁명은 20년 정도밖에 되지 않았다.

정보기술화의 기본은 무서류paperless화다. 종이서류로 계약을 교환하고 화폐로 상품을 구매하는 동안은 아직 제3차 산업혁명이 진행 중이다. 그런데 이 혁명은 과거의 혁명들과는 달라서 모든 노동자를 똑같이 풍족하게 만들지 않는다. 미국에서는 이미 정보 시스템이 여행대리점과 콜센터 직원, 경리 담당 등의 사무노동 일자리를 빼앗고 있다.

이렇게 '기술적 실업' 상태에 빠진 노동자는 대부분 정보기술이 창출하는 새로운 직업으로 전직하지 못하고 청소원이나 간병인과 같은 육체노동에 종사하게 된다. 그렇게 되면 사무노동보다 육체노동의 임금이 낮기 때문에 전직한 노동자는 더 가난해진다. 실제로 21세기에 들어와 미국인의 소득 중간치는 제자리걸음 또는 조금 저하되는 경향을 보이고 있다.

한편 일부 자산가는 더 큰 부자가 되고 있기 때문에 소득 평균치는 순조롭게 상승하고 있다. 미국의 경제학자 에릭 브린욜프슨Erik Brynjolfsson과 MIT 수석연구원인 앤드류 맥아피Andrew McAfee는 이렇게 소득의 중간치와 평균치의 차이가 벌어지는 현상을 '극심한 디커플링the great decoupling'이라고 명명했다.

미국은 이미 정보기술산업이나 금융업에 종사하는 높은 지력을 가진 소수의 노동자가 막대한 부를 창출하는 두뇌자본주의로 전환되기 시작했다. 그러한 조짐은 다양한 부분에서 나타나고 있다. 예를 들어 구글Google의 사원수는 약 5만 명인데 비해서 제너럴모터스GM라는 미국 자동차기업의 사원은 약 22만 명이다. 그러나 구글의 시가총액(주가의 합계액)은 제너럴모터스의 10배 이상이다. 자동차 공장 같은 거대한 생산설비를 가지고 있지 않는데도 말이다.

구글은 다수의 박사학위 소지자를 보유하고 있으며, 그들은 구글의 기술과 서비스를 만들어내는 핵심역할을 담당하고 있다. 사원의 두뇌가 현재부터 미래에 걸쳐 만들어내는 부가가치가 바로 시가총액의 근거인 것이다.

정보기술산업이 '노동집약적'이기보다 '두뇌집약적'인 이유는 명백하다. 하나의 소프트웨어를 완성하면 거의 비용을 들이지 않고 그 복제품을 만들 수 있다. '한계비용 제로'라는 한마디가 정보기술의 경제적 특징을 단적으로 나타낸다. '한계비용'은 상품을 한 단위 늘렸을 때 발생하는 추가적인 비용이다.

자동차와 의자 같은 물건을 하나 추가적으로 생산하기 위해서는 당연히 비용이 발생한다. 미국의 평론가 제레미 리프킨Jeremy

Rifkin은 《한계비용 제로 사회*The Zero Marginal Cost Society*》에서 모든 물건과 서비스의 한계비용이 제로가 되는 미래사회를 전망했다. 그러나 적어도 지금은 그런 사회가 아니다.

반면에 소프트웨어의 복제는 비용이 들지 않는다. 정보기술산업에서는 지금도 한계비용이 제로에 가깝다. 그래서 독점력을 행사하기 쉽기 때문에 한 분야에서 가장 우수한 한두 개의 소프트웨어밖에 살아남을 수 없다. 고도의 두뇌를 한데 모은 기업이 시장을 독점해버리는 것이다.

제4차 산업혁명이란

———

인공지능의 보급에 의해서 제4차 산업혁명이 일어나면 두뇌자본주의로의 전환은 한층 가속화된다. 제4차 산업혁명은 이미 시작되었다고 주장하는 사람도 있지만 나는 2030년 무렵으로 전망하고 있다. 그 전에는 인공지능이 생산성을 향상시켜 경제 성장률을 상승시키는 효과가 거시경제 자료에는 나타나지 않을 것으로 예상되기 때문이다.

제4차 산업혁명의 열쇠가 되는 기술은 일반적으로 인공지능과 함께 '빅데이터'와 '사물인터넷Internet of Things'을 꼽는다. 여기에 3D프린터와 로봇을 추가할 수도 있다. 이 가운데 내가 주목하는 것은 '범용인공지능'이다.

시리Siri와 알파고 같은 기존의 인공지능은 모두 특화형이다. '특화형 인공지능'은 하나 또는 몇 가지 특정 과제만 수행할 수 있다. 시리는 인간의 질문과 요구에 응답하는 것이 전부이고, 알파고는 바둑만 둘 수 있다.

그에 비해 '범용인공지능'은 인간처럼 모든 과제를 수행할 수 있다. 하나의 인공지능이 바둑을 두고 대화를 나누고 사무작업을 한다. 범용인공지능은 연구개발 단계로 현실에는 아직 존재하지 않는다.

범용인공지능의 실현을 목표로 발족한 일본의 비영리조직 '전뇌全腦 아키텍처 이니셔티브'는 2030년에는 연구개발의 목표를 달성하기 위한 구체적인 계획이 완성된다는 전망을 제시하고 있다. 마찬가지로 범용인공지능을 개발하고 있는 체코의 기업 '굿에이아이GoodAI'도 2030년을 실현 목표로 잡고 있다.

범용인공지능이 실용화되면 모든 산업에서 살아 있는 노동자 대신 사용하게 되고, 그 결과 경제와 사회에는 극적인 변혁이 일어날 것이다. 2030년쯤 실현된다고 해도 보급까지는 시간이 필요하다. 범용인공지능이 경제나 사회를 변모시키는 것은 빨라야 2045년 무렵, 늦으면 2060년 정도로 예상된다.

특화형 인공지능에 비해서 수십 년 늦게 전개되기 때문에 범용인공지능이 일으키는 혁명은 '제5차 산업혁명'으로 분류할 수도 있다. 그러나 단순화하기 위해서 여기에서는 범용인공지능이 미치는 영향을 포함해 제4차 산업혁명으로 다루기로 하겠다.

어떤 국가가 패권국가가 될 것인가

———

결국 인공지능(범용인공지능) 등의 범용목적기술을 활용해 먼저 생산 활동의 변혁에 성공한 국가가 차세대 '패권국가(헤게모니국가)'가 될 것이다.

미국의 사회학자 이매뉴얼 월러스틴Immanuel Wallerstein은 17세기의 네덜란드, 19세기의 영국, 20세기의 미국을 각 시기의 패권국가로 정의했다. 여기에서 주목할 점은 범용목적기술을 먼저 도입해서 활용한 국가가 패권을 장악했다는 점이다.

제1차 산업혁명에서는 최초로 증기기관을 산업현장에 도입한 영국이 패권을 잡았다. 제2차 산업혁명은 앞장서서 증기기관 대신 전기 모터를 공장의 동력원으로 받아들이고 내연기관의 보완적 발명품인 자동차의 대량생산을 세계 최초로 성공시킨 미국과 독일이 주도했다.

20세기 전반에는 제2차 산업혁명에 성공한 독일이 유럽에서 패권을 장악했다. 그러나 마찬가지로 혁명에 성공한 미국(과 미국의 지원을 받은 연합국)에게 두 번에 걸친 세계대전에서 참패하면서 미국의 패권이 확립된 시기로 평가할 수 있다.

이렇게 미국은 20세기의 패권국가가 되었다. 1995년 이후에 전개된 제3차 산업혁명 역시 미국이 일으키고 견인했다. 그런 이유로 21세기에도 여전히 미국이 패권국가의 자리를 유지하고 있지만, 다음 패권을 둘러싼 싸움은 이미 시작되었다.

독일 정부는 2011년에 '스마트 팩토리'를 핵심으로 하는 '인더스트리 4.0'이라는 정책구상을 제시했다. 만약 인터스트리 4.0이 성공을 거두면 미국을 대신해 독일이 패권국가로 부상할 가능성이 있다. 그렇게 되면 독일은 제2차 산업혁명의 패권 다툼에서 패한 미국에게 설욕하는 셈이 된다.

인더스트리 4.0은 때때로 '제4차 산업혁명'으로 번역되는데, 이것은 독일 정부가 내건 구상에 지나지 않으며 아직 확립되지 않은 생산체계다. 따라서 미래에 일어날 제4차 산업혁명에서 독일의 인더스트리 4.0이 주력이 될지는 알 수 없다.

애초에 인더스트리 4.0의 적용은 공업 분야에 한정되어 있기 때문에 '제조업 4.0'이라고 번역하는 편이 적합하다. 미국의 '인더스트리얼 인터넷'과 중국의 '중국제조 2025'도 같은 성격의 시도다. 이에 비해 인공지능, 빅데이터, 사물인터넷 등이 일으키는 혁명은 농업과 서비스업을 포함한 모든 산업의 '생산구조'를 근본적으로 변화시킨다.

특히 한발 먼저 범용인공지능을 도입해서 보급시킨 국가는 차세대 패권을 차지할 가능성이 현격하게 높아질 것이다. 기술적 실업이 두려워 범용인공지능의 연구개발을 게을리한 국가에는 한마디로 미래가 없다.

맬서스의 덫

범용인공지능은 산업혁명을 일으킬 수 있는 중요 기술 이상의 가치를 지닌다. 제1차 산업혁명 이후 지속된 '생산 구조'에 변화를 초래할 수 있기 때문이다. '생산 구조'는 생산 활동에 필요한 '투입 요소input'와 생산 활동에 의해서 만들어지는 '산출물output' 사이의 기본적인 관계를 의미한다. 맬서스가 말하는 '생산 양식'과는 다른 개념이므로 주의가 필요하다.

약 1만 년 전부터 시작된 '정주혁명'에 의해서 수렵채집에서 농업중심의 경제로 전화되고 〈도표 1〉에 제시한 생산 구조가 확립되었다. 농업에서 중요한 투입 요소는 '토지'와 '노동'이며, 산출물은 농작물이다.

토지는 기본적으로는 인간의 힘으로 만들어낼 수 없다는 특징이 있다. 따라서 산출량을 늘리기 위해서는 노동(노동자)을 늘릴 수밖에 없다. 노동을 늘리기 위해서는 아이를 많이 낳으면 되지만,

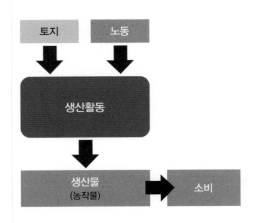

【도표 1】 농업 중심 경제의 생산 구조

그렇게 되면 인구 1인당 산출량(산출량/인구)을 늘릴 수 없다.

유사 이래 긴 시간 동안, 1인당 산출량(소득)은 증대되지 않았고 생활 수준도 거의 상승하지 않았다. 인류는 기술 수준의 향상으로 농작물의 산출량을 증대시켰지만 그만큼 자식을 많이 낳아 인구를 증대시켰기 때문이다.

따라서 〈도표 2〉에서 알 수 있듯이, 1인당 소득은 산업혁명 이전에는 단기적으로는 변동했지만 장기적으로 보면 거의 변화가 없다. 소득이 최저생존비 수준에서 괴리되어 상승하기 시작하는 사태는 한 번도 발생하지 않았다. 토머스 맬서스Thomas Malthus가 지적한 이 현상은 '맬서스의 덫'이라 불린다.

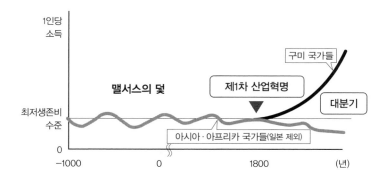

【도표 2】 대분기(출처 : 그레고리 클라크, 《10만 년의 세계경제사(상)》, 닛케이BP사)

기계화 경제와 대분기

———

제1차 산업혁명은 인구와 생활 수준의 이러한 관계를 근본적으로 뒤집어놓았다. 이 혁명을 통해서 출현한 산업자본주의는 일반적으로 〈도표 3〉과 같은 생산 구조를 가진 경제다. 투입 요소는 '기계'(자본, 생산설비)와 '노동'이고 산출물은 공업제품(과 서비스) 등이다. 기계는 산출물의 일부이며 투자에 의해 증대된다. 그렇게 하면 좀더 많은 공업제품을 만들어낼 수 있다. 이러한 순환적 과정을 통해서 자본은 무제한으로 증식되고 산출량도 무제한으로 증대된다. 이 과정이 바로 마르크스 경제학이 말하는 '자본의 자기증식 운동'이다.

토지는 생산 활동으로 만들어내는 산출물이 아니지만 기계는 산

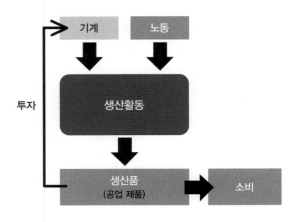

【도표 3】 기계화 경제의 생산 구조

출물이라는 점이 중요하다. 산업혁명에 의해서 형성된 이 순환회로는 기술의 진보와 함께 산출량의 극적인 증대를 가져다주었다.

산업혁명 시기의 영국에서는 산출량의 증대에 따라 전례가 없는 기세로 인구가 증대되었다. 그러나 인구 증가를 능가하는 속도로 산출량이 증대되면서 맬서스의 덫에서 탈출할 수 있었다. 다시 말해 시간이 지날수록 1인당 소득이 증대되고 생활 수준이 끊임없이 향상되는 경제로 전환된 것이다.

〈도표 2〉를 보면 산업혁명 시기에 선이 두개로 나눠진다. 19세기에 영국을 비롯한 구미 국가들이 경제가 지속적으로 성장하는 상승노선을 걸었지만, 반면 일본을 제외한 아시아·아프리카 국가들은 정체노선을 걸었다. 좀더 정확하게 말하자면 아시아·아프리카 국가들은 상승노선에 편승하지 못했을 뿐 아니라 구미 국가들에게 식민지 지배를 받으면서 '저개발화'가 진행되어 오히려 가난해졌다.[3] 이렇게 세계는 풍요로운 지역과 가난한 지역으로 갈라졌다. 이렇게 갈라진 갈래를 경제사 용어로는 '대분기Great Divergence'라고 부른다.[4]

제2차 산업혁명과 제3차 산업혁명은 우리생활에 큰 영향을 초래했지만 생활 구조에는 근본적인 변혁이 일어나지 않았다. 두 차례 혁명을 거쳤지만 자본주의 경제의 생산활동에는 여전히 '기계'와 '노동'이라는 두 가지 투입 요소가 필요했다.

---

3 안드레 군더 프랑크(Andre Gunder Frank), 《세계자본주의와 저개발》.

4 케네스 포메란츠(Kenneth Pomeranz), 《대분기》.

이러한 산업혁명에서 현재까지 이어지는 자본주의 경제를 '기계화 경제'라고 부르겠다. 기계화 경제를 경제 성장의 표준적 이론 모형인 '솔로 모형solow model'에 따라서 분석해보면 경제 성장률은 장기적으로 2퍼센트 수준으로 일정해진다.

앞에서 설명한 것처럼 리플레이션파 사람들도 다른 선진국 수준의 약 2퍼센트 성장률 정도를 목표로 삼고 있다. 그러나 나는 앞으로 고도 경제 성장기를 능가하는 경제 성장이 적어도 이론상으로는 실현될 수 있다고 생각한다.

순수 기계화 경제와 제2의 대분기

제4차 산업혁명은 벽에 부딪힌 성숙 단계 국가의 경제 성장을 해결해줄지 모른다. 범용 인공지능을 비롯해 인공지능·로봇 등의 기계가 인간 노동의 대부분을 대체하면 〈도표 4〉와 같은 생산 구조가 되기 때문이다.

투입요소는 인공지능·로봇을 포함한 기계뿐이며 노동은 더 이상 필요하지 않다. 프랑스의 경제학자 토마 피케티Thomas Piketty는 이러한 경제를 '순수 로봇 경제'라고 불렀지만 여기에서는 '순수 기계화 경제'라고 부르도록 하겠다.

순수 기계화 경제에서는 기계만 직접 생산 활동에 참여한다. 그러나 인간의 역할이 완전히 사라지는 것은 아니다. 새로운 상품과 기술의 개발, 생산 활동의 경영관리 등은 여전히 인간의 일로 남아

【도표 4】순수 기계화 경제의 생산 구조

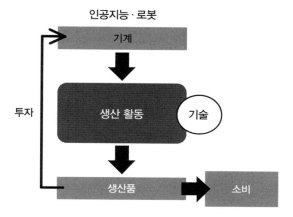

인공지능·로봇

기계

투자

생산 활동   기술

생산품   소비

있다.

일본라면 가게를 예로 들면, 직접 라면을 만드는 것은 기계지만 새로운 메뉴를 개발하거나 점포를 관리하는 것은 인간의 일이다. 아무리 범용인공지능·로봇이라도 인간과 완전히 똑같은 미각을 갖추지 못했다면 새로운 라면은 개발하기 어렵다. 또한 점포에 쥐가 생기는 등의 불규칙한 사태가 닥치면 인간의 가치판단을 필요로 한다. 그래서 적어도 점장은 인간이 담당할 필요가 있다.

어쨌든 순수 기계화 경제에 대한 수리모형(AK모형)을 만들어 분석해보면 성장률 자체가 매년 상승한다는 결과를 얻을 수 있다. 기계화 경제의 정상定常상태에서는 매년 거의 일정한 비율로 1인당 소득이 성장하지만, 순수 기계화 경제에서는 성장률 자체가 매년 성장한다.

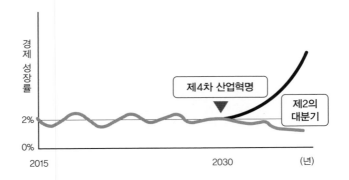

【도표 5】 제2의 대분기

따라서 만약 범용인공지능을 도입한 국가와 그렇지 않은 국가가 있다면 〈도표 5〉에 나타난 것처럼 경제 성장률에 차이가 발생하게 된다. 〈도표 5〉는 세로축이 경제 성장률, 〈도표 2〉는 세로축이 소득을 나타내고 있다는 점에 주의하기 바란다.

제4차 산업혁명기에 나타나는 이러한 분기를 '제2차 대분기'라고 부르겠다. 제2차 산업혁명기에 발생한 최초의 대분기에서는 범용목적기술인 증기기관 등을 도입해 생산을 기계화한 구미 국가들은 상승노선을 걷고 그렇지 않은 국가들은 정체노선에 남겨졌다. 그와 마찬가지로 제2차 대분기에서는 범용목적기술인 범용 인공지능 등을 앞서 도입한 국가들이 도입이 늦어진 국가들을 경제적으로 압도하면서 간격을 크게 벌릴 것이다.

제4차 산업혁명에서 뒤처지는 위험성

최초의 대분기에서 일본은 늦게나마 상승노선을 걸을 수 있었다. 덕분에 20세기를 풍요롭게 생활할 수 있었다. 미래에 일어날 수 있는 제2의 대분기에서도 상승노선을 걸어야 하지 않을까? 제4차 산업혁명이 일어났을 때, 앞서 나가는 다른 국가들에게 선두를 뺏긴다면 경제적 수탈의 대상이 될 가능성도 있다.

제3차 산업혁명에서 일본은 열세에 몰렸다. 그래서 일본인은 현재 구글이나 마이크로소프트, 애플, 아마존, 페이스북 등의 미국 기업의 서비스를 이용하고 있으며 많은 수익이 미국 기업으로 흘러들어가고 있다. 그러나 제4차 산업혁명에서는 더 많은 수익을 빼앗길 가능성이 있다. 공업과 서비스업 등의 모든 산업에서 인공지능·로봇이 이용될 것이기 때문이다.

음식점도 로봇 점원이 웨이터나 웨이트리스 또는 셰프가 되어 일하게 된다. 일본 기업이 성능 좋은 로봇을 개발하지 못하면 모든 음식점에서 미국 기업의 로봇을 사용하게 될 것이다. 그뿐 아니라 미국 자본이 직접 점포를 경영해서 일본 기업에는 전혀 수익이 돌아가지 않게 될 가능성도 있다.

경제적 수탈보다 더 위험한 것은 군사력의 차이가 벌어지는 일이다. 일본이 제2의 대분기에서 정체노선을 걷고 주변 국가들은 상승노선을 걷게 될 경우, 결과적으로 군사력에서도 현격한 차이가 발생한다. 그렇게 되면 일본의 국토와 국민을 방어하는 일은 대단히 어려워질 것이다.

실제로 일본이 제4차 산업혁명에서 뒤처질 가능성은 상당히 높다. 인공지능은 상대적으로 영리한 정보기술이라고 정의할 수 있다. 그렇기 때문에 정보기술화에 뒤처지면 필연적으로 인공지능화에도 뒤처지게 된다.

이미 일본은 인공지능화의 전 단계인 정보기술화에서 뒤처지고 있다. 예를 들어 클라우드 회계 소프트웨어의 구매율을 보면 미국은 40퍼센트, 영국은 65퍼센트, 일본은 15퍼센트에 불과하다. 이대로라면 일본은 제3차 산업혁명에 이어 제4차 산업혁명에서도 열세에 몰릴 가능성이 높다. 설령 상승노선을 걸을 수 있다 해도 상당히 뒤처진 이륙take off이 될 것이다.

두뇌자본주의에서 선수를 빼앗긴 일본

제4차 산업혁명에서는 지력이 관건이다. 그 이유는 첫째, 인공지능·로봇 등의 생산 자동화와 관련된 기술을 먼저 개발해서 보급시킨 국가가 먼저 순수 기계화 경제로 전환되어 이륙을 완수할 수 있기 때문이다. 둘째, 〈도표 4〉와 같은 순수 기계화 경제에 가까워질수록 직접 물건을 만드는 기능은 가치를 잃고 '기술'을 새롭게 창출하거나 '생산 활동 전체'를 경영관리하거나 새로운 비즈니스 모델을 전개하는 지력에 좀더 큰 가치가 부여되기 때문이다.

이대로라면 일본은 지력이 높게 평가되는 두뇌자본주의에서 뒤처지게 된다. 세계는 치열한 두뇌 획득 경쟁이 한창이며 이 또한 두뇌자본주의의 결과다. 예를 들어 딥마인드DeepMind는 원래 영국 회사였지만 2014년에 구글이 4억 달러가 넘는 가격에 사들였다. 딥마인드는 2016년 3월 바둑 챔피언 이세돌을 이겨서 유명해진 '알파고'라는 바둑 인공지능을 개발한 회사다. 2014년 당시 딥마인드의 사원은 100명도 되지 않았다. 보유한 공장이나 자산도 없었다. 창업자 데미스 하사비스Demis Hassabis를 비롯한 사원들의 두뇌에 4억 달러 이상의 가치가 있었던 것이다.

일본 기업과 대학은 이러한 두뇌 획득 경쟁에서 낙오되고 있다. 세계에서 두뇌를 획득하지 못하는 정도를 넘어 일본의 두뇌 유출도 막지 못하고 있다.

2017년 4월, 히토쓰바시대학의 교원이 트위터에 홍콩과학기술대학으로 이직한다는 글을 올려 화제가 되었다. 이직을 결심한 이유는 연봉의 차이였다. 히토쓰바시대학은 634만 엔, 홍콩과학기술대학은 1,500만 엔에서 1,600만 엔 사이라고 한다.

이 일을 두고 '간주공무원'•인 국립대학교 교원의 연봉을 외국의 교원 수준으로 인상해야 한다고 당장 요구할 수는 없을 것이다. 그러나 두뇌 유출을 막지 못하고 있는 것은 변함없는 사실이다.

• 공무원은 아니지만 직무 내용의 공익성과 공공성을 이유로 공무원에 준하는 대우를 받는 사람.

무가치한 노동에 시간을 허비하는 일본인

———

훨씬 더 중요한 문제가 있다. 일본인은 두뇌를 사용해 가치를 창조하는 일에 충분한 시간, 노동력, 돈을 들이지 않고 있다. 사람들에게 주어진 하루의 시간을 아래와 같이 나누어 생각해보자.

    ① 유가치 노동시간
    ② 무가치 노동시간
    ③ 여가시간

①과 ②는 내가 만든 용어다.

'유가치 노동시간'은 실제로 부가가치를 생산하는 노동에 소비하는 시간이다. 시장에서 잘 팔리는 상품이나 서비스가 반드시 가치를 지닌다고 단정할 수는 없지만 여기서는 단순화해서 그렇게 생각하도록 하자. 유가치 노동에는 지루한 반복 작업이 있는가 하면 두뇌를 쥐어짜 무언가를 창출하는 창조적인 일도 있다.

'무가치 노동시간'은 반대로 부가가치를 생산하지 않는 무의미한 노동에 소비하는 시간이다. 누구라도 '이 회의는 쓸데없이 길다' 또는 '이 서류작업은 필요 없잖아?'라고 생각한 적이 있을 것이다. 그런 노동이 바로 무가치 노동이다. 하지만 완벽한 무가치 노동은 그리 많지 않기 때문에 비교적 가치가 낮은 노동으로 이해해도 상관없다.

'여가시간'은 식사 시간, 노는 시간, 자는 시간 등 노동시간 이외의 모든 시간이 포함된다.

일본은 무가치 노동시간이 비정상으로 길다. 나는 이러한 무가치 노동시간이 유가치 노동시간과 여가시간을 밀어내고 있다는 가설을 세웠다. 일본인의 여가시간이 짧다는 것은 의심의 여지가 없다. 그러나 유가치 노동의 경우 무가치 노동과 확실히 구분할 수 없기 때문에 노동시간이 짧다는 것을 직접적으로 실증하기 어렵다.

그러나 간접적으로 입증해주는 자료는 존재한다. 예를 들어 일본 중학교 교원의 주 근무시간은 53.9시간이다. 이는 OECD 국가 평균의 1.4배로 단연 독보적이다(2013년 OECD '국제교육지도환경조사'). 수업시간은 일본이 오히려 짧은데도 동아리활동과 서류작성에 많은 시간을 소비하고 있기 때문이다.

그렇다면 교원의 노동시간에 상응하는 만큼 학생이 똑똑해지고 있을까? 확실히 일본은 국제학업성취도평가PISA에서 상위를 차지하고 있다. 그러나 마찬가지로 상위국인 핀란드의 교원은 주 31.6시간밖에 일하지 않는다. 일본의 60퍼센트 정도다. PISA 최상위국인 싱가포르는 일본보다 순위가 높지만 교원의 노동시간은 47.6시간으로 일본보다 10퍼센트 이상 짧다.

물론 학업 성적이 전부는 아니다. 그렇다면 일본 아이들은 다른 선진국 아이들에 비해서 두드러지게 창조적이거나 행복할까? 절대 그렇지 않을 것이다.

한마디로 교원들은 헛된 각고면려刻苦勉勵*를 하고 있는 것이다.

---

* 고생을 무릅쓰고 힘써 노력함.

방대한 서류작업의 적지 않은 부분이 무가치 노동은 아닐까? 동아리 활동을 지도하는 데 그렇게 많은 시간을 소비할 필요가 있을까?

나와 같은 대학교 교원도 마찬가지다. 교육도 연구도 아닌 업무(흔히 말하는 잡무)는 다소 감소하는 경향이지만 여전히 노동시간을 17.5퍼센트나 차지하면서 떨어지지 않고 있다.[5]

대학교 교원의 본래 직무는 연구와 교육이다. 그러나 최근 연구시간이 격감하고 있다. 2002년에는 46.5퍼센트였던 연구시간이 2013년에는 35퍼센트까지 줄어들었다. 대신 늘어나고 있는 것이 교육에 필요한 시간, 다시 말해 강의시간과 그 준비시간이다.

최근에는 공휴일에도 강의를 실시하는 대학이 많다. 한 학기 동안에 정해져 있는 15회(또는 14회)의 강의를 확보하기 위해서다. 수업 준비의 경우, 파워포인트로 강의를 진행하는 교원이 많아져 그 작성에 많은 시간을 들이게 되었다. 또한 '액티브 러닝(프레젠테이션이나 토론처럼 학생이 능동적으로 참여하는 학습)'을 도입한 수업이 늘어나 그 준비에도 상당한 시간을 소비하고 있다.

나는 이러한 시도 자체는 부정하지 않는다. 그러나 교원이 교육에 많은 시간을 쏟아서 결과적으로 학생이 현저하게 똑똑해졌는지는 의문의 여지가 많다. 극단적으로 말하자면 학기말시험을 어렵게 내서 학점을 따기 어렵게 만들면 학생은 필사적으로 공부하

---

5 과학기술·학술정책연구소, 〈대학 등 교원의 직무활동 변화: 《대학 등의 풀타임 환산 자료에 관한 조사》를 통한 2002년 2008년 2013년 조사의 3시점 비교〉.

기 마련이다. 교육성과가 반드시 교원이 교육에 들이는 시간에 비례하는 것은 아니다. 그에 비해 연구시간 감소로 인한 연구성과 감소는 현저하게 나타났다. 학술논문 편수의 경우 미국이 오랫동안 정상을 유지했지만 최근 중국이 미국을 앞지르고 1위에 올랐다.[6]

일본은 논문 편수의 상대적 점유율뿐 아니라 절대적 논문 편수까지 줄어들고 있다. 2016년의 국가별 논문 편수 순위에서는 6위까지 떨어졌다. 논문 편수는 국가의 과학기술력을 판단하는 대표적 지표다. 왜냐하면 대학교 교원을 비롯한 대부분의 연구자들이 연구성과를 논문으로 발표하기 때문이다.

연구비의 감소 역시 과학기술력을 쇠퇴시키고 있는 요인이다. 국립대학에 대한 운영비 교부금이 최근 10년 사이에 10퍼센트 이상 삭감되면서 기초연구를 추진하는 데 어려움을 겪고 있다. 2016년에 노벨생리학·의학상을 수상한 도쿄공업대학의 오스미 요시노리大隅良典 명예교수가 지적한 것처럼, 2~30년 뒤에는 일본에서 더 이상 과학 분야 노벨상 수상자가 배출되지 않을 가능성이 있다.

일본은 과학기술의 연구라는 가장 많은 부가가치를 낳는 창조적 활동에 시간도 돈도 투자하지 않게 되었다. 그렇게 일본은 과학기술 입국의 성공 여부를 결정짓는 운명의 갈림길로 내몰렸다.

이런 국가에는 미래를 기대할 수 없다. 두뇌자본주의가 도래하고 있는 시대에 두뇌를 써서 부가가치를 창출하는 연구 활동을 줄이고 무가치한 노동에 얽매여 있기 때문이다. 중국과 인도는 물론

---

6 전미과학재단, 〈Science and Engineering Indicators 2018〉.

이고 ASEAN 국가들에게 과학기술력과 경제력에서 추월당할 날
도 그리 멀지 않았다.

지력을 경시하는 국가에 미래는 없다

———

하나를 보면 열을 알 수 있다. 중학교나 대학교 등의 학교에서 일
어나는 일은 기업 등의 다른 조직에서도 일어난다. 내가 몇 군데
회사에서 청취조사를 실시했을 때 다음과 같은 의견이 나왔다.

"한가한 사원이 쓸데없는 일을 만들어내서 바쁜 나한테도 그 일
을 강요한다."

"어떤 가치를 창출하지 못하는 소극적인 일만 하고 있다."

"불필요한 일을 줄이면 사원의 80퍼센트 정도는 해고할 수 있
다."

"준법감시compliance, 준법감시 떠들어대는 통에 필요 이상으로
노동력을 소비하고 있다. 준법감시가 일본을 멸망시킬 것이다."

일본의 많은 노동자가 부가가치를 창출하는 일에 전념하지 못
하고 있는 현실을 엿볼 수 있다. 높은 비율의 무가치 노동시간이
생산성 침체를 초래하는 것이 아닐까?

또한 유가치 노동시간에서 두뇌를 쥐어짜서 새로운 기술을 연
구개발하거나 새로운 서비스를 전개하는 등 기술혁신에 관련된
작업시간을 줄이고 있다면, 이것은 먼 훗날 일본 경제의 쇠퇴를 촉
진시키는 요인이 되어 저출생보다 훨씬 강력한 영향력을 행사할

것이다.

솔직히 말해서 나는 다른 국가와 경쟁해서 승리하는 것은 중요하지 않다고 생각한다. 사람들이 행복하게 생활할 수 있다면 그것으로 충분하다. 그러나 일본에서는 무가치 노동이 지나치게 비대해진 결과 일의 성취감과 여가의 즐거움을 얻기 힘들어졌다.

일본이 아르헨티나처럼 선진국에서 개발도상국으로 몰락한다면 역시 화가 날 것이다. 그것이 자연현상이라면 포기하겠지만, 인위적 현상의 결과라면 인위적 행동으로 막아야 하지 않을까?

지금 우리는 인공지능이 경제와 사회에 막대한 영향을 미치게 될 시대로 가는 입구에 서 있다. 인공지능이 진보하고 보급될수록 생산 활동에서는 노동자의 머릿수가 아니라 두뇌 수준이 중요해진다. 이런 시대에 지력을 경시하는 일본은 이대로 가면 몰락할 수밖에 없다.

그러나 자연현상이 아니니까 이 몰락은 막을 수 있다. 정부, 행정기구, 대학, 기업 등 일본의 모든 조직이 미래를 위한 적극적인 대처를 시작해야 한다.

3

인구 감소의 실상과
미래의 희망

간단한 통계수치로
'공기'의 지배에서 탈출할 수 있다

모타니 고스케藻谷浩介

1964년 야마구치현 출생. 지역경제학자. 일본정책투자은행 참사역을 거쳐, 현재 (주)일본종합연구소 조사부 주석연구원. 도쿄대학 법학부 졸업. 미국 콜롬비아대학 경영대학원 졸업. 저서에는《실측! 일본 지역의 힘》,《일본 디플레이션의 진실》,《세계 가두의 지정학》, 공저에는《숲에서 자본주의를 껴안다》(NHK히로시마취재반),《경제 성장 없는 행복국가론》(히라타 오리자平田オリザ) 등이 있다.

시대 착오적인 공기의 실체

———

일본을 움직이고 있는 것은 정치가도 대중매체도 블로거도 아닌 '공기'다. 야먀모토 시치헤이山本七平가 지적한 당시와 아무것도 변하지 않았다.●

'공기'는 일본어의 언어공간에 누적되어 형성된 일종의 합의 consensus라기보다 공통의 '선입견'이다. 이러한 공기가 일본어 화자 개인의 머릿속에서 발생하는 각각의 의문과 논리적 사고를 수시로 덮어쓰기 하기 때문에, 모두가 근거도 없이 동일한 '이미지'를 공유하게 된다. 이미지를 공유하고 있는 사람은(학력, 직업경력, 교양과는 관계없이 대부분의 일본인이 그러하지만), 그에 반하는 사실을 지적받으면 판에 박은 듯이 "이미지와 다르다"는 감상을 내비친

———

● 야마모토는 《'공기'의 연구》(1977)에서 일본사회·일본문화·일본인의 행동양식을 '공기(분위기)'의 개념으로 분석한 독자적인 이론을 제시했다(국내 출간도서는 《공기의 연구》, 박용민 옮김, 헤이북스, 2018).

다. 그리고 "이미지와 다르다"는 말은 "그러니 상대하지 말아야겠다"라는 말과 같은 뜻이다.

세간에는 시대착오적인 이미지, 예를 들어 "도쿄대학교 법학부 졸업생이 세상의 실권을 쥐고 있다" 또는 "프로야구팀 도쿄자이언츠는 야구계의 맹주다"와 같은 이미지가 존재한다. 그러나 아베 정권*을 주도하고 있는 면면을 봐도 알 수 있듯이, 아니 이미 고이즈미 정권** 무렵부터 해마다 그런 경향이 강해지고 있지만 그러한 실태는 정계에는 이미 완전히 사라졌다. 상장기업에서 벤처기업까지 유력한 경영자들의 학력을 확인하면 확실하지만 경제계는 더욱 그러하다. 국가기관의 경우는 아직 구태의연한 부분이 남아 있지만 오늘날의 국가기관은 정계에 완벽히 휘둘리고 있다.

그러나 실태가 없거나 눈앞에 반증이 넘쳐나게 존재하는 대상은 공기 또는 이미지 자체에 전혀 타격을 주지 못한다. 공기는 그런 구조다.

공기 또는 이미지가 변하는 것은 흑선의 내항***, 제2차 세계대전의 패전, 석유파동, 동일본대지진과 같은 압도적인 사건이 닥치고 개인들이 동시에 그 사실에 직면하는 시점이다. 즉, 여간한 파국적 사태(카타스트로피)가 아니고서는 변하지 않는다. 그러나 후

• 2006. 9. 26.~2007. 8. 27, 2012. 12. 26.~현재

•• 2001. 4. 26.~2006. 9. 26.

••• 1853년 미국 동인도함대 사령관 페리가 이끄는 4척의 증기선이 우라가(浦賀) 앞바다에 나타나 일본의 개항을 요구한 사건.

쿠시마 원자력발전소 사고와 그 뒤에 발생한 도시바Toshiba 경영 위기 등의 사건이 원자력발전의 경제적 비합리성을 명확히 드러내고 있음에도 원자력발전소의 존속을 고집하는 정책은 일정한 지지를 얻고 있다. 이처럼 사실이 준 충격이 오히려 과거의 실수를 계속해서 정당화하려는 욕구를 불러일으켜 잘못된 방침에 얽매이는 결과를 낳는 경우도 많다. 동일본대지진의 쓰나미로 항공자위대 마쓰시마松島 기지에 있던 고액의 전투기 28대가 파도에 삼켜졌던 사실을 못 본 체하고, 지진 발생 확률이 높은 오키나와沖繩 주상해분을 마주보는 바다 위에 군사활주로 건설을 강행하고 있는 것도 마찬가지다. 현재 일본에서 '보수'를 자칭하는 개인과 집단은 "아무리 사실에 반하더라도 공기를 계속 믿겠다"라는 '공기 보수'의 결의를 굳히고 있다는 점에서 뜻을 함께하고 있는 것 같다.

그럼에도 제2차 세계대전을 반성하는 입장에 섰던 야마모토 시치헤이가 "공기에는 찬물을 끼얹어라"라고 말한 것처럼, 잘못된 선입견에는 사실에 입각한 반증을 계속 제시할 필요하다. 그렇게 공기가 조금이라도 현실과 일치하도록 조정하는 노력을 기울이지 않으면, 공기에 휩쓸려 집단자살로 치달았던 과거를 반복할지도 모른다. 게다가 정말로 압도적인 현실에 직면했을 경우에 주변에 미치는 악영향도 커진다. 다시 말해 사회의 불안정성이 커진다. 자칭 '보수'가 계속해서 '공기를 보수'한 결과, 사회를 보수할 수 없게 된다(심한 경우 붕괴한다)는 것은 과거 역사를 살펴보거나 현재 세계각지를 둘러봐도 흔히 보편적으로 볼 수 있는 현상이다.

이런 이야기를 길게 설명한 것은 앞으로 살펴볼 인구를 둘러싼 사실(모두 객관적 통계수치를 통해서 논쟁의 여지없이 확인할 수 있는 사실)이 이른바 세상의 공기에 크게 반하고 있기 때문이다. 주의를 기울이지 않고 읽으면 '이미지와 다르다'(그러니 무시해도 괜찮다)라는 취급을 받을 것이 뻔하다. 사전에 거듭 확인하지만 세상의 공기는 오히려 객관적 통계수치가 나타내고 있는 사실에 반하는 경우가 대단히 많다. 부디 "이미지와 다르다"는 말로 사고가 정지되지 않도록 의심스러우면 원수치를 인터넷 등에서 확인하면서 읽어주길 바란다.

고령자가 증가하는 도쿄

———

'지역 간 격차'라는 것은 일본인들의 머릿속 '이미지'로 확고하게 자리 잡고 있다. "격차는 부당하다"는 사람들도 "격차는 어쩔 수 없다"는 사람들도 격차 그 자체의 존재는 전제로서 인정하고 있다. 왜냐하면 그것이 세상의 공기이기 때문이다.

확실히 자기보다 넓은 집에 살면서 여유로운 생활을 하고 있는 지방거주자를 봤을 때, 도시인이 느끼는 놀라움(이러한 도시와 지방의 역격차는 고령자가 될수록 커지는 것처럼 보인다). 또는 "도시에서 멀리 떨어진 외딴섬에서도 편의점에는 똑같은 상품이 진열되어 있고, 스마트폰에 나오는 화면도 차이가 없다"는 당연한 사실에 대한 깨달음. 이런 생각들은 개인의 머릿속에 떠오르더라도 순식간에 "지방은 도시보다 낙후되어 있다"는 공기로 덮어쓰기되어 사라져버린다.

'지역 간 격차'라는 이미지는 왜 그렇게까지 굳건할까? 그것은 인구증감이라는 간단한 수치가 뒷받침하고 있기 때문이다.

114쪽의 〈도표 1〉은 2010년부터 2015년까지의 인구증감수치(국세조사 기준)을 비교한 것이다. 〈도표 1〉에서 알 수 있듯이 인구가 순조롭게 증가하고 있는 지역은 도쿄도가 유일하다. 가나가와神奈川현, 아이치愛知현, 사이타마埼玉현, 오키나와沖縄현, 후쿠오카福岡현이 조금 증가했고, 지바千葉현과 사가滋賀현은 미미한 증가를 보이고 있다. 지금 일어나고 있는 사태가 '도시와 지방의 격차 확대'가 아니라 도쿄도와 그 외 지역의 격차 확대라는 점을 강하게 실감할 수 있다.

그러나 도쿄에서 일어나고 있는 급속한 인구 증가도 실은 대부분이 '고령자의 증가'다. '공기'의 세계에서는 '인구 증가'라고 말하면 당연히 '현역 세대의 증가', '납세자의 증가'를 의미한다. 그러나 실제로 일본의 각 행정구역에서 증감하고 있는 인구를 연대별로 분석해보면 115쪽의 〈도표 2〉와 같다. 〈도표 2〉를 포함해 이 글에서 제시하고 있는 연령별 인구수치는 2퍼센트 정도 존재하는 국세조사의 연령 미회답자를 연령 회답자의 연령 비율에 따라 나누어 산출한 값이다. 따라서 총무성 홈페이지에 나와 있는 국세조사 결과를 그대로 가감한 수치와는 적지만 차이가 있다는 점을 양해바란다.

도표를 보면 알 수 있듯이 2010년부터 2015년까지 도쿄도에서 증가한 약 36만 명 중에서 3분의 2에 해당하는 23만 명은 75세 이

【도표 1】 인구 증감의 비교 (2010년→2015년)

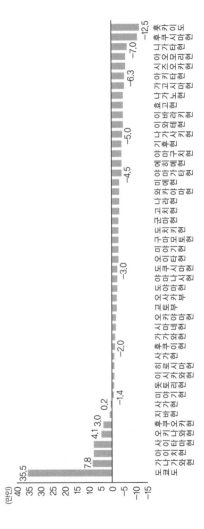

일본총무성 《국세조사》 참고.

[도표 2] 연령계층별 인구의 증감(2010년→2015년)

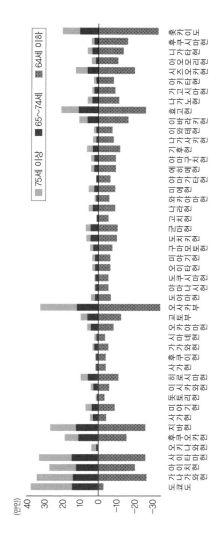

일본총무성〈국세조사〉참고.
연령 미회답자는 연령 회답자의 연령별 비율에 맞춰 배분함.

상의 증가다. 남은 3분의 1은 65~74세의 증가, 64세 이하의 인구는 3만 명 감소했다. "도쿄 집중화는 가속되고 있다"고 말하는 정치가·학자·경제인·대중매체관계자·블로거 중에서 이 단순한 사실을 확인한 사람은 몇이나 될까? 가속은 가속이지만 이런 상황이라면 '후기고령자의 도쿄 집중화'의 가속이라 해야 하지 않을까?

실제로 2010년부터 2015년 사이에 일본 전국에서 증가한 75세 이상 인구 213만 명의 경우 아홉 사람 중 한 사람은 도쿄도에서 증가했다. 도쿄도에 사이타마현, 지바현, 가나가와현을 더한 수도권(1도 3현)에서는 75세 이상 인구가 76만 명 증가했다. 이는 일본 전국의 36퍼센트, 세 사람 중 한 사람 이상에 해당한다. 여기에 오사카大阪부, 교토京都부, 효고兵庫현, 시가滋賀현, 나라奈良현, 아이치현을 더한 것이 이른바 3대 도시권이다. 일본 전국 75세 이상 인구의 증가의 61퍼센트에 해당하는 130만 명의 증가가 3대 도시권에서 일어나고 있다. 고령자 의료복지의 수요는 후기고령자의 절대수와 연동되는 성질이 있기 때문에, "최근 일본에서 급증하고 있는 고령자 의료복지 부담 증가분의 10퍼센트 이상이 도쿄도에서, 60퍼센트 이상이 3대 도시권에서 발생하고 있다"고 해도 거의 틀리지 않는다.

참고로 일본에서 고령화가 가장 많이 진행된 3대현은 아키타秋田현, 시마네島根현, 고치高知현이다. 이 3현의 75세 이상 인구 증가를 다 합쳐도 2만 명으로, 일본 전국의 1퍼센트에 불과하다. 그 가운데 시마네현을 예로 들면, 늘어나는 75세 이상의 인구수보다 세상을 떠나는 75세 이상의 인구수가 많은 추세다. 도시에서 고향으로 돌아오거나 또는 도시에서 현내의 고령자 시설에 입소하는 75세 이상 인구가 조금 있어서 후기고령자가 미미하게 증가하고 있다. 고도성장기에 일방적으로 젊은이들을 도시로 떠나보내는 쪽이었기 때문에 오히려 이제는 '노인이 될 사람이 적은' 상태다. 머지않아 고령자의 절대인구수는 줄어들기 시작할 것으로 예측된다. 그렇게 되어도 시마네현의 '고령 비율(총인구에서 65퍼센트 이상 인구가 차지하는 비율)'은 여전히 높겠지만, 고령자 의료복지 부담의 절대금액은 해마다 줄어들 것이다. 반대로 현재 40대에 해당하는 단카이 주니어●를 대량으로 받아들인 도쿄도의 경우, 고령자의 절대인구수가 줄어들기 시작하는 것은 적어도 수십 년 뒤가 될 것이다.

　이러한 사실은 "고령화는 과소지역일수록 심각하다"는 세상의 공기와는 정반대다. 그 공기는 오로지 앞에서 언급한 '고령화 비율'의 비교를 근거로 하고 있다. 그러나 앞에서 설명한 것처럼 고령자의료복지의 수요는 75세 이상의 후기고령자의 절대인구수와 연동하고 있을 뿐, 65세 이상의 수치를 바탕으로 산정한 고령화 '비율'은 아무런 상관이 없다. 고령화 비율이 아무리 높아도 후기고령자 인구수가 감소하면 의료복지 부담은 줄어들고, 고령자 비율이 낮아도 후기고령자 인구수가 늘어나면 의료복지 부담은 증가한다.

　"고령자 비율은 수익자와 부담자의 균형을 반영하기 때문에 유

● 태평양전쟁 이후의 1차 베이비붐 세대인 '단카이 세대団塊世代(1947~1949년 출생)'의 자녀 세대에 해당하는 2차 베이비붐 세대(1971~1974년 출생).

의미하다"고 정당화하는 경향이 있다. 그러나 일본에서는 의료보험도 연금도 전국을 일원적으로 관리하고 있으며, 간병보험도 기초자치단체별 부담은 일부에 지나지 않는다. 그렇기 때문에 국가별 고령화 비율을 비교하는 것은 의미가 있어도 각각의 행정구역이나 기초자치단체의 고령화 비율을 비교하는 것에는 큰 의미가 없다. 한편 고령자복지시설이나 의료체제의 정비는 행정구역이나 기초자치단체가 주체가 되어 이루어지고 있기 때문에 수요의 증감을 직접 주도하는 후기고령자의 절대인구수 증감이야말로 행정구역별 기초자치단체별로 비교할 필요가 있다. 이런 사실을 알지 못하면 '공기'의 노예가 되어버린다.

젊은 세대의 유입을 저출생으로 상쇄하는 도쿄

————

많은 분들이 "그래도……"라고 의심스럽게 생각하실 것이다. "도쿄도에는 젊은이들이 꾸준히 유입되고 있다. 그런데 어째서 64세 이하 인구는 줄어들고 65세 이상만 늘어나는가?"라고 말이다. 그렇게 생각하는 이유는 "젊은 세대가 유입되면 당연히 현역 세대의 인구수도 증가한다"는 '공기'에 물들어 있기 때문이다. 그러나 현실에는 젊은이의 유입 이외에도 간과되고 있는 중요한 두 가지 변수가 있다. 그 두 가지 변수로 인해서 아무리 젊은이들이 유입되어도 도쿄도의 현역 세대 인구수는 늘지 않는다. 앞서 〈도표 2〉에는 반영되지 않았지만 설명하기 전에 미리 결론부터 통계수치로 확인하면, 2010년부터 2015년까지 도쿄도의 15~64세(생산연령인구) 인구수는 8만 명 감소했다.

여기서 살짝 주제를 바꾸면, 도쿄도에 거주하는 0~14세 아이들은 동일한 5년 동안 5만 명 증가했다. 그러나 이것은 1.24로 극단적으로 낮은 도쿄도의 합계특수출생률이 개선되어서가 아니라 주변 지역(현)에서 아이를 데리고 도심주택으로 이사 온 가족이 많았기 때문이다.

도쿄도를 제외하면 오키나와현에서만 0.2만 명의 어린이가 증가했다. 오키나와는 합계특수출생률이 2에 가깝다. 이쪽의 증가 요인은 아이가 꾸준히 많이 태어나고 있기 때문이다. 똑같이 증가했다고는 하지만 전입에 의존하는 도쿄와 거주자의 출산으로 늘고 있는 오키나와는 그 요인이 전혀 다르다. 마치 자유계약선수에 의존하는 재경구단在京球団*과 투자를 통해 직접 선수를 육성하는 데 공을 들이는 지방구단의 대비를 보는 듯하다.

인구가 급증한 도쿄도에서도 생산연령인구(15~64세)는 줄고 있다. 물론 이것만 가지고 "지방이 도쿄보다 낫다"고 말하고 싶은 것은 절대 아니다(정확히는 지방에서 오키나와만은 유일하게 생산연령인구가 거의 감소하지 않아 도쿄보다 상황이 좋다). "지방이 힘든 만큼 도쿄가 득을 본다"는 이야기가 틀렸다고 말하고 싶은 것이다.

나는 기울어지면서 가라앉고 있는 배의 뱃머리와 뱃고물에 자주 비유한다. "인구가 증가하는 도쿄는 괜찮다"라고 착각하고 있

● 도쿄 수도권에 본거지를 두고 있는 프로야구팀의 총칭.

는 사람을 만날 때마다, 뱃고물이 먼저 가라앉는 것을 보면서 뱃머리에 모인 사람들이 "와, 저쪽이 먼저 가라앉았어"라며 기뻐하는 광경이 떠오른다. 사실은 도쿄도 이미 가라앉기 시작한 것을 모르고 있을 뿐이다.

그런데 여전히 의문이 남을 수 있다. 다른 지역에서 전입하는 인구 덕분에 도쿄도의 아이들이 늘어났다면 생산연령인구도 같이 늘어나는 것이 정상이 아닐까? 그렇다면 이제 본론으로 돌아가서 도쿄도를 포함한 일본 각지의 생산연령인구가 감소한 이유를 세 가지 요인으로 분석해보자.

한 지역에서 2010년부터 2015년까지 발생한 생산연령인구의 증감은 다음과 같은 네 가지로 나눌 수 있다.

> ① 2010년 시점에서 살고 있던 10~14세 인구
> ② 2010년 시점에서 살고 있던 60~64세 인구
> ③ 2010년 시점에서 10~59세였던 세대의 2010년 → 2015년 사이의 전출입
> ④ 2010년 시점에서 살고 있던 10~59세의 2010년 → 2015년 사이의 사망
> ⇒ 2010년 → 2015년 사이의 생산연령인구의 증감 = ①-②+③-④

이 가운데 ④는 평균수명이 긴 일본에서는 거의 무시할 수 있는 수치다. 따라서 앞에서 3가지 요인이라고 말한 것은 ① ② ③이다. 국세조사는 5년마다 10월 1일에 실시되므로 위의 항목은 모두 10

월 1일을 기준으로 계산한다.

③은 표현은 복잡하지만 한마디로 현역 세대의 전출입이다. 이 수치가 생산연령인구의 증감에 직결된다는 것은 세상의 공기도 인정하고 있다. 그러나 공기의 문제점은 ①과 ②는 잊어버리고 ③만으로 결과가 결정된다고 착각한다는 점이다. ③을 무의미하게 만들면서 도쿄도의 생산연령인구를 줄이고 있는 것은 ②이다. 정확히 설명하면 ②가 ①보다 컸기 때문이다.

① ② ③의 계산방법에 대해서 설명을 덧붙이면, 우선 ①의 경우 2010년 시점에서 살고 있던 10~14세 인구는 2010년부터 2015년 사이에 모두 15세 이상이 된다. 다시 말해 생산연령 인구 증가의 요인이 되는 것이다. 그 안에는 그 기간에 지역을 떠나버린 사람도 있겠지만 그 수치는 ③에 반영된다.

이어서 ②의 2010년 시점에서 살고 있던 60~64세 인구를 살펴보자. 이 분들은 2015년에는 모두 65세 이상이 되기 때문에, 5년 동안 지역을 떠났거나 머물러 있는 것에 상관없이 인구합계가 그대로 생산연령인구를 줄이는 요인으로 작용한다.

①과 ②는 2010년의 국세조사 결과에서 확인할 수 있다. 오키나와현을 제외한 26개 행정구역에서는 ②가 ①보다 크다. ①은 10~14년 전에 태어난 어린 세대, ②는 60~64년 전에 태어난 단카이세대다. 일본의 전국적 수치로는 ①이 597만 명인데 비해서 ②는 1,011만 명, 비율은 3대 5다. 다시 말해 반세기 동안 일본은 아이가 40퍼센트나 줄어드는 저출생을 체험하고 있으며, 그 결과가 일본 전체 및 각 행정구역의 생산연령인구 감소로 이어지고 있는

셈이다. 참고로 도쿄도의 경우 ①은 50만 명, ②는 92만 명으로 1대 2의 비율에 가깝다. 전국적 수치보다 출생률이 낮아 평균 이상으로 저출생이 진행되고 있기 때문이다. 다르게 표현하면 고도성장기 이후의 반세기 동안, 도쿄도에 흘러든 젊은이들은 지방에 그대로 살고 있는 사람들에 비해서 상대적으로 적은 자손을 남겼다는 뜻이다.

그렇다면 ③은 어떻게 산정할까? 5년 간격으로 실시되는 국세조사에서는 그동안 어디에서 어디로 이사했는지는 묻지 않는다. 그러나 2010년의 10~59세 인구와 2015년의 15~64세 인구의 차이를 구해서 ③-④를 산정할 수 있다. 이 기간에 전출입도 사망도 없었다면 두 수치는 일치하기 때문이다. 일치하지 않는다면 그것은 2010년에 10~59세였던 세대가 5년 사이에 지역을 떠났거나 세상을 떠났거나 또는 외부에서 유입되었기 때문이다. 실제로 사망자수는 거의 무시할 수 있는 수준이므로 ③≒[2010년의 10~59세 인구]-[2015년의 15~64세 인구]라는 계산식이 성립한다.

이제 드디어 수치를 제시할 수 있다. 123쪽의 〈도표 3〉은 ①, ②, ③(정확하게는 ③-④이지만 ④는 무시할 수 있다)을 행정구역별로 살펴본 것이다. 3개의 지표 가운데 가장 진한 색으로 표시한 것이 ③현역 세대의 전출입이다. 도표에서 알 수 있듯이 이 요인은 거의 눈에 띄지 않는다. 공기의 세계에서는 "젊은이들의 이동이 지역의 성쇠를 결정짓는다"고 여겨지지만, 현실은 ②-③, 다시 말해 고도성장기의 단카이 세대 유출입 인구수와 그 이후 반세기 동안 진행된 저출생의 결과가 현역 세대 인구수에 압도적인 영향을 미치고 있다.

[도표 3] 생산연령인구의 증감 요인 분석 (2010년→2015년)

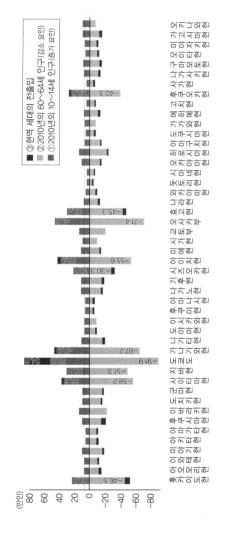

일본 총무성 <국세조사> 참조.
연령 미회답자는 연령 회답자의 연령별 비율에 맞춰 배분함.

단카이 세대는 고도성장기에 대규모로 지방에서 도시로 이주하여 진학 및 취직을 한 세대라서 지방보다 도시에 많이 거주하고 있다. 그런 그들이 나이를 먹어 65세를 넘겼기 때문에 지방보다 도시에 65세 이상 인구수가 더 많이 분포하면서 생산연령 인구감소에 기여하고 있는 것이다.

　도쿄도의 경우는 ①이 50.0만 명, ②가 91.9만 명, ③(정확히는 ③-④)이 34.3만 명이다. 생산연령 인구증감=①-②+③=△7.6만 명이 되는 셈이다. 5년 동안 총 34만 명 이상의 현역 세대가 도쿄도 외부에서 내부로 전입했음에도 이 기간에 65세 이상의 이른바 단카이 세대가 92만 명이나 존재했기 때문에, 좀더 구체적으로는 60~64년 전에 태어난 단카이 세대에 비해서 10~14년 전에 태어난 어린 세대가 42만 명이나 적었기 때문에 현역 세대의 합계는 8만 명이 감소할 수밖에 없었다. 이것을 한마디로 표현하면, 과거 반세기 동안 진행된 도쿄도의 현저한 저출생은 이제 지방에서 인구를 빼앗아오는 것만으로 보완할 수 없게 된 것이다.

　이 상황을 다시 한 번 프로야구에 비유하면, 직접투자로 선수를 육성하는 능력이 낮았던 부분을 타구단에서 이적하는 자유계약선수로 보충했지만 결국에는 빈약한 선수층만 남게 된 어떤 재경구단과 같은 상황이 도쿄도 전체에서도 일어나고 있는 것이다.

　지방의 경우, 사람들은 "젊은이들이 도시로 가버려서 인구가 감소하는 것이다"라고 생각하지만 실상은 그렇지 않다. ①이 ②보다 큰 오키나와현을 제외하면, 지역 내에서 진행되는 저출생이 생산연령인구 감소의 가장 큰 요인이다. 오키나와현을 제외한 일본의 모든 지역에서 ①이 ②보다 작다. 젊은이들이 한 명도 지역을 떠나지 않아도 현역 세대의 감소는 피할 수 없다.

결국 ①=② 상태를 실현한(좀더 정확히 말하면 각 세대 인구수에 큰 차이가 없는) 지역만이 장기적으로 존속될 수 있다. 자신의 아이는 줄이고 대신 다른 지역에서 빼앗아 와서 보충해온 도쿄도 같은 도시는 지방에서 아이가 줄어드는 것과 연동해서 자신도 현역 세대를 줄여나갈 수밖에 없다. 출생률이 현저하게 낮은 도쿄도(지방의 경우는 삿포로시나 후쿠오카시)에 젊은이들이 집중되면 될수록 그들이 남기는 다음 세대의 인구수도 줄어들어 결국 일본 전체의 인구 감소는 더욱 가속화될 것이다. '도쿄 블랙홀'론이라고도 불리는 이러한 주장은 충격적으로도 들리겠지만 완벽한 사실이다.

지금까지 살펴본 사실을 확인하고 일본창성회의가 출판사 주코신쇼中公新書에서 출간한《지방 소멸地方消滅》과《도쿄 소멸東京消滅》을 냉정하게 읽어본다면 진짜 문제가 무엇인지 이해할 수 있을 것이다. 내가 2010년에 발표한《일본 디플레이션의 진실デフレの正體》을 다시 읽어봐도, 책에서 지적하고 있는 내용이 문제의 본질을 파악하고 있다는 것을 이해할 수 있을 것이다.

지방의 생존 가능성

———

이런 이야기를 들으면 "일본은 이제 틀렸다"고 절망할지도 모른다. 그러나 그것은 두 가지 이유에서 잘못된 반응이다.

첫째, ①이 ②보다 작아진 국가는 일본만이 아니다. 다음에 제시하는 통계수치는 국제연합 인구부의 홈페이지에 공개된 세계 각국의 2015년 인구추계와 향후의 예측(중위 추계, 이민을 받는 사례)에 준거해 조사했다. 세계 최대의 인구를 거느린 중국도 몇 년 전부터 동일한 상태에 돌입했다. 한국과 대만도 마찬가지다. 미국, 유럽, 동남아시아도 동북아시아 정도로 급속한 전개는 아니지만 저출생 경향이 시작되고 있다. 여전히 명확하게 ①이 ②보다 큰 국가는 인도에서 중근동, 아프리카에 걸친 지역뿐이다. 그러나 그들도 생활수준이 향상되면 유럽이나 동북아시아처럼 변해갈 것이다.

참고로 2020년 이후에는 세계적으로 다음과 같이 일들이 일어날 것이다. 일본은 세계 최초로 고령자 절대인구수의 증가가 멈춘다(수도권은 유일하게 계속 증가하지만 지방은 일제히 감소하기 시작한다). 이에 비해 구미 국가들은 여전히 증가하고 중국, 한국, 대만은 구미 국가들의 규모를 크게 상회하는 급증이 계속된다. 한편 생산연령인구의 경우 일본은 세계 다른 국가들보다 20년 이상 일찍 1995년에 정점을 맞이했지만, 중국, 한국, 대만도 2015년을 정점으로 감소로 전환되고, 구미 국가들도 증가가 거의 정지한다. 일본만 상황이 나쁘다는 말은 이제 옛날이야기가 될 것이다. 그러나 '공기'가 사실과 연동되어 개선될지는 다른 차원의 문제다.

세상에는 "이민을 받아들이면 아이가 늘어날 것이다"라는 공기가 존재한다. 그러나 현실은 대량의 이민을 받아들이고 있는 미국과 싱가포르에서도 이미 어린이의 절대인구수가 감소하기 시작했다. 육아에 돈이 드는 출생률이 낮은 지역으로 이민을 온 이민자는 그곳의 선주자와 마찬가지로 아이를 낳지 않게 되는 것이다. 도쿄에서 저출생이 진행되는 것과 같은 이유다. 그러나 왠지 "이민자는 아무리 어려운 조건에서도 아이를 낳아 수가 늘어난다"는 공기 같은 선입견이 존재한다. 우리는 현실을 직시하고 그러한 그릇된 견해를 고치도록 주의해야 한다.

세계는 자동적인 저출생, 그 결과로 만들어진 인류사회의 지속 가능성을 향상시키는 방향으로 돌아서고 있다. 승자는 지구환경과 그것에 뿌리를 둔 미래 세대, 패자는 인구 증가에 의존하며 불로소득을 늘려온 금융투자가가 될 것이다.

"일본은 이미 틀렸다"라고 절망하지 말아야 할 두 번째 근거는 고령자 인구의 증가가 멈춘 과소지역에서 저출생이 개선되는 자치단체가 늘어나기 시작한 점이다.

단카이 세대의 형제가 평균 4명이었던 데 비해서 지금 태어나는 아이들은 평균적으로 1.4명의 형제를 가지고 있다. 그렇기 때문에 ①=② 또는 ①이 ②보다 큰 자치단체는 좀처럼 나타나지 않는다. 예외는 너무 많은 단카이 세대를 도시로 떠나보냈던 현저하게 불리한 조건의 지역이나, 전쟁 피해의 후유증으로 인구수가 적어서 단카이세대가 형성되지 않았던 오키나와현뿐이다. 그러나 현재 60대가 된 단카이 세대가 아니라 현재의 신세대(30세 전후) 인구수와 아이들의 인구수를 비교해보면, 최근에 저출생의 진행이 멈춘 (부모의 수만큼 아이가 태어나고 있는) 지역이 일본 전국에 산재되어 있음을 확인할 수 있다.

나는 한 지역의 신세대 인구수와 유유아의 인구수를 비교하여 양자가 같은 수준이 되었는지 판단함으로써, 다음 세대가 제대로 재생되고 있는 지역인지 아닌지를 수치화하는 작업을 하고 있다. 어떤 지역에서도(지역자치단체는 물론이고 국가 단위, 자치회 단위, 공동주택 단위에서도) 가능한 간단한 판정법이다. 25~39세를 신세대로 0~4세를 유유아 세대로 산정하고, 신세대 300명에 대해서 유유아 세대가 100명 존재하는지 여부를 살펴보는 방법이다. 실제로는 24세 이하나 40세 이상도 아이를 낳기 때문에 후자의 수치가 100명라면 신세대 인구수 이상의 아이들이 태어나고 있다(즉 합계특수출생률도 2가 넘는다)는 뜻이다. 대략 후자의 수치가 95명이면 출생률은 2라고 생각하면 된다.

실제 계산법은 25~39세의 수를 3으로 나눠서 0~4세의 수와 비교하고, 이것이 100:100이면 건전, 100:70이나 50, 후자의 수치가 작을수록 아이가 태어나지 않고 있다는 뜻이 된다. 후자의 수치를 퍼센트로 나타내 '차세대 재생력'이라 부르도록 하겠다. 차세대 재생력은 간단히 계산할 수 있는데다가 과거 5년간 출생이 누적된 결과이므로 매년 오르내리는 합계특수출생률에 비해서 지역의 구조적인 상황을 파악하기 용이하다.

두 가지 설명을 덧붙이겠다. 첫째, 24세 이하의 젊은이들도 아이를 낳는데 신세대에 넣어 계산하지 않는다. 이 세대에는 대학생이 많아서 진학 때문에 대도시에 집주해 있는 경향이 강하기 때문이다. 다시 말해 20대 전반을 계산에 포함시키면 대도시의 통계 수치가 실태 이상으로 낮아지게 된다.

둘째, 합계특수출생률은 여성과 아이의 인구수를 비교해서 산정하기 때문에 남성의 인구수는 반영되지 않는다. 그러나 앞에서 설명했듯이 차세대 재생력은 남녀를 구별하지 않고 산정한 수치다. 아이를 낳아 기르는 일은 여성과 남성의 공동작업이다. "여자가 아이를 낳지 않아서 아이가 감소한다"는 세간에 퍼져 있는 견해에 대해서 "남자가 결혼도 안 하고 육아에도 협력하지 않기 때문에 아이가 감소한다"는 견해가 정확하다는 사실을 지적할 필요가 있다. 어쨌든 젊은이의 인구수만큼 아이가 존재하는지 여부는 그 지역에서 인간이라는 생물의 생태계가 정상적인 상태인지 아닌지를 판단하는 유효한 지표이며, 그러한 판정에는 남녀를 함께 반영시키는 것이 타당하다.

이번에는 2015년 국세조사의 실제 수치를 살펴보자. 먼저 일본 전체의 차세대 재생력은 68퍼센트다(각 지역에 1~2퍼센트 미만으로 존재하는 연령미회답자는 연령회답자의 비율에 따라 나누었다). 다시 말해 일본에서는 대략 신세대의 3분의 2 정도만 아이가 태어난다. 매년 출생수는 현재 약 100만 명이다. 신세대가 30퍼센트 감소하는 30년 뒤에도 이러한 출생 상황이 계속된다고 가정하면, 출생수는 70만 명 미만이 된다는 계산이다. 대단히 대략적인 계산이지만, 70만 명의 출생자의 평균수명을 80년으로 가정하면 70만 명×80년=5,600만 명. 다시 말해 출생자수 70만 명/년이라는 것은 일본의 총 인구가 6천만 명 이하로 줄어드는 수준이다. 참고로 단카이 주니어가 태어난 1970년대 전반에는 매년 200만 명의 신생아가 태어났다. 현재 상태는 딱 그 절반, 30년 이후는 3분의 1이라는 계산이 된다.

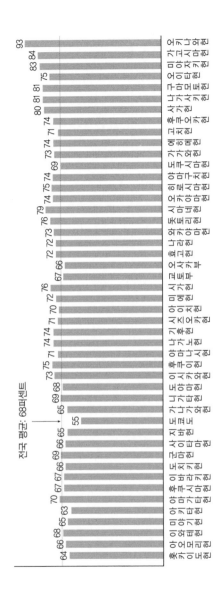

[도표 4] '차세대 재생력' 비교

전국 평균: 68퍼센트

일본총무성 《국세조사》 2015년 참고.
연령 미회답자는 연령 회답자의 비율에 맞춰서 나눠서 산정함.
차세대 생산력: 0~4세 인구÷(25~39세 인구÷3)

〈도표 4〉에는 각 행정구역의 차세대 재생력을 나타냈다. 오키나와의 93퍼센트를 필두로 명확히 서쪽지방이 높고 동쪽지방이 낮은 모습을 보인다.

도표에는 들어가 있지 않지만 대도시 가운데 가장 상황이 나은 곳은 히로시마広島시(75퍼센트)로 기타큐슈北九州시가 뒤를 잇고 있다. 그 밖의 도시는 60퍼센트 전후의 수준으로 정체되어 있다. 도쿄 특별구는 52퍼센트다. 일본 전국에서 모여든 젊은 세대가 자신들의 절반 정도 다음 세대를 남기지 않는 진정한 블랙홀 상태다.

그러나 도쿄가 망해도 일본이 망하는 것은 아니다. 차세대 재생력이 100퍼센트가 넘는 지역자치단체, 다시 말해 신세대의 인구 수와 비슷하거나 또는 그 이상으로 아이들이 태어나는 지역이 일본 전국에 오키나와현을 중심으로 40곳이나 있다. 차세대 재생력이 90퍼센트라도 당장 문제는 발생하지 않는다(24세 이하와 40세 이상도 출산하기 때문에 합계특수출생률은 2에 가깝다). 90퍼센트까지 기준을 내리면 110곳의 지역이 해당된다. 그런데 그 상당수는 멀리 떨어진 외딴섬이나 산간과소지역이다. 과소지역은 아이들이 적다는 안이한 선입견이 있다. 물론 그런 과소지역도 많이 있지만, 한편으로는 아이를 소중히 여기는, 다시 말해 아이를 키우는 젊은 세대를 소중히 여기는 과소지역도 분명히 존재한다.

똑같은 일본인이 만들어가는 현대 일본 사회 속에서 이렇게 큰 차이가 발생하고 있다. 이것이 의미하는 바는 무엇일까? 물론 일본인의 DNA에 어떤 변화가 일어나고 있다는 이야기를 하려는 것은 아니다. 중요한 것은 생활방식과 생활환경의 변화다. 생활환경만 바로잡으면 아이는 다시 늘어난다. 왜냐하면 DNA는 원래 그렇게 되어 있기 때문이다. 이 'DNA 본래의 잠재력'을 완전히 무시하고 있기 때문에 인구 감소를 불필요하게 비관적으로 생각하는 착각에 빠지는 것이다.

생활환경의 개선이라고는 했지만, 오키나와처럼 아이들이 많이 태어나고 있는 지역도 인터넷이 보급되어 있고 24시간 영업점도 많다. 모든 변화가 나쁜 것은 아니다. 종종 오해를 받는 부분인데 "여자는 결혼해야지"라는 사회적 압박 정도의 경우, 아키타秋田현을 필두로 전통이 강하게 남아 있다고 여겨지는 동북지방은 출생률이 낮고, 결혼에 대한 압박이 적은 오키나와는 수치가 높다. 이런 사실에서도 추론할 수 있듯이 사회적 압박은 관련이 없기는커녕 오히려 역효과를 내고 있다. 고쳐야 할 부분만 개선해나가면 자유와 인권도 완전히 지키면서 다음 세대가 성장할 환경을 부활시킬 수 있다.

그렇다면 어떻게 해야 차세대를 재생할 수 있을까? 한마디로 말하면 해결책은 원하는 사람이 원하는 만큼 아이를 가질 수 있는 사회구조를 만드는 것이다. 아이를 낳지 않아도 상관없다. 남의 아이를 자기 아이로 키우는 부모가 늘어나도 차세대 재생력은 올라간다. "모든 여성이 아이를 두 명씩 낳는다"가 아니라 세 명이라도 네 명이라도 원하는 만큼 아이를 낳아 기르는 부모가 늘어나는 것이 평균 출생률을 끌어올린다. 그러기 위해서는 많은 아이들을 키울 때 생기는 부담을 경감시켜주는 제도가 필요하다. 남서지역 섬들을 필두로 서일본에 많이 분포되어 있는 차세대 재생력이 높은 자치단체에는 다자녀가정을 성심껏 도와주는 사회적 기풍이 남아 있다. 아무래도 도시지역과 동일본은 이와 같은 서로 돕는 전통이 상대적으로 줄어들었다고 추론된다.

도쿄의 차세대 재생력을 높이기 위한 노력은 당연히 이루어져야 한다. 그러나 앞으로 수십 년 동안 후기고령자의 절대인구수가 계속 증가할 것이라는 사실을 고려하면 대폭적인 개선은 기대하기 어렵다. 인력도 예산도 잉여토지도 전부 고령자 의료복지 쪽으로 돌리고 있는데다가, 처음부터 식비와 집세와 교육비가 너무 비싸서 아이를 한 명 더 낳는 비용이 막대하기 때문이다.

유효한 방법은 원하는 만큼 아이를 많이 낳을 수 있는, 생활비가 저렴하고 서로 돕는 기풍이 남아 있는 지방으로 아이를 원하는 강한 의지를 가진 젊은이들을 많이 보내는 것이다. 이것만이 일본의 소멸을 가능한 뒤로 미룰 수 있으며, 언젠가는 역전의 인구 증가를 가능하게 만들 수 있는 비책이다.

인구 감소가 초래하는
윤리 대전환의 시대

무연의 세계에
유연의 장소를 만들자

히라카와 가쓰미 平川克美

1950년 도쿄 출생. 도나리마치 카페 점주. 낭독 등의 음성콘텐츠 다운로드 사이트 '라디오 데이즈' 대표. 릿쿄대학 객원교수. 작가(문필가). 와세다대학 이공학부 기계공학과 졸업 후, 번역회사 어번 트랜스레이션 설립. 저서로는《이행기적 난세의 사고》,《나를 닮은 사람》,《주식회사라는 병》,《이행기적 혼란》,《21세기의 타원환상론》등이 있다.

이해타산으로 대처할 수 없는 문제

———

일본 후생노동성이 발표한 통계에 따르면 2017년의 출생자수는 통계 작성을 시작한 이래 가장 적은 약 94만 명이다. 사망자수는 약 134만 명으로 태평양전쟁 이후 최고치를 기록했다. 그 차이는 40만 명을 넘었다. 도시 하나가 통째로 사라져버린 셈이다. 이러한 상황이 앞으로 수십 년 동안 이어진다.

일본의 인구 감소는 누가 보더라도 명확한 사실이다. 그럼에도 어째서 인구 감소가 일어나고 있는지 그리고 인구 감소의 결과로 어떤 일들이 일어날지에 대해서는 전혀 명확하지 않다. 오히려 오해와 편견을 바탕으로 전개되는 술집 잡담과도 같은 '경향과 대책'만 유포되고 있다.

완만하지만 확실한 변화에 대해서 일본인들은 그것이 일어나지 않은 것처럼 행동하거나 또는 마치 인류 역사의 종말이라도 되는 것처럼 과대망상을 부풀리고만 있다. 인구 감소를 역사적이고 현실적인 문제로 생각하지 못하고 있는 것이다.

여러 가지 이유가 있겠지만 가장 유력한 것은 일본인이 무엇을 '생각'할 때는 대부분 먼저 그것이 득인지 실인지 이해타산으로 생각하는 경향일 것이다. 그러나 사실 이해타산은 바로 '지금 여기'에 대한 계산이다. 장기적 과제에 대해서는 거의 무의미하거니와 지남력指南力도 발휘하지 못한다. 이해타산에는 시간이 반영되지 않는다. 역사적 문제는 이해타산으로는 다룰 수 없다.

그리고 인구동태는 이해타산으로 접근하면 터무니없는 엉뚱한 결론이 도출되는 대표적인 문제다.

디플레이션보다 정상화定常化

────

요즘 신바시新橋나 유라쿠초有楽町*의 고가철도 아래 선술집에서는 다음과 같은 대화가 반복되고 있다.

- 일본 인구가 계속 줄어들고 있잖아.
- 맞아 맞아, 듣자하니 2050년이 되면 1억 명 이하로 줄어들고 2100년에는 지금의 절반 정도가 된다는군.
- 그거 참 큰일이네. 노인들만 늘어나고 젊은 일손이 없어져버리잖아. 많은 노인을 얼마 안 되는 젊은 세대가 부양하는 건 무리야.
- 우리는 연금을 받을 수 있을지 어떨지도 불확실하고 말이야. 대

────────

• 도쿄역 근처에 위치하는 대표적인 사무실 밀집지역.

체 왜 이렇게 되어버린 거야.

— 여자가 이제 아이를 안 낳아서 그렇다던데?

— 그래? 그건 젊은 사람들이 섹스를 안 해서 그런가? 남자가 여성화된다는 얘기도 있잖아.

— 여자가 사회 진출이다 자아실현이다 떠들면서 자기중심적으로 변한 거 아닐까?

— 그렇게 말하면 남자도 이기적이지. 역시 경제 성장이 멈추고 급료가 오르지 않으니까 생활이 힘들어서 아이도 못 낳는 거야. 애들은 돈이 드니까 말이야. 주머니 사정이 좋아지면 애들도 늘어날 거야.

— 젊은 사람들의 주머니 사정을 위해서도 늙은이는 빨리 퇴장해줬으면 좋겠어. 사회에 도움이 되지 않는 녀석들한테 지급하는 생활보호 비용도 돈낭비야.

— 맞아 맞아. 재원은 한계가 있으니까 좀 효과적으로 쓰라고.

— 그게 바로 경제적 합리성인데 말이야.

나는 지금까지 인구 감소에 대한 두 권의 책을 썼다.《이행기적 혼란移行期的混亂》(지쿠마쇼보築摩書房)과《'이행기적 혼란' 이후「移行期的混亂」以後》(쇼분샤晶文社)다.《이행기적 혼란》의 초판이 나온 것은 2010년 9월, 세계 금융체계를 뒤흔든 리먼 브라더스 사태가 일어난 다음 해였다. 장기적인 인구 감소는 경제적 현상이 아니라 자본주의 발전 단계에서 필연적으로 발생하는 사회 변화라는 것이 책의 주장의 골자다.

2012년 아베 내각은 경제정책의 핵심으로 '금융 완화', '재정 출동', '성장 전략'을 내건 아베노믹스를 시작했다. 인구 감소 문제의 해소는 시장의 축소에 제동을 건다는 의미에서도 혹은 유효 노동력을 확보한다는 의미에서도 경제 성장 전략의 가장 중요한 과제로 평가되었다.

그러나 인구 감소라는 문제는 원래 경제정책과 같은 차원에서 논할 문제가 아니다. 인구 감소는 시장의 축소나 유효생산인구의 감소를 동반하기 때문에 확실히 경제에 중대한 영향을 미친다. 그러나 경제정책으로 인구를 통제할 수는 없다. 다시 말해 인구와 경제는 일방향적 상관관계일 뿐이다. 디플레이션을 해소하기 위한 양적완화, 경기활성화를 위한 공공사업투자 등 일련의 경제대책이나 연금과 보험의 사회보장대책을 강구하는 것처럼 인구 감소에 대한 대책을 강구하는 것은 불가능에 가깝다.

경제적 처방으로 해결할 수 없는 문제라면 인구 감소가 의미하는 바는 무엇일까? 그리고 대체 어떤 '문제'인가?

이에 대해 살펴보기 위한 전제로 태평양전쟁 이후에 전개된 일본사회의 구조 변화를 염두에 둘 필요가 있다. 정재계와 대중매체는 모두 소비자물가지수가 마이너스로 돌아선 1995년부터 현재까지 이어지는 물가침체현상을 장기 디플레이션이라고 표현한다.

나는 그것이 과연 장기 디플레이션인지 의심하고 있다. 물론 소비자물가와 자산의 하락이 디플레이션이라면 그것은 디플레이션일 것이다. 그러나 어디까지 사회현상을 경제적 관점으로만 평가한 부분적 결과에 불과하다. 올해는 채소가 흉작이라서 양배추 가격이 치솟았다는 이야기와 다르지 않다. 어째서 흉작인지, 경제학으로는 그 원인을 설명할 수 없다.

사회의 경제지수는 사회 내부에서 일어나는 총체적 변화의 한 단면에 불과하다. 문제가 있다면 총체적 변화에서 본질적 문제가 무엇인지다. 그런 의미에서 디플레이션은 현재 일본 사회가 처한 상황의 본질적 문제가 아니다.

그렇다면 무엇이 본질적 문제일까? 한마디로 말하면 문명사적인 정상화定常化 현상이 일어나고 있다고 대답해야 할 것이다.

앞에서도 설명했듯이 '총 공급 > 총 수요'의 상태가 계속 이어지는 것이 디플레이션이다. 그러나 현재 일어나고 있는 사태를 정확히 파악하기 위해서는 단순히 수급균형과 같은 경제적 단면을 살펴보는 데 그치지 말고 사회 구조의 변화 추이를 재고해야 한다.

경제의 정상화 현상, 인구 감소, 노령화는 하나로 연결된 문제다. 인구 감소는 경제기반이 되는 시장 그 자체의 축소를 의미하며, 노령화의 부담은 사회비용을 인상시키기 때문이다.

문제는 그 원인 관계에 있을 것이다.

이미 언급한 것처럼 인구 감소가 경제에 중대한 영향을 미치는 것은 틀림없는 사실이다. 그러나 경제가 인구 문제에 주는 영향은 미미하다. 인구 문제와 경제 문제는 문제가 안고 있는 '시간의 폭'이 전혀 다르기 때문이다. 경제는 단기적인 이해타산의 문제지만, 인구 감소는 장기적인 문명의 발전 단계에서 일어나는 사회 구조 변화의 결과다.

만약 이 가설이 맞는다면 디플레이션에서 벗어나기 위해서 인구 감소 문제를 해결한다는 대책 자체는 엉뚱하게 순서가 뒤바뀐 것이다. 오히려 인구 감소에 맞춰서 사회 구조를 변혁시켜 나가야 한다. 사회 구조의 변혁은 다시 인구 감소에 제동을 거는 결과로 이어질 것이다. 정치정책과 경제정책이 힘을 발휘할 수 있는 부분은 시장의 구조를 조정하는 정도다. 개인의 내면이나 장기적인 사회구조의 변화 앞에서는 거의 무력하다고 할 수 있다.

인구 감소의 원인에 대한 오해

———

앞에서 예로 든 대화는 매일같이 일본 어딘가에서 이루어지는 인구 감소에 대한 전형적인 논의다. 2007년 마쓰에松江시에서 열린 자민당 현의회의원의 집회에서 "여성은 아이를 낳는 기계"라고 말한 야나기사와 하쿠오柳澤伯夫(당시 후생노동성 장관)도, 2014년 삿포로에서 "고령자가 나쁘다는 이미지를 만드는 사람이 많지만, 아이를 낳지 않는 쪽이 문제다"라고 말한 아소 다로麻生太郎(재무장관)도 결국 오십보백보다. 이런 발언은 2008년 무렵부터 그때까지 계속 증가하던 일본의 총인구가 일변하여 감소하기 시작한 것에 대한 그들의 천박한 인식을 드러내고 있다.

당시 정치가들의 표어는 천편일률적으로 하나같이 경제 성장 전략으로 "인구 감소에 제동을 걸겠다"였다. 나는《이행기적 혼란》과《'이행기적 혼란' 이후》에서 이러한 사고방식은 본말이 전도된 것이며, 인구 감소에 맞춰서 경제가 성장하지 않아도 되는 전략을 만들지 않는 그들을 비판했다.

비판의 근거는 경제 성장론자들, 그리고 '낳아라, 늘려라'를 연호하는 정치가들이 인구 감소가 발생하는 원인에 대해서 완전히 빗나간 기본적 인식을 가지고 있다는 점이다. 뒤에서 자세히 설명하겠지만 인구 감소는 문제가 아니라 경제발전과 근대화의 귀결로 이해해야 한다.

그런데 인구 감소라는 현실에 직면하면 "여성이 아이를 낳지 않게 되었다"라는 말은 언뜻 당연하게 들린다. 전염병의 유행과 대재앙 등을 제외하면 인구가 감소하는 직접적 요인은 '아이를 낳지 않는다'는 것밖에 생각할 수 없기 때문이다. 전염병의 유행과 대재앙이 계속되는 상황도 아닌데 저출생에 처한 원인은 정말 여성이 아이를 낳지 않게 되었기 때문일까?

결론부터 말하자면 여성이 아이를 낳지 않게 되었다는 말은 거짓말이다. 거짓말이라는 표현이 지나치다면 모든 여성이 아이를 낳지 않게 된 것은 아니라고 바꿔 말할 수도 있다. "여성이 아이를 낳지 않는 것이 저출생의 원인"이라는 주장은 그럴듯해 보인다. 그러나 조금만 주의를 기울이면 이 주장이 무엇을 숨기고 있는지는 물론이고 논의를 잘못된 방향으로 유도하는 지어낸 이야기라는 것을 알 수 있다.

144쪽 상단의 도표는 배우자가 있는 여성의 출생률 추이(1980년부터 2010년까지)를 나타낸 것이다. 배우자가 있는 여성의 출생률은 떨어지지 않고 오히려 상승하고 있다. 다시 말해 결혼한 여성이 아이를 낳지 않게 되었다는 이야기는 새빨간 거짓말인 셈이다. 실제

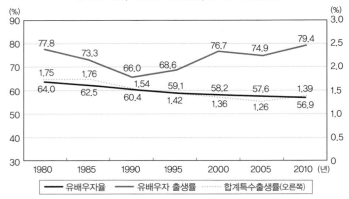

유배우자율, 유배우자출생률, 합계특수출생률

21세기정책연구소, 〈실효성 있는 바람직한 저출생 대책〉 / 일본후생노동성, 〈매월근로통계조사〉에서 인용.

여성의 연령(5세 단위)별 출생수

여성의 연령	1985년	1995년	2000년	2005년	2007년	2008년	2009년	2010년
전체 출생수	1,431,577	1,187,064	1,190,547	1,062,530	1,089,818	1,091,156	1,070,035	1,071,304
14세이하	23	37	43	42	39	38	67	51
15~19	17,854	16,075	19,729	16,531	15,211	15,427	14,620	13,495
20~25	247,341	193,514	161,361	128,135	126,180	124,691	116,808	110,956
25~29	682,885	492,714	470,833	339,328	324,041	317,753	307,765	306,910
30~34	381,466	371,773	396,901	404,700	412,611	404,771	389,793	384,385
35~39	93,501	100,053	126,409	153,440	186,568	200,328	209,706	220,101
40~44	8,224	12,472	14,848	19,750	24,553	27,522	30,566	34,609
45~49	244	414	396	564	590	594	684	773
50세 이상	1	—	6	34	19	24	20	19

비고 : 전체 출생수는 연령 미상 여성을 포함한다.

일본후생노동성이 발표하는 〈2010년 인구동태통계(추정치) 상황〉에서 인용.

출생수의 표도 제시해두겠다.

144쪽 하단의 표는 여성의 연령별 출생수를 1985년부터 2010년까지의 시간폭으로 나타낸 것이다. 이 표에 따르면 30~39세 여성의 경우도 출생률은 증가하지 않거나 제자리걸음 경향을 보인다. 눈에 띄게 감소하고 있는 것은 20~24세, 25~30세 여성뿐이다.

일본 후생노동성의 조사에 따르면 1950년 여성의 평균 초혼 연령은 23.0세였다. 1985년에는 25.5세로 상승하여 2010년에는 28.8세까지 상승했다. 참고로 2015년의 평균 초혼 연령은 남성 31.1세, 여성 29.4세다. 다시 말해 초혼 연령은 1950년부터 2015년까지 64년 동안 6세 정도 상승했다. 여성이 아이를 낳기에 적합한 연령이 23세부터 30세까지라는 것을 감안하면, 이 시기에 결혼하지 않는 것이 저출생의 주된 요인임을 알 수 있다.

일본의 경우, 유배우자 비율이 태평양전쟁 이후로 일관되게 감소하고 있다. 결혼이 늦어지는 만혼화가 저출생의 주요인이라는 것은 분명한 사실이다.

이것이 저출생 문제를 논의하기 위한 출발점이다. 이 명백한 사실을 공유하지 않고 저출생의 옳고 그름과 대책을 논하는 것은 오히려 문제를 유야무야하게 만들 뿐이다.

결혼이 늦어지는 이유

저출생의 직접적인 원인은 간단하다. 결혼 연령이 높아졌기 때문이다. 그러나 결혼이 늦어지는 원인에 대해서는 간단한 이유를 찾아내기가 쉽지 않다. 하지만 이유를 모르면 만혼화에 제동을 거는 정책은 이끌어낼 수 없다. 근본적으로 개인이 어느 연령에 결혼하는지에 관해서는 정치가 개입할 수 없고, 개입해서도 안 된다. 그것이야말로 개인의 자유이기 때문이다.

그러나 만약 만혼화의 원인이 경제적 이유라면 결혼적령기 세대의 소득 향상이나 아이를 기르는 가정에 대한 지원정책을 내놓는 것은 도움이 될 것이다. 그러나 그것만으로는 만혼화를 멈출 수 없다. 이제부터 그 이유에 대해서 설명하겠다.

만혼화의 이유는 복잡하다. 다양한 요소가 서로 얽혀 있다는 것은 예상할 수 있다. 한 가지 명확한 사실은 일본의 가족 형태가 권위주의적 대가족에서 서구형 핵가족으로 전환되었다는 점이다. 이러한 가족 형태의 변화는 만혼화와 무관하지 않을 것이다.

통계지표 중에서 태평양전쟁 이후 70년이 넘는 기간 동안 일방적으로 상승 또는 하강하고 있는 경제지표와, 상승과 하강을 반복하고 있는 지표는 전혀 다른 의미를 지닌다. 주가, 소비자물가지수, 취업률은 사회정세에 따라서 그때그때 변화한다. 이런 지표는 수급균형과 심리적인 요인에 의해서 변동된다.

그에 비해 수명, 한 세대당 인원수(감소 경향), 결혼 연령(상승 경향)은 일방적인 경향을 보이는 지표다. 여기에 전체 편의점수, 자동차대수, 텔레비전 보급도 추가할 수 있다. 이들 지표의 일방적인 변화는 태평양전쟁 이후에 진전된 일본의 근대화와 시장화를 나타내고 있다. 과학의 진보가 후퇴하지 않는 것처럼 시장화의 진전도 후퇴하지 않는다. 과학과 시장은 기존의 성과 위에 벽돌을 쌓아 올리는 것처럼 진화한다. 주가처럼 수급 동향, 심리적인 요인, 환율의 국제정세에 따라서 큰 폭으로 등락을 거듭하는 지표와는 위상이 다르다. 이 둘을 구분하지 못하기 때문에 일부 정치가의 발언처럼 "이렇게 하면 저렇게 된다"는 직선적인 '경향과 대책'이 되어버리는 것이다.

결혼 연령의 상승과 태평양전쟁 이후에 전개된 가족 형태의 변화(권위주의적 대가족에서 핵가족으로) 및 시장화의 진전 사이에는 밀접한 상관관계가 있다는 것이 나의 가설이다. 구체적으로 말하면 시장화의 진전이야말로 가족 형태의 변화를 초래한 요인이었다. 시장화와 핵가족화는 결혼해서 가족을 만드는 것을 당연하게 여기던 일본인의 가족관을 바꿔놓았다. 돈만 있으면 가족에게 의지하지 않아도 자유롭게 살 수 있는 시대가 된 것이다. 가족은 사람이 살아가는 데 필요한 안전보장이었다. 그러나 시장화의 진전으로 많은 사람들은 돈이야말로 안전보장이라고 생각하게 되었다.

반대로 말하면 시장화의 진전을 통해서 권위주의의 속박에서 벗어나 자유로워진 개인이 활약할 수 있는 공간이 확보되었다. 시장화는 일본 민주주의의 진전을 후원한 주역이었다고도 할 수 있다. 그런 의미에서 만혼화는 자유와 발전의 대가라고 볼 수 있다.

시장화는 무연화無緣化이기도 하다. 이는 유연有緣 공동체의 윤리 개념이 미치지 않는 공간이 확장된다는 뜻이다. 사람들이 결혼을 기피해서 결혼이 늦어지는 것이 아니다. 가족을 포함한 유연공동체에서 자청해서 도망가고 있는 것이다. 그 결과 유연공동체인 일본의 권위주의적 직계가족의 해체가 진행되었다.

또 다른 이유는 소비사회의 진전으로 결혼의 득실을 계산하는 윤리가 정착했다는 점이다. 이것이 글의 주제와 관련이 있다. 이해타산만 생각하면 주부는 타산이 맞지 않는 직업이라고 생각하는 젊은 사람들이 늘고 있다. 이해타산만 따지면 결혼해서 아이를 낳아 학비와 식비 지출이 늘어나는 것은 수지가 맞지 않을지도 모른다.

그러나 이유가 어떻든 결혼 연령의 상승은 태평양전쟁 이후에 전개된 발전(무연화·시장화)의 귀결이다. 나는 결혼 연령 상승에 대한 대책으로 일본의 권위주의적 직계가족으로 돌아가라고 주장할 생각은 없다. 설령 그럴 생각이 있어도 그것은 불가능한 논의다.

하지만 결혼은 수지 타산이 맞지 않는 '주부'라는 직업을 선택하는 것이라는 이해타산적 윤리는 바꿀 수도 있다.

저출생 대책

———

만약 만혼화에서 조혼화로 방향을 전환하기 어렵다면 가능한 저출생 대책 정책은 하나밖에 없다. 결혼하지 않아도 아이를 낳을 수 있는 환경을 만드는 것이다.

저출생을 둘러싼 상황을 저출산이 개선되지 않는 일본과 한국,

어느 정도 제어에 성공한 유럽을 비교해 살펴보면 현저한 차이점을 발견하게 된다. 그것은 바로 혼외자녀의 비율이다. 프랑스와 스웨덴의 혼외자녀 비율은 50퍼센트가 넘는다. 유럽 국가들 중에서 일본과 비슷한 가족 형태를 가지고 있다는 독일의 경우도 35퍼센트다.

이에 비해 일본의 혼외자녀 비율은 아예 자릿수가 다르다. 겨우 2.3퍼센트에 불과하다. 한국은 더 낮은 1.9퍼센트다. 다시 말해 유교적 윤리에 사로잡힌 아시아에서는 법률혼을 하지 않고 아이를 낳는 일이 거의 금기와 같은 취급을 받고 있다.

일본의 저출생 대책은 혼인장려와 육아지원을 중심으로 이루어진다. 프랑스와 스웨덴의 저출생 대책은 일본과 한국과는 반대 방향으로 진행되었다. 법률혼으로 태어난 아이가 아니어도 동등한 법적보호와 사회적 신용을 부여받을 수 있도록 했다. 혼인장려와 육아지원과 같은 개인생활 분야에는 정치권력이 개입해서는 안된다고 생각하기 때문이다. 저출생 문제를 해결하는 열쇠는 오히려 인권확대와 생활권 확보 쪽에 있는 것이다.

그렇다고 유럽 선진국이 혼외자녀의 출산을 장려한다는 의미는 아니다. 유럽에서는 법률혼으로 묶이지 않은 새로운 가족공동체가 현실화되고 있다. 법률혼의 보호를 받지 못하는 가족의 권리를 법적으로 인정하고 사회에 그들의 자리를 마련하려고 하는 것이다.

아래 도표의 출처인 웹사이트 '사회실정데이터'를 운영하는 혼카와 유타카本川裕는 이 도표에 대해서 다음과 같이 설명한다.

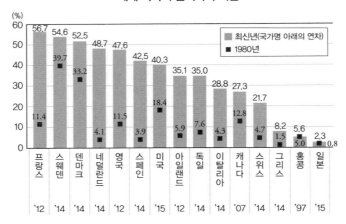

세계 각국의 혼외자녀 비율

(%)

비고: 미혼모 등 결혼하지 않은 여성에게 태어난 출생자수가 전체 출생자수에서 차지하는 비율이다.
1980년의 프랑스, 독일, 홍콩의 수치는 각각 대도시지역, 서독일, 1990년 자료다.

자료: 유럽연합통계청(EUROSTAT Fertility indicators), 일본후생성 〈인구동태통계〉, 미국상무성
자료(캐나다), 국제연합 인구통계연감 1999(Demographic Yearbook Special Issues 1999
Natality Statistics, 홍콩)

자료 출처: 사회실정데이터도록(http://www2.ttcn.ne.jp/honkawa/1520.html)

프랑스에서는 1999년 사실혼부부와 동성부부의 세금공제와 사회
보장 등에 대해서 결혼에 준하는 권리를 부여하는 시민연대협약
PACS(Pacte Civil de Solidarité)이 제정되어 결혼과 가족에 대한 가치관
이 크게 변했다. 이는 'PACS혼'이라 불리며 '합의 없이 한쪽의 의
사만으로도 해지할 수 있다'는 점에서 결혼보다 느슨한 형태다. 천
주교의 영향으로 이혼하기 힘들었던 과거에 대한 반작용으로도 생
각된다. 사회학자 이렌느 테리Irène Théry는 "가족을 만드는 것은 결
혼이 아니라 아이가 되고 있다"고 말했다.

프랑스 다음으로 혼외자녀 비율이 높은 스웨덴에서는 1987년 시점에서 동거인을 보호하는 동거법Sambolagen이 성립되었다. 프랑스와 스웨덴의 경우 모두 결혼 연령이 내려가서 인구 감소가 멈춘 것이 아니다. 프랑스의 여성 초혼 연령은 30세가 넘으며 계속 떨어지지 않고 있다. 스웨덴도 마찬가지다. 다시 말해 그들은 외적인 강제 또는 촉진을 통해서 결혼 연령을 끌어내리는 일은 불가능에 가깝고, 정치권력이 할 일도 아니라고 생각한다.

혼외자녀 비율이 50퍼센트가 넘어가면 출생률과 결혼의 상관관계는 지극히 희박해진다. 그러나 일본과 한국처럼 혼외자녀 비율이 대단히 낮다면 출생률은 평균 결혼 연령과 강한 상관관계를 갖게 된다.

일본의 경우, 가족형태는 유교적 가치관이 농후한 권위주의적 대가족이 붕괴되고 핵가족화되었지만, 혼외자녀를 낳는 것을 금기시하는 가치관만은 계속 남아 있다. 이것은 근본적으로 동성애자에 대한 차별이나 부부별성夫婦別姓•에 대한 뿌리 깊은 거부감과 비슷한 문제다.

일본과 한국에서 인구 감소에 제동을 걸거나 또는 정상화된 사회로 연착륙시키기 위해서는 무엇이 필요할까? 나는 그것이 육아 지원이나 육아급부금처럼 대중요법적인 대처(이런 대처를 추진하

• 일본은 부부의 성을 통일하는 부부동성(夫婦同姓) 제도를 채택하고 있다. 사회활동의 편의성 등을 이유로 부부별 성을 선택할 수 있는 부분적 부부별성제도의 도입을 둘러싼 논쟁이 계속되고 있다.

는 자체는 두 팔 벌려 찬성하지만 그것은 다른 이유 때문이다)는 아니라고 생각한다. 사회 구조(가족구성)와 그것을 뒷받침하는 윤리의 변화가 바로 그 열쇠다.

그렇다면 사회 구조와 윤리의 변화를 추진하는 원동력은 무엇일까? 나는 저출생이라는 현상 그 자체가 사회 구조를 바꾸고 윤리를 변화시킬 것이라고 예측하고 있다. 하지만 그렇다고 아무것도 하지 않고 그저 자연에 맡겨둬서는 안 된다. 왜냐하면 저출생과 고령화는 생산성의 저하를 가져오기 때문에 이해타산에 지배당하고 있는 사람들이 효율화를 위해서 사회를 분석해 비효율적인 부분을 잘라버림으로써 결과적으로 비관용적인 격차사회를 만들어낼 가능성을 배제할 수 없기 때문이다. 그리고 그런 움직임은 이미 시작되고 있다.

태평양전쟁 이후 윤리 대전환의 시대

———

현재 일본의 현실로 눈을 돌려보자.

태평양전쟁 이후의 일본경제는 고도경제 성장으로 시작되어 안정성장기에 중산층을 양산해냈다. 정치적으로는 여전히 미국의 속국과도 같은 위치였지만, 1980년대 이후 경제대국이 된 일본은 미국 산업에 위협이 될 정도였다. 이러한 사실은 많은 일본인이 경제의 힘을 믿게 만들기에 충분했다.

1980년대 후반 거품경제시대는 화폐 신앙의 시대라고도 할 수 있다. 돈만 있으면 넓은 집과 고급 음식뿐 아니라 권력, 자유, 문화도 전부 구매할 수 있다. 돈만 있으면 혼자서도 살아갈 수 있다. 예를 들어 손에 돈을 들고 편의점에 가면 출처, 내력, 직업에 상관없이 저녁거리를 손에 넣을 수는 있다. 돈은 번거로운 절차, 인간관계, 아부 없이도 누구나 자유롭게 살아갈 수 있게 해주는 마법도구다. 사람들은 덕분에 과거부터 계속된 속박의 세계에서 자유로워졌다고 말할 수 있다. 그것은 단순한 속박으로부터의 자유가 아니라 모든 인간관계와 윤리의 변화를 의미했다. 단카이 세대가 공유하던 가난뱅이의 고집, 돈에 대한 집착을 천박하게 여기는 가치관은 거품경제에 취해 있는 사이에 사라져버렸다. 누구나 금전적 성공을 원하며 소유재산이 인간의 가치기준이라는 환상을 받아들인 것이다. 이 환상이 가족관계에 중대한 변화를 초래하게 되었다.

돈은 인간관계의 기반을 뒷받침하는 혈연과 지연 등 연고의 속박을 받지 않고 인간이 사회에서 살아갈 수 있게 해주는 도구였다. 돈이 있으면 인간이 다른 사람과 이어지지 않아도 자립해서 살아갈 수는 있는 시대가 되었다. 바로 이것이 사회적 발전으로 여겨졌다. 그렇게 가족이 해체되어도, 따돌림을 당해도 돈만 있으면 살아갈 수 있는 세상이 되었다.

이러한 현대의 화폐경제를 뒷받침하는 윤리는 어떤 것일까? 다른 사람의 물건을 훔쳐서는 안 된다(사유제). 등가물은 교환가능하다(등각환성). 이 두 가지 윤리야말로 현재 사회의 특징을 만들어낸 시장의 윤리일 것이다. 이들 윤리는 화폐경제를 존속시키기 위해서 화폐가 출현한 이후에 사후적으로 만들어진 것이다.

현재 선진국에서 일어나고 있는 인구 감소의 주요인 또는 인구 감소에 박차를 가한 것이 앞에서 분석한 것처럼 시장화와 시장의 윤리였다면, 시장화되기 이전의 윤리, 시장과는 다른 윤리를 소환하면 어떤 일이 일어날지 생각해보자.

"돈만 있으면 ○○○할 수 있다"는 조건명제는 확실히 참이다. 그러나 그것은 동시에 "돈이 없으면 ○○○할 수 없다"는 뜻도 포함하고 있다.

확실히 돈이 없으면 만족스러운 의료와 교육도 받을 수 없고, 내일 먹을 음식조차 마련할 수 없다는 비참함이 기다리고 있다. 현대사회의 문제는 원래 유통되는 것이 가장 중요했던 돈이라는 부富가 한 곳으로 집중되어, 국가에 의한 분배기능이 작동하지 않게 된 것이다. 전미 하위 50퍼센트의 총 자산이 최고소득자 세 명의 합계자산에 미치지 못하는 상황은 확실히 정상이라고 할 수 없다. 전 세계의 하위 50퍼센트의 자산이 최고소득자 여덟 명의 자산과 거의 비슷하다는 상황 역시 화폐경제의 혹독하고 무자비한 폭력성을 나타내고 있다. 세계 화폐경제의 가장 큰 특징은 누구도 그것을 통제할 수 없다는 점이다.

화폐경제의 윤리와 교환경제의 윤리가 부의 편재偏在(쏠림 현상)를 촉진하고, 사회를 분단시키고, 사람을 고립시키는 벡터를 갖는다면, 부를 편재遍在(널리 퍼져 있음)하게 만들고, 사회를 포섭하고, 사람들을 연결하는 벡터를 대치시킬 필요가 있을 것이다. 과연 어떻게 해야 할까?

물론 이에 대한 간단한 해답은 없지만 문제를 풀 열쇠라면 있다.

열쇠는 화폐경제 이전의 윤리다.

마르셀 모스Marcel Mauss의 《증여론Essai sur le don》에 따르면 화폐경제 이전의 경제 윤리는 현재의 등가교환의 윤리와는 전혀 달랐다. 오히려 반대라고도 할 수 있다. 예를 들어 전체적인 급부체계를 채용하고 있는 문명화 이전의 부족사회에서는 다른 사람의 물건은 자신의 것이라는 윤리, 증여를 받으면 등가물을 답례로 주어서는 안 된다는 윤리가 일반적이었다. 오늘날에도 국가가 없는 로마족*은 타인의 물건은 자신의 것이기도 하다는 인식을 공유하고 있다고 한다. 이누이트족은 등가교환적인 개념보다 잡은 사냥감을 함께 나누는 것이 당연하다고 생각한다. 그들의 세계에서는 사유제와 등가교환성이 만들어내는 윤리는 통용되지 않는다.

주목해야 할 것은 이러한 화폐경제 이전의 전체적인 급부의 윤리가 현대 일본 사회에도 남아 있다는 점이다. 어쩌면 이렇게 '살아남은 윤리'가 미래 세계의 희망이 될지도 모른다.

현대 사회에서 통용되는 등가교환의 윤리는 예를 들어 "다른 사람의 물건을 훔쳐서는 안 된다" 또는 "빌린 것은 갚아야 한다" 등이다. 그러나 부모자식 관계나 절친한 친구 사이에서는 이러한 윤리가 채용되지 않은 채 답례 없는 증여가 빈번히 이루어지고 있다. 만약 피를 나눈 가족 사이에 등가교환의 윤리를 채용한다면 부모자식 관계는 상당히 불편해질 것이다.

부모는 자식에게 아무렇지 않게 생전증여를 한다. 심지어 부모

• 대부분 유럽에 거주하며 흔히 '집시'라고 불리는 소수민족의 공식 명칭.

가 자식을 무상으로 양육하는 것은 의무다. 현대인은 이러한 무상 증여의 윤리를 등가교환의 윤리와 구분해서 사용하고 있다.

부모자식과 형제라는 혈연가족이나 강한 동료의식으로 이루어진 공동체의 내부에서는 무상증여의 윤리가 일반적이고, 외부와의 교환에는 등가교환의 윤리를 사용한다. 실은 우리는 우리가 어째서 윤리를 구분해서 사용하고 있는지 이유를 잘 모르고 있다.

밸런타인데이에 젊은 남자는 500엔 정도의 초콜릿을 선물 받는다. 그러나 그 답례는 아마 자릿수가 하나 더 많은 다른 무엇일 것이다. 적어도 남녀 모두 이때는 등가교환의 개념을 적용해서는 안 된다고 생각한다. 일본에서는 병문안 선물에 대한 답례는 받은 금품의 반액에 해당하는 물건으로 보낸다. 신사와 절에 바치는 새전은 증여와 비슷하다. 등가물의 보상은 원하지 않는다. 오히려 그보다는 훨씬 소중한 가족의 안녕이나 사업성공을 기대한다.

현대 사회에서는 여전히 등가교환과는 다른 종류의 교환이 이루어지고 있으며, 현대인은 이러한 습관을 버릴 생각이 없다. 이렇게 좀더 많이 돌려주거나 좀더 적게 돌려주는 것이 의미하는 바는 무엇일까?

있는 그대로 말하면 그것은 '관계'다. '빚'을 진 상태는 청산이 이루어지지 않은 상태이기에 청산될 때까지는 빌려준 사람과 빌린 사람은 관계가 유지된다는 의미다. 거꾸로 말하면 청산이 끝났다는 것은 관계가 끝났다는 것이다. 끊임없는 관계의 청산이야말로 자본주의의 원동력이다. 관계의 청산은 상품과 화폐의 거래 transaction이며, 이 거래를 늘려나가는 것이 경제적 성장이기 때문이다. 대차관계를 그대로 유지하는 것은 거래의 정지를 의미한다.

헌 옷을 동료들 사이에서 돌려 입으면 새로운 패션시장은 만들어질 수 없다. 만약 '빚'이 있는 상황을 인간이 살아가는 데 자연스러운 상태이며 살아남기 위한 지혜라고 생각하는 누군가가 있다면, 그 사람은 틀림없이 하층사회에 고정된 사람이거나 과소화가 진행되는 지방에 사는 사람일 것이다.

저출생, 과소화, 격차 확대는 이런 사람들을 대량으로 만들어낸다. 그리고 분명 그들이 새로운 윤리의 주체가 될 것이다.

하루 벌어 하루 먹고 사는 처지에서 벗어나지 못한다면 자산을 공유하고 생활비용을 최소화해서 살아남으려 할 것이다.

셰어하우스나 조합식 공동주택cooperative village은 주거비용을 낮춘다. 인터넷 상의 서버 공간은 의류비용을 낮춘다. 카셰어링은 이동비용을 낮춘다. 실제로 한정된 자원을 공유하거나 분배와 재분배를 되풀이하기 위한 장소가 마련되어 있다. 그리고 모순적이지만 사업 역시 이 새로운 시장에 참여하기 시작했다.

공동체의 운영기준은 득실이 아니라 규칙이다. 규칙을 따르지 않는 인간은 배제되어 공동체 밖으로 추방당한다. 그렇게 쫓겨난 사람들이 살아갈 수 있는 유일한 장소가 시장市庭이었다. 현대사회의 문제는 도피처였던 시장의 가치관이 유연有緣의 장소를 잠식해버렸다는 것이다. 오래된 규칙을 해체하며 합리적인 판단을 우선으로 여기는 사회를 만든다는 것은 근대화의 다른 이름이기도 하다. 그러나 이때의 합리성은 바로 금전합리성이다. 자연 속에서 살아가는 것을 최적화하는 합리성이 아니다. 금전합리성을 추구하면 결국 우리가 살고 있는 '장소' 그 자체를 훼손하게 될지도 모른다. 공해와 온난화는 그 결과물 가운데 하나일 것이다.

셰어하우스와 조합식 공동주택 등에서 반공동생활을 하는 주민들은 처음에는 어쩔 수 없이 그렇게 되었을지도 모르지만 그 생활 속에서 생각지 못한 혜택을 받을 수도 있다. 그 혜택은 현대사회에서 사라지고 있는 유연공동체의 경험이다.

시장화는 무연화와 거의 같은 뜻이다. 공동체 내부에는 시장이 생기지 않는다. 인간사회는 원래 공동체적이고 상호부조적이었다. 공동체적이라는 것은 이해타산이 아닌 다른 가치관에 의해서 운영된다는 뜻이다.

무연의 세계에 유연의 장소를 만드는 것이 인구 감소 사회의 유일한 사회 설계일 것이다. 우선은 민영화되면서 파괴된 사회공통자본을 재생시킨다. 도시지역에 가족을 대체할 수 있는 공생장소를 만든다. 인류사적인 상호부조의 윤리를 다시 세운다.

이것들이 이루어진다면 인구 감소 문제는 더 이상 문제가 아닐 것이다.

축소사회는
하나도 즐겁지 않다

유럽의 사례로 보는
미래 세대를 위한 대책

브레디 미카코ブレイディみかこ

1965년 후쿠오카현 후쿠오카시 출생. 1996년부터 영국 브라이튼 거주. 보육사, 작가, 칼럼리스트. 저서로는《유럽 콜링: 밑바닥에서의 정치보고서》,《THIS IS JAPAN: 영국보육사가 본 일본》,《노동자 계급의 반란: 밑바닥에서 본 영국의 EU탈퇴》 등이 있다. 2017년《아이들의 계급투쟁: 망가진 영국의 무료탁아소에서》로 신초新潮다큐멘트상을 받았다.

축소되는 국가의 살벌한 풍경

———

나는 22년 동안 영국에서 살고 있지만 가끔 일본을 방문한다. 그때 최근 일본에서는 어떤 책을 읽고 있는지 궁금해서 서점을 찾으면 '축소사회', '축소되는 일본'이라는 제목이 붙은 책이 늘어서 있다. 그 책에는 '즐겁다' 또는 '두렵지 않다' 등의 수식어가 붙어 있는 경우가 있다.

그런데 사실 나는 개인적으로 이런 단어에 큰 위화감, 아니 반감까지 품고 있다. 왜냐하면 내가 살고 있는 영국도 최근 8년 동안 '축소국가shrinking state'라고 불렸는데, 현지에 살고 있는 나는 축소되어 가는 상황을 도저히 '즐겁다' 또는 '두렵지 않다'고 생각할 수 없기 때문이다.

영국은 2010년에 정권을 잡은 보수당이 제2차 세계대전 이후 최대 규모라는 긴축재정정책에 착수했다. 재정균형을 국가의 최우선 과제로 내걸고 마치 절감할 수 있는 부분은 모두 절감하라고 말하는 듯이 재정지출을 삭감하며 국가를 축소시켰다.

2010년 자유민주당과 연합해서 노동당 정권을 퇴장시킨 보수당은 영국의 경기 후퇴는 노동당 정권 시절 과다한 지출 때문이라고 주장하고(2008년 리먼 브라더스 사태의 영향은 완전히 무시했다), 정권이 발족하고 몇 주 안에 긴급예산을 발표했다. 앞서 노동당 정권도 실시했던 증세와 세출 삭감으로는 부족하다며 추가로 400억 파운드의 재정지출 삭감을 선언하고, 복지·의료·교육분야의 대폭적인 삭감, 공무원 감원과 임금인상 동결, 부가가치세율의 인상등을 발표했다.

　　그것은 영국 사람들이 한 번도 보지 못한 무시무시한 속도의 긴축재정이었다. 한때 '요람에서 무덤까지'의 복지국가라 불렸던 국가에서 생활보호가 끊겨 자택에서 굶어죽은 사람, 실업보험사무소에서 취업 가능이라는 판단을 받고 돌아오는 길에 병사한 환자 등의 살벌한 뉴스가 보도되기 시작했다. 2013년에는 푸드 뱅크*의 이용자수가 전년대비 300퍼센트가 되었다는 충격적인 통계수치도 나왔다.

　　긴축재정이란 한마디로 재정균형을 지향하는 것으로, 재정지출 삭감과 증세를 통해서 나랏빚을 갚겠다는 정책이다. 재정이 축소되면 공공서비스도 축소된다. 학교도 병원도 도서관도 지역회관도 규모가 축소되거나 폐쇄된다. 의사, 교사, 공무원이 줄어들면 서비스의 질도 떨어진다. 공무원의 임금 동결 때문에 파업이 늘어나고 민간의 임금도 오르지 않게 된다. 이러한 상황에서 가장 큰

---

* 남는 먹거리를 기부 받아 빈곤층이나 복지 시설에 나누어 주는 단체.

영향을 받는 것은 밑바닥 사람들이다. 유복한 계층은 병원도 학교도 사립을 이용하는데다가 복지와도 무관하다.

긴축재정의 영향을 받지 않는 계층과 긴축재정의 영향을 직접 받고 있는 계층. 영국에 다시 계급의 개념이 되살아났다. 전자는 그다지 생활에 변화를 느끼지 않지만, 후자는 불만과 분노를 쌓아가고 있기 때문이다.

그 분노가 폭발한 사건이 2016년 유럽연합EU 탈퇴 찬반 국민투표였다. 무엇보다 잔류파의 지도자가 '긴축 콤비', '민중의 적'이라 불리던 데이비드 캐머런David Cameron 전 총리와 조지 오즈번George Osborne 전 재무장관이었다. 우익정당인 영국독립당UKIP과 보수당 내부의 권력다툼으로 인해서 탈퇴파로 돌아선 거물 정치가들은 "병원과 학교와 공영주택이 부족한 이유는 EU지역에서 유입되는 이민이 급증하고 있기 때문이다"라고 말하면서 사람들의 분노의 창끝을 잘못된 방향으로 이끌었다. 현재 영국 언론은 예상치 못한 탈퇴찬성파의 승리로 끝난 EU 탈퇴 찬반 투표의 배경에는 캐머런 전 총리와 오즈번 전 재무장관이 주도한 강압적인 긴축재정이 있었다고 거듭 지적하고 있다.

EU 탈퇴 찬반 투표 결과에 대한 책임을 지고 사임한 캐머런 전 총리의 뒤를 이어 취임한 테레사 메이Theresa May는 "지금 영국에 필요한 것은 국가의 번영이 모든 사람들에게 골고루 미치는 정치입니다"라는 연설을 하고 관저에 들어간 것치고는 여전히 긴축재정을 계속하고 있다.

덕분에 영국이 세계에 자랑하는 무료 국가의료제도였던 국민건강서비스NHS는 붕괴되기 직전이다. 2018년 1월에 발표된 통계에 따르면 현재 잉글랜드의 국립병원 응급실의 경우 도착해서 4시간 이내에 치료를 받을 수 있는 사람은 전체의 22.7퍼센트다. 68개 국립병원이 연명으로 메이 총리에게 편지를 썼다. 그들은 예산 삭감으로 잇따라 병원과 병동이 폐쇄되면서 환자들이 몰려들어 심지어 하루에 약 120명의 환자를 복도에서 치료하고 있는 병원도 있다고 호소했다. 마치 야전병원을 방불케 하는 상황이 아닌가?

구급차로 응급실에 실려가 치료를 기다리다가 목숨을 잃은 사람의 이야기도 이제 더 이상 드물지 않다. "미래 세대에 빚을 남겨주지 않기 위해서 재정균형을 지향한다는 건, 지금 살아 있는 인간을 죽여서 인구를 솎아낸다는 뜻도 포함된 거야?"라는 웃어넘길 수 없는 뼈있는 농담을 던지는 영국인 친구도 있다.

무서운 사실은 보수당이 긴축재정 정책을 시작한 2010년부터 영국의 평균수명이 거의 증가하지 않고 있다는 점이다. 영국은 세계에서 가장 풍족한 국가 중 하나이며, 의료기술은 발전하면 했지 절대 후퇴하지 않는다. 그렇다면 평균수명은 당연히 계속 늘어나야 하지만 2010년 이후 그 증가폭이 제자리걸음 상태다. 동일한 시점부터 건강격차도 확대되고 있다. 2015년의 통계에서 고급주택지와 빈곤지구에 사는 남성의 평균수명 차이는 잉글랜드 평균 9.2세, 여성은 7.1세였다. 이것은 긴축재정으로 인한 국민건강서비스의 인원 삭감 및 인프라 삭감과 분명히 연관이 있다.

전쟁이 사람을 죽이는 것처럼 경제정책도 사람을 죽일 수 있다. 그렇게 생각하면 내가 복도에서 환자를 치료하고 있는 국립병원의 뉴스를 보고 야전병원을 떠올린 것도 전혀 무관한 감상이 아니다. 이렇게 살벌한 축소 상태에서 살다보면 축소가 즐겁다고 간단히 말하면 안 된다는 생각이 든다. 긍정적인 것과 현실을 직시하지 않는 것을 혼동해서는 안 되기 때문이다.

유럽의 인구 감소

———

"일본에서 '축소'라는 단어를 사용하는 이유는 인구가 줄어들고 있기 때문이다. 영국의 긴축재정은 경제에 대한 것이니 전혀 다른 이야기 아닌가?"라고 생각할지도 모른다.

하지만 그렇다고 딱 잘라 말할 수는 없다. 요즘 유럽에서는 이 둘 사이에 존재하는 연관성이 자주 화제에 오르고 있다.

유럽 역시 인구 감소를 우려하고 있다. 2015년 8월에는 영국의 일간지 《가디언 *The Guardian*》에서 "유럽이 인구로 인한 대참사를 피하기 위해서는 더 많은 신생아가 필요하다"는 꺼림칙한 제목의 기사를 실었다. 이 기사에 따르면 심각한 인구 감소 위기에 처한 지역은 유럽 남부다.

특히 스페인은 2008년 금융 위기 이후로 출생률이 떨어진데다가 긴축재정과 불황의 영향으로 EU권 내의 다른 국가로 이주하는 사람이 급증하고 있어서 인구가 감소하고 있다. 이탈리아는 65세 이상의 고령자 비율의 증가가 악재가 되고 있다. 가장 격심한 인구 감소를 겪고 있는 국가는 포르투갈이다. 2060년까지 현재의 1,030

만 명에서 630만 명까지 인구가 감소한다는 예측마저 나왔다. 그러나 2015년 포르투갈 정부는 반反긴축정책으로 방향을 돌렸고, 현재는 경제 호조로 재정 적자도 줄어들고 있다. 한편 2015년의 채무 위기로 다시 한 번 EU의 긴축재정 정책안을 수용한 그리스에서는 출생률이 극적으로 떨어져 합계특수출생률이 1.3이 되었다.

유럽남부는 예로부터 대가족의 이미지로 유명했다. 그랬던 지역에서도 젊은이들이 미래에 대한 걱정으로 결혼이나 아이를 갖는 일을 꺼리게 된 것이다.

《가디언》의 기사에서 스페인의 사업자문가이자 사회활동가인 남성은 이러한 상황이 발생한 이유는 리먼 브라더스 사태 이후의 경제 위기 시기에 실시된 엄중한 긴축재정이라고 지적했다.

전 유럽의 긴축재정 정책을 선두에서 지휘해온 독일도 예외는 아니다. 영국 공영방송 BBC는 독일은 2015년 과거 5년간 주민 1천 명당 신생아출생수가 8.2명을 기록하며 일본의 8.4명을 밑돌았다고 보도했다. 또한 2030년까지 노동인구 비율이 61퍼센트에서 54퍼센트까지 떨어질 것으로 예측되면서 임금상승으로 인해서 경제적 우위를 유지하지 못하게 될 것을 염려하고 있다. 독일 정부가 젊은 이민을 받아들이겠다고 제창하고, 난민문제에서 적극적인 수용처가 된 배경에는 이런 사정도 있었다.

그러나 독일은 출생률 저하를 저지하고 상승시키는 데 성공했다. 그 원동력이 된 것은 독일 이외의 국적을 가진 여성들의 출산이다. 2014년부터 2015년까지 1년 동안, 독일 국적 여성의 합계특수출생률은 1.42에서 1.43의 추이를 보이며 거의 변함이 없었지만, 독일 이외의 국적을 가진 여성의 경우는 1.86에서 1.95로 상승했다.

폴란드는 이와는 반대의 현상이 일어나 출생률이 떨어지고 있다. 젊은이들이 EU권 내의 다른 국가로 이주한 결과, 폴란드의 국내 출생률은 그리스나 스페인과 비슷한 수준까지 떨어졌다. 친구 중에 폴란드인 부부가 있는데, 그들도 폴란드에서는 아이를 낳지 않았지만 영국으로 이주한 뒤에 세 명의 아이를 낳았다. 한편 그들이 떠나온 국가는 인구가 감소하고 있다. 이에 위기감을 느낀 폴란드 정부는 아이를 "토끼처럼 많이 낳아라breed like rabbits"라고 국민에게 호소하는 홍보 영상을 제작해서 인터넷을 뜨겁게 달구기도 했다.

실제로 유럽의 인구 감소를 저지하는 것은 무슬림 이민자라는 주장도 있다.

미국 워싱턴D.C.를 거점으로 활동하는 싱크탱크 퓨리서치센터Pew Research Center에 따르면 EU권 내에서 2050년까지 무슬림 이민자의 인구가 세 배로 늘어나는 국가가 다수 나타날 전망이다. 무슬림 이민자가 많은 서유럽과 그렇지 않은 동유럽의 대조가 명확해진다고 한다. 유럽에 거주하는 무슬림 여성 1인이 출산하는 자녀 수는 평균 2.6이지만, 무슬림 이외의 종교를 가진 여성과 무종교 여성을 합친 평균은 1.6이다. 또한 유럽에 거주하는 무슬림 인구는 연령도 낮아서 15세 이하가 27퍼센트를 차지한다(무슬림 이외의 인구에서 15세 이하가 차지하는 비율의 약 두 배).

유럽에서 난민 문제가 큰 화제가 되었을 때, 20대인 전 직장동료는 적극적으로 받아들여야 한다고 열변을 토했다. 그녀는 "계속 받아들이는 편이 좋아. 영국 사회가 고령화되었을 때 우리가 내는 세금부담을 줄여줬으면 좋겠어"라고 말했다. 유럽의 젊은이들은 이민이나 난민수용을 지지하는 경향이 강하다. 그들이 미래에 대해 느끼는 경제적 불안감을 감안해도 이치에 맞는 일이다.

"젊은 사람은 성공하고 싶다는 생각을 하면 안 되나요"

앞에서 열변을 토한 전 직장동료 세대는 'Y세대'라고 불린다. 이것은 1980년대부터 2000년까지 태어난 사람들을 부르는 호칭이다. 'X세대' 다음에 태어났기 때문에 'Y세대'라고 부른다.

Y세대가 전 세계적으로 답답함과 생활의 어려움을 느끼고 있는 것은 결코 착각이 아니다. Y세대가 윗세대에 비해 확실히 가난해 졌다는 사실을 보여주는 자료가 있다. 《가디언》에서 2016년 3월에 발표한 통계에 따르면 미국·캐나다·스페인·독일·프랑스 5개국에서 25세부터 29세 사이의 독신자 가처분소득이 30년 전에 비해 실질적으로 감소했음이 밝혀졌다. 게다가 영국·오스트레일리아·이탈리아에서도 Y세대 가처분소득의 증가폭은 전 인구의 평균에 비해 대폭 감소했다. 실제로 Y세대의 경제는 생기를 잃고 시들어버렸다.

이러한 'Y세대'의 우려는 일본에도 확실히 존재하고 있다. 2년전 요코하마시 고토부키초横浜市壽町 지역의 자원봉사활동에 참가했을 때 실감할 수 있었다. 고토부키지원자교류회를 중심으로 이루어지는 노숙자 지원 활동의 야간 순찰에 참가해 고토부키초 부근의 노숙자분들께 식품과 일회용손난로를 나눠주며 걷고 있을 때, 자원봉사자 대학생 청년이 작은 목소리로 나에게 말했다.

"뭐랄까, 일본 사회는 이제 시들어갈 수밖에 없으니까 앞으로는 내면을 풍요롭게 만들고 소박하게 살아가자는 말을 열심히 떠들어대고 있잖아요. 하지만 왜 '성공하고 싶다'는 마음을 가지면 안 되는 거죠? 우리 젊은 사람들은 이제 그런 생각은 하면 안 되는 건가요? 그런 생각을 하는 녀석은 비정상적인 걸까요?"

윗세대는 이 질문에 성심성의껏 대답할 의무가 있다.

2017년 말, 엘르 패닝과 니콜 키드먼 주연, 존 캐머런 미첼 감독의 〈하우 투 토크 투 걸스 앳 파티How to Talk to Girls at Parties〉라는 영미합작영화가 일본에서 세계 최초로 개봉했다. 역시 존 캐머런 미첼다운 독특한 작품으로, 얼핏 1970년대 후반의 영국펑크와 SF가 뒤섞인 초현실적인 사랑영화처럼 보이지만 실은 현대 사회에 대한 통렬한 풍자가 가득 담겨 있었다. 여주인공 소녀는 먼 혹성에서 온 우주인이라는 설정이다. 소녀의 혹성은 '페어런츠 티처Parents Teacher'라고 불리는 지도자가 젊은이들을 이끄는 여러 '집단colony'으로 형성되어 있다.

이 혹성에는 기괴한 제도가 존재한다. 소년소녀들이 성장하면 부모인 페어런츠 티처가 그들은 먹어버린다. 이것은 혹성의 신성한 의식이며, 이 의식을 행하지 않으면 그들은 전멸해버린다고 말한다.

페어런츠 티처의 신조는 이렇다. 아이들이 제멋대로 번식하게 내버려두면 패권주의, 전쟁, 환경 파괴 등의 결말을 맞이한다. 자신들이 오만에 빠져 자원을 탕진해버렸기 때문에 부모가 자식을 먹어서 인구를 줄이지 않으면 살아갈 수 없다. 흑성의 인구는 감소하고 있는 것이 아니라 실은 의식적으로 줄여왔으며, 결국에는 아름다운 침묵 속에서 모든 것이 사라질 것이다. 때문에 생명이 붙어 있는 한, 부모들은 품위와 자비의 마음을 잊지 말고 아이들을 계속 먹어야 한다는 것이다.

비정상적인 광기로 들리는가? 하지만 이 이야기는 "경제 성장시대는 이미 끝나버렸으니 앞으로는 내면을 풍요롭게 만들면서 아름답게 축소하면서 살아갑시다"라는 현대의 풍조를 떠올리게 만든다. Y세대가 겪는 고통, 그 아랫세대는 한층 더 가난해진다는 것을 알고 있으면서도 "그런 시대니까"라는 말로 그들을 인내하게 만드는 어른에 대한 통렬한 비판으로 이해하는 것이 이 영화에 대한 바른 해석일 것이다.

'자식을 먹는 흑성'의 어른들이 소년소녀를 먹는 행위를 정당화하는 장면을 목격한 인간 펑크소년은 이렇게 말한다.

"말도 안 되는 소리하지 마! 너희들 바보 아냐? 아무리 엉망이라도 우리는 살아 있어. 부모가 망가트린 건 우리가 고칠 거야."

나에게는 펑크소년이 Y세대의 절규를 대변하고 있는 것처럼 들렸다.

나는 이 영화는 단순히 멋지게 꾸며낸 10대의 사랑영화가 아니라 긴축재정에 대한 경종을 담은 작품이라고 생각했기에 일본용으로 제작된 소책자에도 그렇게 적었다. 아무래도 세계 최초 개봉이었기 때문인지 본국 제작자 측에서 소책자에 실린 기사의 영어 번역을 요구했다고 한다.

그들이 내가 쓴 에세이를 마음에 들어 했다는 이야기를 들었다. 역시 감독은 그런 의도가 있었던 것이다. 부모가 자식을 먹는 혹성에 대한 내용이 원작에는 없었기 때문이다.

축소 지향에 저항하는 정치 세력

———

구미 정치에 관심이 있는 분이라면 최근 몇 년 동안 '신좌파' 또는 '반反 긴축파'로 불리는 사람들이 대중매체를 흔들고 있다는 것을 알고계실 것이다. 제러미 코빈Jeremy Corbyn, 버니 샌더스Bernie Sanders, 파블로 이글레시아스Pablo Iglesias와 같은 이름을 분명히 들어본 적이 있을 것이다.

영국노동당 당수인 제러미 코빈은 2017년의 영국총선거에서 메이 총리를 말 그대로 울린 정치가다. 보수당의 메이 총리는 EU 탈퇴 교섭을 앞두고 정권의 기반을 기약하며 해산총선거를 발표했다. 발표 시점에서 양당의 지지율은 25퍼센트나 차이가 벌어져 있었기 때문에 모두가 여당의 압승을 확신했다. 그러나 그때 예상치 못한 일이 일어났다. '미래에 대한 투자'를 주장한 코빈 노동당의 적극재정 선거공약이 국민들에게 큰 인기를 얻으면서 여당은 의석의 과반수를 확보하지 못했다. "선거 결과를 듣고 저는 눈물을 흘렸습니다"라고 메이 총리는 고백했다.

미국 대통령선거의 민주당 예비선거에서 힐러리 클린턴Hillary Clinton을 맹렬하게 추격해 화제가 되었던 버니 샌더스도 공공기반

시설에 대한 대규모 투자를 시행해서 고용을 창출하겠다고 선언했다. 또한 공립대학의 무상화를 호소하는 반 긴축경제정책을 제시하면서 젊은 세대의 마음을 사로잡았다.

정당을 결성한 지 2년 만에 스페인 제3정당으로 자리 매김한 풀뿌리 좌파정당 포데모스PODEMOS의 당수 파블로 이글레시아스도 적극적인 재정지출을 호소하며 긴축 반대의 주장을 분명하게 내세우면서 "재정 균형 목표를 철폐하라"고 주장한다.

이 세 명은 하나같이 금융정책에도 적극적이다. 코빈은 "인민을 위한 양적 완화"를 시행하여 국민을 위한 재정지출의 재원으로 삼겠다고 말했다. 샌더스는 대통령예비선거에서 금융 완화를 중단하려는 미국의 중앙은행FED을 통렬하게 비판했다. "아직 불황의 상처가 치유되지 않은 상태에서 금융 완화를 중단하면 희생되는 것은 말단의 서민이다. 중앙은행이 금융 완화를 중단하겠다는 결정을 내린 것은 중앙은행이 금리인상을 요구하는 금융업계에 장악당했기 때문이다"라고 샌더스는 분개했다. 긴 머리의 히피 출신 사회활동가처럼 보이는 이글레시아스도 디플레이션 유도는 일부 기존체제의 이익을 지키기 위한 정책이라고 부르짖는다. 이글레시아스는 유럽중앙은행이 국채의 화폐화*를 방해하고 있는 규칙을 바꿔야 한다고 주장하고 있다.

이 세 명의 공통점은 이제 경제 성장의 시대는 끝났으니 일단 빚

---

* 국가가 발행한 국채 등을 중앙은행이 직접 인수하는 것. 중앙은행이 정부의 재정 상황에 직접 협력하는 것을 의미한다.

을 먼저 갚아야 한다는 축소지향의 긴축 정신에 반대하며, '성장과 분배'의 양쪽 바퀴를 갖춘 경제정책으로 미래를 위해서 적극적으로 투자하는 진보적인 자세를 관철시키고 있다는 점이다. 그들이 젊은 층의 열광적인 지지를 받는 것도 당연하다.

그런 것은 단순한 '선심성 정책'이나 '통화유통량 증대'를 펼치는 정치라고 말하는 분도 계실지 모른다. 그러나 흥미로운, 아니 영국에 살고 있는 나로서는 두려운 사실이 있다. 영국은 "지금 상태라면 영국은 그리스처럼 채무파산하게 될 것이다"라고 선언하고, 평균수명의 연장이 멈춰버릴 정도로 검약에 힘을 쏟으면서 재정균형을 위한 '고통의 길'을 걸어왔다. 그런 영국이 실은 전혀 빚을 갚지 못했다는 게 사실이다.

"보수당은 자신이 선언한 경제 전략의 기한을 지키지 못했다. 그들은 그리스의 전철을 밟지 않기 위해서 2015년까지 재정적자를 없애겠다고 말했다. 그러나 보수당은 지금 2031년까지 재정균형은 달성할 수 없다고 말하고 있다. 그뿐 아니라 카메론 전 총리가 수상관저로 들어간 뒤로 나랏빚은 오히려 7,000억 파운드나 늘어났다. 게다가 영국의 경제 성장률은 현재 G7 국가들 중에서 최저를 기록하고 있으며, 생활수준의 정체도 보수당이 몇 번이나 예로 들었던 국가 그리스를 제외하면 OECD 가맹 35개국 중에서 최악의 상태다."[1]

---

1 오웬 존스(Owen Jones), "Don't let the Tories fool you: we must borrow to invest",《가디언》, 2017년 12월 7일자.

이것은 "경제가 성장하지 않는 국가는 빚을 갚을 수 없다"는 토마 피케티의 말과도 호응한다. 그렇다면 어째서 일부 정치가들은 '투자보다는 지출 삭감'으로 나랏빚을 갚을 수 있다고 생각할까?

폴 크루그먼Paul Krugman은 그것이 단순한 착각 때문이라고 말한다.[2] 크루그먼은 "가정 형편이 어려울 때는 가계 씀씀이를 줄이듯이, 국가 경제가 침체에 빠졌을 때도 재정을 줄이는 것이 왕도"라고 일반인은 물론이고 지식인까지 맹목적으로 믿고 있다고 지적한다. "경제가 어려울 때 금융완화와 재정지출을 실시하면 고용이 창출되어 수요가 확대된다"는 것은 경제학적 기본 상식이다. 그러나 "쓰는 것보다 모으는 것이 경제적으로 좋은 상태"라는 가계 씀씀이 감각으로 국가 재정을 생각하는 사람이 많기 때문에, 정치가는 설사 그 생각이 잘못됐다고 알고 있어도 지지를 얻기 위해서 그런 말을 꺼내는 경향이 있다는 것이다.

또한 "재정의 균형을 맞춰서 나랏빚을 갚는다"라는 듣기 좋은 표현은 작은 정부를 지향하는 구실이 된다. 다시 말해 신자유주의(=작은 정부)를 추진하기 위한 그럴듯한 핑계다. 대부분의 영국 경제학자가 긴축재정은 경제 성장을 방해한다고 주장하고 있음에도 대기업의 지도자들은 정반대 입장을 취한다. 가능한 정부가 작아져서 시장의 일은 시장에서 마음대로 하게 내버려두기를 바라는 것이 대기업의 본심이기 때문이다. 긴축재정을 추진하는 보수당

2 폴 크루그먼, "The Austerity Delusion : The case for cuts was a lie. Why does Britain still believe it?", 《가디언》, 2015년 4월 29일자.

의 전통적 지지기반이 부유층과 대기업인 것은 우연이 아니다.

이렇게 '왠지 도덕적으로 바람직하게 보이는 빚을 갚기 위한 정치'는 사실 신자유주의를 추진하는 데 가담하고 있다. "미래 세대를 위해서 빚을 남기지 않기"는커녕 반대로 늘리고 있다는 모순된 결과를 낳고 있는 것이다.

1930년대의 재래를 막기 위한 '뉴딜'

———

세계가 1930년대의 양상을 보이기 시작했다는 말이 요즘 자주 들린다. 나치스를 낳은 유럽에서는 특히 그런 의식과 공포감이 강하다. 왜냐하면 극우정당이 유럽 각지에서 대두하기 시작한 현재의 정치상황이 당시를 연상시키기 때문이다.

이러한 위기감 속에서 2016년 "유럽은 지금이야말로 진정한 의미의 민주주의를 획득해야 한다"고 결성한 것이 반 긴축조직 DiEM25(Democracy in Europe Movement 2025)이다. 이 조직의 지도자는 한때 그리스의 재무대신이었던 경제학자인 야니스 바루파키스Yanis Varoufakis이다. 영국노동당의 그림자 재무장관 겸 당수 제러미 코빈의 맹우인 존 맥도널John McDonnell, 슬라보예 지젝Slavoj Žižek, 놈 촘스키Noam Chomsky, 줄리언 어산지Julian Assange, 나오미 클레인Naomi Klein, 제임스 갤브레이스James Galbraith, 영화감독 켄 로치 Ken Loach, 음악가 브라이언 이노Brian Eno 등이 참가하고 있다.

1930년대에 미국과 독일의 명암을 가른 것은 경제정책이었다고 그들은 주장한다. 1929년 월가의 대폭락이 불러일으킨 세계대공황을 접한 두 나라는 완전히 정반대의 경제정책을 실시했다. 독일의 바이마르 정부는 불황으로 세수가 감소하므로 재정균형을 지향해야 한다고 맹신하고 계속 재정지출을 삭감했다. 따라서 불황이 멈추지 않고 많은 실업자를 만들어냈다. 그런 상황에서 대규모 정부지출로 국민의 고용을 창출할 것을 약속하는 나치스가 등장해서 국민을 열광시켰다. 어째서인지 지금도 많은 사람이 하이퍼인플레이션이 나치스를 낳았다고 믿고 있지만, 실은 바이마르 정권이 지폐를 지나치게 많이 찍어내서 발생한 하이퍼인플레이션은 1920년대 중반쯤 진정되었다. 나치스를 낳은 것은 디플레이션과 긴축재정이었다.

한편 미국은 같은 시기에 금융정책과 재정지출로 경제를 확대시키는 뉴딜정책을 실시했다. 불황이라고 재정지출을 줄이지 않고, 반대로 대규모 공공투자를 통해서 국민의 고용을 창출하는 대담한 반 긴축적 정책을 취했다. 나치스의 경제정책과 뉴딜정책의 유사성은 세계적으로 논의되어 왔다. 다시 말해 독일의 바이마르 정권이 불황에 대응하는 경제정책에 실패했기 때문에 파시스트가 대두하게 된 것이다.

DiEM25의 지식인들은 이 역사적 교훈에서 배워야 한다고 호소한다. 2008년 리먼 브라더스 사태가 불러일으킨 대불황 이후, 유럽 국가들은 바이마르 정부와 똑같은 실수를 저질렀다. 재정균형을 목표로 긴축재정을 실시했기 때문에 불황이 장기화되면서 유럽 각국에서 극우정당이 약진하게 만들어버렸다. 현 시대의 분위기가 1930년대와 비슷하다는 소리를 듣는 것은 우연이 아니다.

유럽에는 지금이야말로 적절한 경제 성장을 달성해 사람들에게 밝은 미래가 있다고 제시하지 않으면 정말로 1930년대가 재현된다는 절실한 위기감이 존재한다. DiEM25는 유럽에 필요한 것은 '유러피언 뉴딜'이라고 말한다. 영국노동당이 2017년 총선거에서 대약진을 보였을 때의 선거공약에도 '뉴딜'이라는 단어가 사용되었다.

DiEM25는 유로화 가맹국에게 재정균형이나 긴축개정정책을 강요하는 EU의 방침과 기술관료 독재에 빠져 있는 EU의 상태에 대해서도 발본적 개혁을 요구하고 있다. DiEM25의 주장에 따르면, EU의 붕괴를 초래하는 것은 '극우에게 놀아나는 어리석은 대중'이 아니라 EU의 경제정책과 체제에 치명적인 문제가 있기 때문이다. 국경을 초월한 조직인 그들은 유럽 사람들이 하나가 되어 EU를 바꾸자고 호소하고 있다.

'뉴딜new deal'이라는 단어에는 '재출발'이라는 뜻도 있다.

이 단어는 '시대의 종언'이나 '체제의 붕괴'처럼 종말사상의 분위기를 풍기는 단어의 정반대에 위치한다. 그들은 젊은 세대와 어린이들을 위해서, 그리고 내일에 대한 불안으로 잠 못 이루는 가난한 사람들을 위해서 "내리막길을 올라가자"고 말하는 것이다.

일본의 미래는 어떻게 변할 것인가

___

나는 학자도 유식자도 아니다. 일본 사회에 대한 '제언'이라는 거창한 일을 하기에는 부족하다. 그리고 무엇보다 22년 전에 떠나온 나라의 사정을 잘 알지도 못한다. 그래서 내가 살고 있는 영국이나 유럽에 대해서 글을 썼지만, 지금은 경제가 세계적으로 진행되고 있다. 정치와 사회는 그런 진행에 맞춰서 변하기 때문에 일본만 특별하거나 영국만 다르지 않을 터이다. '대개 비슷한 일이 일어나지 않을까?' 또는 '해결의 실마리가 될 만한 무엇이 없을까?'라고 생각한다.

하지만 그렇다고 일본을 전혀 다루지 않기도 섭섭하니, 마지막으로 내가 알고 있는 '밖에서 본 일본'에 대해서 두세 가지 적어보고자 한다.

먼저 22년 전 내가 영국에 살기 시작했을 무렵의 이야기다. 당시 학생이었던 나는 변함없이 가난했기 때문에 어느 일본계 신문사의 런던지국 주재원사무소에서 아르바이트를 하기로 했다. 그때 부소장은 나에게 "미안해. 시급이 낮아. 5파운드밖에 줄 수 없는데 그래도 괜찮겠어?"라고 말했다. 나는 "뭐라고? 5파운드(당시 환율로는 1파운드가 약 200엔이었다)라고? 너무 좋은데'라고 생각했다. 일본을 기준으로 학생 아르바이트는 아무리 시급이 좋아도 3파운드 정도려니 예상했던 나는 시급 1,000엔이 낮다고 들었을 때 정말 깜짝 놀랐다. 하지만 부소장은 영국을 기준으로 5파운드는 낮다고 말했던 것이다. 실제로 영국에서 살다보니 그렇게 좋은 시급이 아니라는 것을 알게 되었다. 그때 나는 일본이 실은 생각보다 부유하지 않을 수도 있다는 생각이 들었다.

그 생각은 해마다 강해졌다. 주재원들은 일본에서 파견될 때마다 "영국은 물가가 비싸서 깜짝 놀랐다", "500엔으로 샌드위치도 살 수 없다"며 불평했다. 일본으로 여행간 영국인 친구들은 "일본은 생각했던 것과 다르게 뭐든 굉장히 저렴했다"고 입을 모아 말했다.

그중 최고는 최근에 호텔 예약 사이트에서 받은 메일이다. 나는 하나의 사이트를 이용해서 영국과 유럽 여러 나라의 호텔을 예약한다. 예약 사이트는 지금까지 내가 호텔을 이용한 나라와 과거에 확인한 지명을 분석해 '손님이 관심을 가질 만한 장소'를 몇 군데 골라서 호텔가격을 알려주는 광고메일을 보낸다. 그런데 최근 받은 메일의 도시목록에서 가장 가격이 싼 곳이 도쿄였다. 웨일스 지방의 스완지Swansea보다 요금이 저렴했다.

2016년의 EU탈퇴 찬반 투표가 끝나고 "가난하고, 실업자가 많고, 경제적으로 침체되어 뒤쳐진 지방도시 사람들이 탈퇴에 투표했다"는 뉴스가 일본에서도 보도되었다. 스완지는 바로 그런 지방도시 가운데 하나다. 그런 곳의 호텔보다 도쿄의 호텔이 저렴하다는 사실에는 놀라지 않을 수 없었다.

디플레이션에도 정도가 있다. 22년 전에 일본을 떠나온 나는 이제 물건 가격이 내린다고 국가적 자부심에 상처를 입지 않는다. 일반적으로 디플레이션은 부유층과 자산가를 위한 정책이라고 한다. 디플레이션인 편이 '가진 사람들'은 자산가치가 감소하지 않아서 유리하기 때문이다. 그렇다면 일본은 대체 어디까지 자산가를 위한, 다시 말해 '이미 소유하고 있는 사람들'을 위한 사회인가라는 생각이 들 수밖에 없다.

아들 친구의 아버지는 나처럼 일본인이다. 영국에서 레스토랑을 경영하고 있는 그는 항상 나이를 먹으면 일본으로 돌아가고 싶다고 말한다.

"내가 서비스를 팔고 있는 동안은 영국에 있는 게 좋지만, 서비스나 보살핌을 받는 입장이 되면 일본이 좋다. 요금이 저렴하지만 서비스의 질이 높다."

그는 이렇게 말한다. 그렇게 질 높은 서비스라면 세계 수준에서 그에 걸맞은 가격을 설정해야 한다. 노동을 제공하는 사람도 노동에 걸맞은 보수를 받아야 할 것이다. 그러나 무슨 이유에서인지 일본은 너무나 오랫동안 그렇게 되지 않고 있다.

국가의 내부적인 경기확대와 축소의 주기는 있겠지만, 외부에서 보면 일본이라는 어항은 계속 축소되고 있다. 일본의 축소는 오래전에 시작되었다. '가진 사람들'이 편안하게 살아갈 수 있도록 디플레이션으로 축소하는 국가는 앞으로 무언가 손에 넣고 싶어하는 젊은 사람들이나 가난한 사람들을 위한 국가가 아니다.

해외에 거주하는 일본인 지인들 중에는 앞에서 언급한 아들 친구의 아버지와 같은 생각을 가지고 있는 사람이 적지 않다. 일본은 머지않아 젊은 사람들은 해외로 나가 돈을 벌고, 일할 수 없게 되면 돌아와 조금씩 돈을 아껴 쓰면서 알뜰하게 생활하는 나라가 될 수도 있다. 그것도 하나의 삶의 방식이다. 나 또한 해외에 나와 있기에 젊은 사람은 적극적으로 해외로 나가는 것이 좋다고 생각한다.

단, 영국에 살고 있는 사람으로서 말하자면, EU탈퇴 찬반 투표가 보여주듯이 사회라는 장소는 '세계 어디에서도 살아갈 수 있는 사람Anywheres'만으로 구성되어 있지 않다. 오히려 '어딘가에 정주해 살아가고 싶은 사람Somewheres'의 수가 더 많다.

밖으로 나가지 않고 살아가고 싶은 사람들이 앞으로 어떤 것을 손에 넣거나 성장할 수 없는 어항은 필연적으로 탁해진다.

나는 일본에 필요한 것은 말법사상未法思想*같은 종말론이 아니라 '내리막길을 올라가는' 용기와 지혜라고 생각한다.

이미 앞에서 설명했듯이 유럽에는 참고가 될 만한 여러 정치세력이 나타나고 있다.

인공지능의 등장으로 일본의 인구 감소가 오히려 이점이 될 수도 있다는 주장도 있다.

또한 유럽의 인구 감소를 (나와 같은) 이민자가 저지하고 있는 것처럼, 일본도 그런 방향으로 정치 노선을 바꿀지도 모른다. 그때 어항이 손을 쓸 수 없을 정도로 완전히 탁해진 상태라면 어떻게 될까?

내가 만난 일본인 청년은 "우리 세대는 성공하고 싶다는 생각을 하면 안 되나요?"라고 말했다. 미래는 누구도 알 수 없다. 그런데 경솔하게 사람의 마음을 위축시키는 말을 퍼트리는 일은 옆에서

• 석가모니가 열반한 뒤에 시간이 지나면 불법(佛法)이 쇠퇴하고 세상이 어지러워진다는 사상.

보고 있으면 유해할 뿐 아니라 자살행위로 보인다.

'자식을 먹는 혹성'처럼 아름다운 침묵 속에서 최후에는 아무도 남지 않는 디스토피아가 목표가 아닌 이상, 축소사회가 즐겁다는 말은 하지 말아야 한다.

건축이 도시와 지방을
살릴 수 있다

따뜻하고 번잡한 거리 만들기 프로젝트

구마 겐고 隈研吾

1954년 가나가와현 출생. 건축가. 도쿄대학대학원 건축학전공 수료. 콜롬비아대학 건축도시계획과 객원연구원 등을 거쳐, 1990년 구마겐고 건축도시설계사무소 설립. 현재 도쿄대학 공학부건축학과 교수. 일본건축학회상, 핀란드 국제목재건축상, 이탈리아 국제석재건축상 등 다수 수상. 현지의 환경과 문화에 녹아드는 인간척도人間尺度의 우아한 디자인을 제안한다.

무사의 정신과 건설업

———

에도江戸시대의 무사계급은 21세기 일본의 건설업과 같은 존재였다. 다시 말해 양쪽 집단 모두 과거에는 필요했지만 시대가 변해서 갑자기 불필요한 존재가 되어버렸다. 그 불필요한 존재를 어떻게 대우할지가 에도, 그리고 현재의 가장 중요한 과제다.

에도 이전의 전국戰國시대는 세상이 무사라는 전투 집단을 필요로 했다. 말 그대로 전쟁의 시대, 선망의 대상으로 전국시대를 이끈 주역은 무사계급이었다. 그러나 도쿠가와德川 가문에 의해서 세상이 평정되자 무사는 불필요해졌다. 무사는 과거의 뛰어난 인재이자 지도자였다. 갑자기 필요 없어졌다고 추방할 수도 검을 빼앗을 수도 없었다. 그것은 일본이라는 온정 넘치는 사회의 장점일 수도 있지만 동시에 귀찮은 점이기도 하다. 온정에서 시작된 일, 타성에서 시작된 일이 결국 사회에 큰 악영향을 미치고 사람들을 불행하게 만드는 경우가 일본에서는 반복적으로 일어나고 있다.

불필요해진 무사의 처우를 위해서 고안된 것이 에도라는 체계였다. 무사는 최상위 계급으로서 존경받으며 대우를 받았다. 그러나 인간은 존경받는 것만으로는 만족할 수 없다. 배출구를 상실한 무사의 과잉 에너지, 폭력성을 발산시키기 위해서 참근교대参勤交代°라는 대규모 행사, 대규모 낭비가 반복되었다.

그래도 여전히 부족했다. 존재의 의미를 잃어버린 집단, 시대에서 벗어난 집단은 집단 고유의 닫힌 윤리와 닫힌 미학을 갈고닦으면서 집단을 좀더 강고하고 '아름다운' 것으로 치장해나갔다. 그렇게 예를 들어 '하가쿠레葉隱'°° 같은 극단적인 철학과 미학이 태어났다. '하가쿠레'의 가장 유명한 문장은 "무사도는 죽는 것이라고 보았다"다. 무사가 실제로 사회에 필요했던 시대에는 이런 책은 쓰이지 않았다. 윤리나 미학보다 일단 눈앞의 적을 쳐서 굴복시키는 일이 중요했기 때문이다. 무사라는 존재는 실질적인 기능이자 역할이었다. 시대가 변했을 때, 시대에 뒤처진 인간이 못마땅한 얼굴로 윤리나 미학에 집착하고 매달리기 시작하는 것이다.

"죽는 것이라고 보았다"라는 폭력에 대한 미화, 집단주의는 메이지유신에서 무사계급이 부정당한 뒤에도 그대로 살아남았다. 제2차 세계대전 역시 무사도의 하나의 귀결이었다. 무사의 뒤처리에는 상상 이상의 긴 시간이 걸렸다. 어쩌면 아직 그 뒤처리를 우

° 일본 에도막부가 실시한 지방세력 통제정책. 각 지방을 다스리는 다이묘는 격년제로 부하를 이끌고 에도로 상경해 군역 등의 임무를 담당했다.

°° 에도시대 중기에 저술된 무사도를 다룬 책. 야마모토 쓰네토모(山本常朝)가 구술한 내용을 다시로 쓰라모토(田代陣基)가 책으로 엮었다.

리는 질질 끌고 있는지도 모른다.

이와 완전히 똑같은 상황이 제2차 세계대전 이후 인구 확대와 경제 성장시대에서 저출생·고령화로 전환되는 무렵에 벌어졌다. 고도성장을 담당한 것은 무사계급이 아닌 건설업이었다. 목조의 저층건축이 늘어선 도시(예를 들어 도쿄)를 인구 확대와 고도성장에 어울리는 콘크리트 대도시로 변신시키기 위해서 현대의 무사인 건설업자가 주역으로 부름을 받아 사회의 지도자이자 훌륭한 인재가 되었다.

여기에서 말하는 건설업자는 흔히 말하는 대형종합건설회사 사원만을 의미하지 않는다. 넓은 의미에서 고도성장의 확대정책을 책임진 기업과 사람들을 가리킨다. 토지개발업자, 건축설계회사, 건축가 모두를 총칭해서 나는 현대의 무사라고 생각한다.

좀더 넓은 의미에서 생각하면, 중후장대重厚長大 산업•의 모든 종사자로 무사의 정의를 확대할 수 있다.

태평양전쟁 이후의 경제 성장에는 두 개의 큰 엔진이 있었다. 하나는 건설업이고 또 하나는 자동차산업이다. 성장과 확대를 위해서는 전원지역에 대량의 주택을 건설할 필요가 있었다. 이 부분을 담당한 것이 첫 번째 엔진인 건설산업이다. 전원지역이라는 사회제도는 20세기 미국의 대발명품이다. 언제나 전쟁이 끝나면 반드시 확대의 시대가 온다. 제1차 세계대전 이후의 주택 부족에 대한

• 무겁고(重), 두껍고(厚), 길고(長), 큰(大) 것을 다루는 산업. 일반적으로 건설업, 중화학공업을 가리킨다.

대응책으로 미국은 전원지역과 주택론을 고안해냈다. 서민에게 전원생활이라는 꿈을 주고, 야산을 파괴하고, 대량의 전원주택단지를 만들었다. 전원지역에 사는 사람들이 자동차를 이용해 도시로 통근하는 것이 멋진 삶의 방식으로 여겨졌다. 지하철을 타는 것은 시대에 뒤처진 삶이고 새 자동차는 멋진 삶이었다.

이 부분을 담당한 것이 성장정책의 두 번째 엔진인 자동차산업이다. 전원지역에 집을 짓기 위해서는 건설업이 필요했다. 집을 장식하고 기능적으로 만들기 위해서 내장산업부터 전기산업 모두가 호황을 누렸다. 전원주택에서 도시로 통근하기 위해서 자동차가 필요했고, 목적지인 도시의 직장은 존재감이 있는 멀리서도 잘 보이는 초고층 빌딩이어야만 했다. 당연히 초고층건물을 건설하는 주역은 건설업이다. 이렇게 20세기 체계는 훌륭하게 완성되었고, 그것을 담당하는 중후장대산업 종사자는 시대의 무사로서 사회의 주역을 담당했다.

일본은 제2차 세계대전 이후에 이러한 체계를 성공적으로 따라잡고, 놀랄 만한 속도로 목조도시를 콘크리트 도시로 바꿔나갔다. 미국식 체계에 대한 최고의 우등생으로 경이적인 성장을 이루어내면서 세계 제2의 경제대국의 자리까지 올라갔다.

1970년대의 반전

———

그러나 유감스럽게도 성장 확대의 시대가 영원히 계속되는 일은 역사상 한 번도 일어나지 않았다. 미국에서는 베트남 전쟁(1960~1975)이 20세기 체계의 종언을 상징했고, 일본에서는 오사카 만국박람회(1970)가 종언의 지표가 되었다. 1970년을 경계로 다양한 사회적 지표가 반전되기 시작했다. 인구 증가 곡선이 반전되고, 저출생·고령화의 조짐이 나타나고, 제조업을 대신해 서비스업이 대두하고, 여성의 사회 진출이 시작되었다. 현대의 저성장·저출생·고령화 사회는 이미 1970년대에 조짐이 나타났던 것이다.

그러나 미국과 일본은 다른 전개를 맞이했다. 미국에서 중후장대산업은 일찌감치 주역의 자리에서 내려와 조연이 되었다. 그러나 일본이라는 곳은 과거 시대를 선도한 주역을 언제까지나 대접해주는 미적지근한 곳이었다. 무사를 온존하는 풍토가 그대로 20세기가 되도록 잔존하고 있었다.

일본의 건설산업은 1970년대 이후에도 조연으로 밀려나지 않았다. 경제의 주역이었던 그들은 정치와의 결탁을 통해서 70년대 이후에도 주역의 자리를 차지하고 있었다. 무사집단의 결속력과 집단주의는 강력한 득표장치로 기능하며 1970년대 이후의 일본 정치에서 주역의 자리를 지키고 있었다. 이러한 득표장치가 장기적으로 계속 가능하려면 건축공사를 끊임없이 발주해야만 한다. 이것이 1970년대 이후로 일본 정치의 숨겨진 목표가 되었다.

건설을 위한 명목은 시대와 함께 변했다. 1970년대 이전에는 경제 성장과 주택공급이 명목이다. 1990년대 이후에는 복지, 환경, 안전, 안심이었다. 각각의 시대에 걸맞은 듣기 좋은 명목이 선택되었다. 그러나 득표 체계의 존속 자체가 목적이기 때문에 어찌 보면 명목은 무엇이 되어도 상관없다. 그 명목으로 무엇인가를 건설하는 행위가 정당화될 수 있다면 무사는 행복할 뿐이다. 무사는 그렇게 성장과 확대의 시대가 종언된 1970년대 이후에도 에도시대의 무사가 정치와 결택한 것과 마찬가지로 시대의 정치와 성공적으로 공모하면서 사회 지도자라는 자리에 매달려 있었다.

게다가 우연까지 무사의 생명 연장을 도와주었다. 1995년 한신阪神대지진, 2011년 동일본대지진이라는 두 번의 대지진이 일본을 덮쳤다. 대지진 피해의 복구와 부흥이 국가 목표가 되면서 무사는 새로운 활약의 기회를 부여받았다. 게다가 2020년 도쿄올림픽까지 겹쳤다. 우연이 몇 번이나 무사의 편을 들고 있다.

무사의 윤리와 미학

———

현대의 무사들은 궁지에 몰릴수록 독자적인 윤리와 미의식을 갈고닦았다. 에도시대라는 평화의 시대를 살아갈 수밖에 없었던 무사가 독자적인 윤리와 미학을 시대착오적으로 갈고닦았던 것처럼, 저출생·고령화시대의 무사는 자신들의 시대착오적이고 닫힌 윤리와 미학을 그저 갈고닦을 뿐이었다.

얼핏 자유로운 예술가로 보이기 쉬운 건축설계 종사자인 우리도 모르는 사이에 확실히 무사단의 일익을 담당하고 무사의 윤리와 미의식을 선도하고 있었다. 일본의 건축설계 수준은 이미 세계 제일이라는 평가를 받고 있다. 세계적인 건축가도 여럿 배출했다.

설계의 무사가 솜씨를 발휘해 아름답게 정돈하고 훌륭하게 추상화한 디자인을, 이번에는 역시 시공의 무사들이 완벽하게 실현해낸다. 그 결과, 일본의 건축공사비는 세계 평균보다 10퍼센트 비싸다는 소리를 듣는다. 그러나 전 세계가 일본의 건축 품질에 감탄하고 디테일을 찬미한다. 마치 일본도와 같다고 말이다.

1970년대 이후, 미국의 건축계는 과거의 빛나던 영광을 잃어버렸다. 미국 대학의 건축학과에는 아시아에서 온 유학생들의 얼굴만 보이게 되었다. 미국의 창의적인 재능은 모두 정보통신이나 영상계열로 흘러갔다고들 말한다. 미국의 건설업은 주역의 자리에서 강판되었기 때문에 이것은 오히려 당연한 현상이다. 세계적으로 보면 일본 건축계의 화려함과 높은 수준이 불가사의한 현상이다.

그러한 폐쇄적인 윤리와 미학의 상징적인 존재가 바로 일본의 독특한 '노출콘크리트 공법'이다. 성장 확대정책 시대에 활약한 일본의 주역이자 상징이었던 콘크리트라는 소재를 철저하게 아름답게 갈고닦아, 피콘P-CON이라 불리는 시공에 필요한 구멍의 위치까지 엄밀하고 정확하게 배정한 것이 '노출콘크리트 공법'이다. 일본의 건축학도는 '노출콘크리트 공법'의 개인주택을 설계하게 될 그날을 꿈꾸며 열심히 공부한다. '전원지역의 꿈'이 20세기 미국식 체계를 통해서 대중에게 부여되고, 대중을 달리게 만든 엔진이 '전원지역의 꿈'이었다면, 일본의 무사들은 그러한 꿈을 '노출콘크리트 공법'이라는 일본적인 무사류로 변형한 것이다.

나의 첫 번째 저서는 《10 주택론10宅論》(1986)이었다. 이 책을 쓴 목적은 일본 건축계의 무사도적 편협함을 비판하는 것이었다. 책에서는 일본의 주택을 10개파로 분류하여 각 파의 대표적인 인물의 성격과 문화를 과장해서 기술했다. 그 중에서 가장 정성을 들인 부분은 노출콘크리트파였다. 왜냐하면 당시 노출콘크리트 속에서 현대의 '하가쿠레'를 발견했기 때문이다. '하가쿠레'가 폭력을 용인했던 것처럼 건축계에서도 폭력이 용인되었다. 아름다움을 위해서라면 폭력도 용인되고, 용인을 넘어 권장되기까지 했다. 젊은 직원을 때리거나 일을 대충한 장인을 때리는 행위가 미담이 되었다. 1970년대 이후의 건설업은 '하가쿠레'적인 폭력 찬가에 도달해 있었다.

상업적인 건축을 해야 하는 이유

———

무사를 확실히 성불시켜서 없애버리지 않으면 일본은 구원받을 수 없다는 것이 나의 기본적인 사고방식이다. 무사는 에도시대에도 성불하지 못했고, 실은 메이지시대에도 성불하지 못했다. 성불하지 못한 무사의 폭력성이 제2차 세계대전으로 일본을 이끌었다. 건설업도 건축설계사도 모두 살아남은 무사다. 한시라도 빨리 성불시키지 않으면 무슨 일이 일어날지 모른다. 나는 어떤 폭력적인 상황이 벌어질 수도 있다는 걱정을 하고 있다.

우선 나는 윤리와 아름다움을 부정하려고 한다. 굳이 오해를 살 만한 표현을 쓰면, 일본의 건축과 도시는 필요 이상으로 지나치게 아름답고 지나치게 단정하다. 그러한 무사도 정신 덕분에 도시는 훌륭하지만 지루해졌다. 또한 일본의 건축 단가는 세계에 유례가 없을 정도로 높아져 버렸다. 무사와 정치와 경제가 결탁하여 외부에서 진입할 수 없는 닫힌 장소를 만들어냈기에 아무리 비용이 비싸도 전혀 문제되지 않았다.

이러한 결탁관계를 타파하기 위해서는 아름다움 대신에 상업 [商]을 건설업에 도입하는 것이다. 에도시대 무사들은 상업을 철저히 낮게 보고 배제했다. 상업이 가지고 있는 자유로움이 자신들에게 위협이 된다고 판단했기 때문이다. 사농공상이라는 신분제도가 보여주듯이, 윤리와 아름다움을 중요시하는 무사가 최상위이며 상업은 최하위로 떨어트렸다.

마찬가지로 일본의 건축업계도 지금까지 상업을 낮게 평가했다. 상업건축에 손을 댄 건축가는 낮게 평가되었고, 거액의 세금을 투입해서 건설된 공공미술관이나 문화시설을 설계하지 않으면 일류 건축가로 인정받지 못했다. 정치와 건설업계의 결탁체계에 제대로 편승하지 못하면 건축업계에서는 일류의 사람, 일류의 무사로 인정받지 못했다.

고객(발주자)의 말을 듣는 것도 건설업계에서는 수준 낮은 사람의 행동으로 여겨졌다. 고상한 예술가인 건축설계사는 고객의 목소리에는 귀를 기울이지 않고 오로지 자신의 예술을 추구해야 한다는 분위기가 존재했다. 고객의 말을 듣지 않아 그 건축이 상업적으로 성공하지 못하는 것이 왠지 윤리적으로 옳다고 생각하는 이상한 풍조가 존재했다. 그야말로 사농공상이고, 그야말로 무사도이며 '하가쿠레'인 것이다.

그런 흐름과 반대로 내가 지금 관심을 가지는 젊은 건축가는 도면을 그릴뿐 아니라 직접 장사까지 하는 사람들이다. 옛날이라면 불순한 녀석들이라는 소리를 들으면서 같은 건축가로 취급해주지도 않았을 일의 방식이며, 생계유지 방법이다.

예를 들어 빈집을 숙박할 수 있는 방으로 개조하여 그것을 네트워크로 연결해서 딱딱하지 않은 열린 호텔을 변두리지역에서 경영하는 건축가가 있다. 디자인이 아니라 실제로 직접 경영하면서 그곳에서 얻는 수입으로 생계를 꾸리고 있다.

작은 빈집의 개수라는 것은 애초에 디자인 요금을 누군가에게 청구해도 그것으로 생계를 유지하기가 대단히 어렵다. 개수공사도 마찬가지로 시간만 많이 걸리기 때문에 종래의 결탁 체질에 익숙해진 무사적인 건설회사는 좀처럼 맡아주지 않는다. 간단한 개수라면 자신들이 직접 하는 편이 수월하다. 잘난 척하며 거들먹거리는 무사(디자이너)의 입장을 버리고 그렇게 장인 공사[工]에도 발을 들여놓는다. 공사를 자신이 직접 해보면 장인의 마음을 알 수 있고, 장인 동료도 생긴다. 일본의 건설업과 건축설계사는 무사체질에 익숙해져서 상업뿐 아니라 장인도 아래로 보았다. 자기가 직접 손을 움직여서 공사를 해보면 즐거움도 어려움도 현실적으로 이해할 수 있다.

그리고 마지막으로 인터넷으로 자신들이 개수한 빈집호텔에 예약을 받아서 수입을 얻는다. 이것이야말로 상업의 현장으로 들어가서 생계를 유지하는 것이다. 과거의 무사적 건축가는 오로지 건축 잡지에 작품이 실리는 것을 목표로 일했다. 다른 사람의 돈을 들여서 그저 사진에 멋지게 찍히는 것이 전부인 건축을 설계했다. 그러나 무사를 버린 건축가는 사진에 어떻게 찍힐지는 신경 쓰지 않는다. 어떻게 하면 손님이 올지, 어떻게 하면 품을 덜 들이고 개수할 수 있을지를 매일 고민하면서 그것을 디자인에 반영한다.

디자인의 목적도 방법도 전혀 다르다. 그렇다고 완성된 건축이나 디자인이 단순해지거나 질이 떨어졌는가 하면 정반대다. 과거의 건축 잡지는 무사도의 동인지였다. 사회와 단절된 아름다움의 세계를 추구했지만, 지금의 젊은이들은 그런 종류의 건축 잡지에는 흥미를 보이지 않는다. 다른 형태의 아름다움을 찾아서 거리로 뛰쳐나가고 있다.

번잡한 인간관계를 낳는 건축

———

내가 이런 상인형 건축가를 처음 만난 것은 1980년대였다. 오사카에서 '도주창都住創'이라는 운동을 전개하던 설계사무소 헥사Hexa의 나카스지 오사무中筋修라는 건축가를 만나고 충격을 받았다. "일반적인 건축가는 사람들한테 일을 받으려고 생각하니까 안 된다"고 나카스지는 입버릇처럼 말했다. 그들은 직접 토지를 찾아서 그곳에 공동주택을 세우는 프로젝트를 기획하고 사람들을 모았다. 프로젝트에 흥미를 가진 사람들끼리 집 하나하나를 직접 자유롭게 설계하는, 공동주택보다 마을에 가까운 번잡한 공동주택을 오사카에 만들기 시작했다. 설계는 물론 본인들이 사업의 주체였다. 이러한 방식으로 만드는 공동주택을 코포라티브 하우스 corporative house라고 부른다.

　종래의 무사적인 거만한 태도의 건축가와는 정반대였다. 완성된 건물도 정리되지 않아 어수선했고, 발상과 일의 진행 방식도 독특했다. 금세 친구가 되어 일하는 방식도 배웠다. 과정도 흥미로웠지만, 건물이 완성된 이후에 그곳에 사는 주민들의 교류와 인간관계가 가장 부러웠다. 평범한 공동주택에서는 이웃의 얼굴도 알지 못하지만 '도주창'에서는 매일 술자리가 벌어져 건물이 언제나 떠들썩했다. 나카스지와 동료들은 건축 작품을 만드는 것이 목적이 아니라, 이렇게 따뜻하고 번잡한 인간관계를 만드는 것이 가장 큰 목적이 아닐까라는 느낌을 받았다.

　무사는 윤리와 아름다움에 집착하며 작품의 완벽성을 추구한다. 무사[士]를 버리면 좀더 자유롭게 즐길 수 있다는 것을 '도주창'에서 배울 수 있었다.

　그러나 이 만남은 조금 씁쓸한 결말을 맞이했다. 의기투합한 나카스지와 나는 도쿄에도 '도주창'을 만들자고 결심했다. 내가 잘 아는 지역이고 변두리스러운 분위기가 마음에 들었던 에도가와바시江戸川橋 근처의 토지를 손에 넣고 입주 희망자를 모집해서 순식간에 프로젝트가 성립되었다. 입주 희망자들의 요구사항을 충분히 반영해서 설계를 완료하고 건설공사도 시작했다.

　그런데 시기가 너무 안 좋았다. 거품경제의 거품이 꺼지고 토지 가격이 폭락하던 시기였다. 모여들었던 용맹한 동료들도 대출을 갚을 수 없게 되고 우리는 거액의 빚을 짊어지게 되었다. 간신히 빚을 갚는 데만 10년 이상이 걸렸다. 그동안 모처럼 얻은 동료들이 몇 명이나 세상을 떠났다. 상업의 세계는 정말 무서운 곳이라고 생각했다. 무사로서 위에서 내려다보면서 잘난척하는 것이 얼마나 편한지도 절감했다.

지금 다시 냉정하게 생각해보면 우리의 '도주창'은 주택을 소유한다는 20세기 미국식 체계에 의존한 것이 실패의 원인이었다. 고액의 토지가 포함된 주택가격이었기 때문에 위험이 너무 컸다. "열심히 일해서 주택론으로 집을 소유하게 되면 어엿한 어른이 된 것이다. 인생의 목표는 다 이루었다"는 것이 20세기 미국식 체계다. 일본도 성공적으로 이것을 학습했지만, 비전문가에게는 위험도가 너무 높았다.

탈소유, 셰어, 개수의 가능성

———

'도주창'의 실패를 통해 나는 많이 변했다. 첫째는 도쿄라는 숨 막히는 장소가 아니라 지방에서 마음 편히 일하고 싶다는 생각을 하게 되었다. 실제로 거품이 사라지자 도쿄에는 일거리가 거의 없었기 때문에 지방을 천천히 돌아다니기 시작했다. 지방에는 무사의 윤리와 아름다움과도 무관한 홀가분한 세계가 존재했다. 도치키栃木현의 작은 마을에서 5년 동안 그 지역의 석재업자와 장인과 함께 지어진 지 80년 된 작은 돌 창고를 개조해서 내 멋대로 '돌 박물관'이라고 불렀다. 두 장인은 70세가 넘은 사람들이었는데, 일이 없을 때만 돌을 쌓아줬기 때문에 개수하는 데 5년이나 걸렸다. 함께 장사거리도 생각하고, 카페 메뉴도 생각하고, 가게에서 판매할 돌로 만든 컵받침도 디자인했다.

도쿄에서는 신축보다 소규모 개수 일에 흥미를 느끼게 되었다. 지어진 지 33년 된 시모키타자와下北沢의 작은 목조주택을 버려진 스키와 스노보드를 재활용하여 닭꼬치구이집으로 개장하는 일에 전력을 다하거나, 오래된 목조주택을 젊은이들 대상의 셰어하우스로 개수하는 프로젝트를 기획하면서 상인으로서 직접 경영을 시작했다. 셰어하우스의 집주인이 되니까 입주자인 젊은 디자이너나 학생과 술을 마실 기회가 늘었다. 셰어하우스를 경영하는 가장 큰 즐거움은 이런 술자리라는 것을 깨달았다.

신축이 아니라 개수일수록 긴장하지 않고 자유롭게 디자인할 수 있다는 사실도 알았다. 그곳에 원래 있던 오래된 건물은 협동작업의 파트너 같은 존재다. 오랜 친구와 함께 지혜를 짜내면서 개수하는 기분이 든다. 오래된 건물은 원래부터 흠집투성이라서 이쪽이 아무리 흠집을 내더라도 또는 사는 사람이 아무리 더럽히며 살아도 전부 받아들여주기 때문에 전혀 신경 쓰이지 않는다. 긴장감이 있는 무사도를 버리면 이렇게 자유로운 세계가 펼쳐져 있다는 사실에 깜짝 놀랐다. 저출생·고령화로 빈집투성이 도시가 되어버렸으니 목을 빼고 개수를 기다리는 빈집은 얼마든지 있다.

게다가 개수에 대해서는 의외로 행정도 유연하게 대응한다는 것을 알게 되었다. 일본의 건축기준법과 도시계획법도 기본적으로 고도성장이라는 확대의 시대에 대응하는 체계이기 때문에 현대의 저출생·고령화 사회에는 적합하지 않은 부분이 적지 않다.

예를 들어 앞에서 설명한 빈 방을 모아서 운영하는 네트워크형 호텔이라는 멋진 기획도 신규로 건설할 경우는 허가를 받기 힘들다. 그러나 소규모 개수라면 행정도 조금 너그럽게 봐준다. 신축이라면 불가능하지만 개수라면 가능하다는 '그레이존gray zone'이 일본의 도시에는 다양하게 존재한다. 어떤 의미에서는 이러한 그레이존이 일본의 도시를 구하고 있다고도 볼 수 있다.

건축업계를 무사도의 어둡고 닫힌 길에서 구해내는 것은 건축업계에만 도움이 되는 것이 아니다. 건축업계가 무사를 버리고 상업에 종사하면서 공사에 발을 들여놓으면 분명히 저출생·고령화 일본의 도시를 활기차게 만들 수 있다. 일단 무사는 상투머리도 윤리도 미의식도 다 버리고 알몸뚱이로 거리의 소음 속으로 뛰어들어야 한다.

젊은 여성에게 인기가 없는
자치단체는 사라진다

문화를 통한 사회포섭의 권유

히라타 오리자 平田オリザ

1962년 도쿄 출생. 극작가, 연출가. 극단 '청년단' 대표. 오사카대학 CO디자인센터 특별교수. 국제기독교대학 재학 중에 극단 '청년단' 결성. 1995년 《도쿄노트》로 기시다 구니오岸田國士 희곡상 수상. 저서로는 《연극인간》, 《서로 이해하지 못하는 것에서부터》, 《예술입국록》, 《내리막길을 천천히 내려가다》, 소설 《막이 오른다》 등이 있다.

나기초 마을의 육아 지원

―――

오카야마岡山현의 나기초奈義町 마을은 돗토리鳥取현과의 경계에 위치하는 인구 6,000명 정도의 산속마을이다. 이 작은 마을이 2014년 합계특수출생률 2.81이라는 경이로운 수치를 기록하며 순식간에 유명해졌다.

2점대 후반의 출생률을 보이는 곳은 오키나와현의 외딴섬 정도밖에 없다. 혼슈本州ˮ의 자치단체 중에서는 월등히 높은 수다. NHK특별방송 등을 통해서 보도되었기 때문에 아마 방송을 보신 분들도 많을 것이다. 그러나 이것은 일시적인 수치가 아니다. 2017년의 속보 수치에서도 2.4 정도였다고 하니, 높은 출생률은 확실히 정착되고 있다.

이렇게 출생률이 상승한 원인은 의외로 간단하다. 이웃하는 쓰야마津山시(인구 약 10만 명)에서 일하는 젊은 부부들이 나기초 마

――――――――――

• 일본 열도에서 가장 큰 섬.

을로 이주해서 아이를 많이 낳은 것이다. 간단하게 말하면 단지 그것뿐이다.

도쿄에서 일하는 사람은 출근하는 전철노선을 골라서 살 곳을 정한다. 그러나 지방은 자동차 사회라서 이동시간이 30분 이내라면 어디에 살아도 큰 차이가 없다.

결혼이나 출산 또는 집을 지을 때, 젊은 부부는 어디에 살 것인지 진지하게 고민한다. 당연히 그들과 그녀들은 아이를 기르기 좋은 환경을 고를 것이다. 나기초 마을은 고등학교까지 의료비 무상 지원을 비롯해 육아지원의 환경이 잘 갖춰져 있다. 이렇게 나기초 마을에 젊은 인구가 유입되면서 특수출생률을 끌어올리는 결과를 낳았다.

그런데 나기초 마을의 육아지원은 딱히 중점 정책이 있는 것도 아니다. "다른 마을이 하고 있는 좋은 일은 최고 수준으로 시행한다"는 것이 마을의 방침이라고 한다. 그 결과 출산축하금 등을 포함한 다양한 시책을 충실히 갖추고 있다.

물론 세심한 노력도 보인다. 나기초 마을이 내부적으로 실시한 의견조사를 통해서 2세대 주택을 그다지 선호하지 않는다는 사실을 알게 되었다. 실은 선호하지 않는 쪽은 부모 세대였다. "우리가 고생했으니 이제 와서 자식에게 똑같은 고생을 시키고 싶지 않고, 이 나이에 며느리 눈치도 보고 싶지 않다"는 이유 때문이었다. 이에 나기초 마을에서는 아이를 기르는 젊은 세대로 대상을 좁힌 공영주택을 개발한다. 이들을 대상으로 기능성과 디자인성에 초점을 맞춘 주택이 인기를 모았다.

그러나 무엇보다 중요한 것은 마을 전체가 육아를 응원하는 분위기가 형성되어 있다는 점이다. '나기 차일드 홈'이라는 이름의 육아 지원 시설에는 매일 많은 어머니들이 아이를 데리고 모여들어 정보교환과 상호부조를 하고 있다. 이곳에서는 다양한 형태의 육아 지원이 이루어지고 있기 때문에, 소득이나 아이를 보육원·유치원에 보내는지 여부에 상관없이 안심하고 아이를 기를 수 있는 환경이 보장되어 있다.

이렇게 사실과 현상의 직접적인 요인은 어느 정도 분명하고 확실하게 분석할 수 있지만, 실은 그 속에는 더 심오한 이유가 숨어 있다. 이 나기초 마을은 요코센 가부키橫仙歌舞伎라는 농촌 가부키를 꾸준히 계승해오고 있다.• 어린이 가부키도 매년 공연하고 있다. 초등학교 3학년은 전원이 학교 수업에서 가부키를 체험하도록 되어 있다. 그리고 희망자에 한하여 초등학생에서 고등학생까지 무료로 가부키 교실에 참가할 수 있다. 마을 관청 직원은 겨우 80명인데 그 중에 2명을 가부키 전문직원으로 배치해 이 사업에만 종사하게 하고 있다. 평소에는 마을회관 임대업무 등의 다른 일도 담당하지만, 공연시기가 되면 가부키에 전념할 수 있고 쇼치쿠松竹••로 연수도 간다.

• '가부키'는 에도시대를 대표하는 일본의 전통공연으로 일반적으로 도시의 전용무대에서 전문배우들에 의해서 공연되었다. '농촌 가부키'는 농민의 오락거리로 지방 사람들이 공연하던 가부키다.

•• 1902년 설립된 영화와 연극 등 각종예능을 제작 및 배급하는 회사. 특히 가부키 시장에서 독점적인 위치를 차지하고 있다.

또한 인구 6,000명의 마을이지만, 나기초에는 건축가 시소자키 아라타磯崎新가 만든 훌륭한 현대미술관과 도서관이 위치하고 있으며 아이들이 그 주변을 뛰어다니고 있다. 작지만 여러 면에서 문화적으로 풍요로운 마을이다.

현 정권의 지방창생정책[•]은 찬반논란이 있지만, 장점이라고 생각되는 점은 인구 감소 대책과 저출생 대책에 초점이 맞춰진 점이었다. 그런데 나만 왠지 그 대책을 가스미가세키霞が関^{••} 혼자 만들고 있는 것 같다는 생각이 드는 걸까?

도시지역에서는 확실히 대기 아동 문제의 해결 등이 중요한 과제다. 그러나 수로 따지면 대기 아동 문제를 안고 있는 자치단체는 전체의 4분의 1도 되지 않는다. 상황이 정말 심각한 자치단체는 100곳 전후다. 물론 이러한 약 100곳의 자치단체에 인구가 집중되어 있는 셈이기 때문에, 민주주의 원리로 생각하면 이 과제의 해결이 우선시되는 것은 어쩔 수 없다. 실제로 정부는 대기 아동 문제의 해결에 본격적으로 착수해야 한다고 생각한다.

그러나 국가의 백년지계를 위한다면 코 앞의 다수파를 위한 시설만으로 과연 충분할까?

대기 아동 문제를 안고 있지 않은 다른 천수백의 자치단체는 반

• 지방창생정책은 2014년 제2차 아베 내각이 제시한 정책. 그 목표는 도쿄 집중화를 시정하고 지방의 인구 감소를 저지하여 일본 전체에 활력을 불어넣는 것이다.

•• 도쿄도 지요다구(千代田區)에 관청이 밀집해 있는 지역. 중앙행정의 의미로 사용되기도 한다.

대로 아이들을 간절히 원하는 지역이다. 중장기적인 대책으로 일단 인구를 분산시켜 그곳에서 출생률을 올려나갈 수밖에 없다. 도쿄의 출생률은 혼자 극단적으로 낮은 데다 개선될 가능성도 거의 없기 때문이다.

아이를 원하는 자치단체의 가장 큰 과제는 비혼화와 만혼화다. 이미 많은 자치단체에서 결혼한 세대의 출산율은 제자리걸음 또는 상승하기 시작했다. 3형제가 다수를 차지하는 나기초 마을의 어머니들은 "아이가 두 명만 있는 건 왠지 쓸쓸해"라고 말하고 있다.

노파심에 덧붙이면 물론 연애도 결혼도 출산도 전부 철저히 개인의 자유이며 행정이 개입할 수 있는 여지는 적다. 그러나 인구 감소 대책이라는 시점에서 보면 해결책은 분명하다. 지나치게 노골적인 표현이지만 일본의 현재 상태는 단적으로 "지방도시에 사는 사람들이 결혼만 해준다면 아이는 늘어난다"라고 할 수 있다.

지방의 자치단체의 입장에서는 U턴·J턴·I턴 현상으로 젊은 인구가 늘어나고, 나아가 그들이 결혼까지 해준다면 아이들의 수는 자연히 증가할 것이다. 좀더 구체적으로 말하면 25세부터 35세 사이의 세대가 이주해오는지 여부가 자치단체의 운명을 결정짓는다.

앞에서 이미 언급한 것처럼, 아이를 기르는 세대가 아이의 성장 환경을 가장 우선적으로 고려해서 생활할 자치 단체를 선택하는 시대가 되었다. 그리고 아마 그 결정권의 70퍼센트 80퍼센트는 실질적으로 육아를 담당하고 있는 어머니가 쥐고 있을 것이다.

이런 이유에서 논리적인 귀결로 젊은 여성에게 인기가 없는 자치단체는 사라지게 될 것이다. 실제로 I턴 정책으로 성공을 거두고 있는 마을에는 본격적인 이탈리안 레스토랑이나 어머니들이 보육소에 아이를 맡기고 같은 입장의 엄마 친구들(물론 아빠 친구도 상관없다)과 이야기를 나눌 수 있는 멋진 카페나 디저트가게가 있다.

여배우 단미쓰壇蜜를 홍보영상에 등장시키는 자치단체는 사라질 것이다(단미쓰에게는 아무 잘못도 없지만). 홍보영상 소동•이 일어났을 때, 미야기宮城현의 현지사는 "화제가 되었으니 괜찮다"고 오히려 당당했다. 그는 이 사건으로 무엇을 잃어버렸는지 전혀 이해하지 못하고 있다. 젊은 여성들은 그런 홍보영상을 제작하는 현으로 이주하고 싶어 하지 않는다.

나기초 마을은 2017년, 현대미술관 옆에 화덕피자가 인기를 끌고 있는 이탈리안 레스토랑을 유치했다. 인구 6천 명 산촌 마을에 점심 때부터 가게 앞에 줄이 늘어서 있다. 고객의 80퍼센트는 여성이다.

문화를 통해 사고방식부터 바꾼다

———

그렇다면 여성이 좋아하는 마을은 구체적으로 대체 어떤 마을일까? 조금 멀리 돌아가는 설명이 되겠지만, 내가 대학에서 전공한 분야기도 한 아트 매니지먼트의 관점에서 이 점에 대해서 생각해

• 2017년 미야기현이 제작한 관광홍보 동영상의 '여성의 성 상품화' 문제를 둘러싸고 일어난 찬반 논쟁.

보고자 한다.

'문화를 통한 사회포섭social inclusion'이라는 표현이 조금씩 세상에 침투하고 있다. 사회포섭은 한마디로 지금까지 사회에서 배제되어온 사람들을 문화를 통해서 사회에 붙잡아두고 포용한다는 사고방식이다. 가장 단적인 예는 유럽의 많은 미술관과 극장에서 이루어지고 있는 노숙자 프로젝트다. 노숙자분들이 한 달에 한 번이라도 샤워를 하고 자선모임에서 모은 옷으로 갈아입고 공연이나 미술전시회를 감상할 수 있도록 초대하는 제도다.

선진국의 노숙자는 태어날 때부터 노숙자인 사람은 없다. 어떤 이유 때문에 사회에서 도중에 낙오된 사람들이 대부분이다. 물론 경제적인 이유가 큰 부분을 차지하지만, 경제적 이유만으로는 노숙자가 되지 않는다. 이유가 그것뿐이라면 생활보호를 받으면 된다. 어떤 정신적 이유가 더해져 사람들은 세상을 등지고 노숙자가 된다.

그런 사람들이 예술이나 운동을 접하고 1천 명 가운데 세 명이나 다섯 명이라도 살아갈 기력과 노동의욕을 되찾는다면, 이것은 대단히 저렴한 노숙자 대책이다. 무료급식만으로는 당장의 목숨을 구할 수는 있어도 발본적인 문제 해결은 되지 않는다. 노숙자를 만들어내는 원인의 하나가 인간 정신적인 측면에 있는 이상, 그것을 개선하지 않으면 영구적인 해결이 될 수 없다.

노숙자 프로젝트는 내 주변의 문제로 받아들이기 어려울 수도 있지만, 예를 들어 다음과 같은 사례도 있다.

내가 경영하는 고마바 아고라극장은 몇 년 전부터 고용보험 수급자에게 대폭적인 할인을 실시하고 있다. 실은 이것도 유럽의 모든 극장과 미술관에서 당연히 시행되고 있는 정책이다. 학생 할인과 장애인 할인이 있는 것과 마찬가지로 '실업자 할인'이 존재하다.

하지만 일본에서는 지금까지 이와는 반대의 정책을 실시하고 있었던 것이 아닐까? 고용보험 수급자가 평일 낮에 극장이나 영화관을 찾으면 구직활동을 게을리 하고 있다는 이유로 고용보험 지급을 중단해버리는 정책. 또는 생활보호세대의 구성원이 극장에 가면 뒤에서 손가락질을 당하는 사회 분위기.

백보 양보하면 여기에도 이유가 있을 것이다. 고도경제 성장 시대라면 경기변동의 기복이 있더라도 실업하고 반년만 노력하면 다시 한 번 확실하게 원하는 일자리를 얻을 수 있었다. 일본은 아직도 그런 경제상승 시대의 고용정책을 실시하고 있다.

지금도 변함없이 인력은 부족하지만, 현대 일본이 안고 있는 고용문제는 '나에게 맞는 일자리가 없다'는 점이다.

가스미가세키의 주민들(또는 일반 시민도)은 "제조업의 고용상황이 심각하다면, 간병에는 일손이 부족하다고 하니까 그쪽으로 돌리면 되지 않냐"고 생각한다. 그러나 그렇게는 해결할 수 없다. 지금까지 고지식하게 꾸준히 나사를 돌리면서 일본 산업을 뒷받침한다는 자부심을 가졌던 사람들이, 실직했다고 해서 바로 다음 날부터 치매노인을 상대하는 일을 시작할 수는 없다. 여기에서도 문제는 심리적인 부분이다.

덴마크나 스웨덴에서는 고용보험의 수급기간이 대체적으로 1년 반에서 2년은 된다. 처음에는 예를 들어 연극, 댄스 워크숍, 농작업 체험 등을 시킨다. 북유럽의 고용정책에서는 첫 직업훈련 단계에서 사람을 즐겁게 해주는 즐거움을 체험하게 하면서 사고방식을 바꾸고 나서 기술을 가르친다. 지금 일본의 직업훈련은 형무소 수감자에게 "이걸 할 수 있으면 먹고살 수 있어"라고 목각기술을 주입하고 있는 것과 비슷한 상태다.

일본인은 여전히 성실하기 때문에 실직하면 많은 사람들이 착실하게 헬로워크*를 방문해 열심히 일자리를 찾는다. 그러나 꾸준히 제조업에서 일했던 분들의 경우, 허겁지겁 면접을 보러가도 좀처럼 재취업이 정해지지 않으면 다들 '나는 더 이상 사회에 필요하지 않은 걸까?', '성실하게 살아온 내 인생은 대체 뭐였을까?'라는 생각이 든다고 한다. 호황인 취업 상황, 높은 주가, 가상화폐 등 미처 날뛰는 세상을 보면 소외감은 한층 커질 것이다. 중장년 남성이라면 주변의 시선도 곱지 않다. "저 집 아저씨는 회사를 안 다닌대요" 같은 소문이 나기도 한다. 결과적으로 일정수의 실업한 중장년 남성이 집에 틀어박히게 된다. 한마디로 정신적인 조화가 잘 이루어지지 않고 있다.

현재 일본 사회가 안고 있는 큰 문제 가운데 하나가 집에 틀어박히는 중장년 남성, 그리고 고독사와 고립사다. 고독사와 고립사는 사회 전체에도 큰 위험요소이자 비용으로 작용한다. 그 방은 아무도 살지 않게 되고, 주변 사람들이 받은 충격도 커서 이웃 사람까지 이사를 가버린다. 이것은 성공한 사람이라고 할 수 있는 부동산

---

* 일본의 공공 직업 안정소.

소유자에게도 개인적으로 부담하기 힘든 정도의 위험요소이자 비용이다.

그렇기에 우리는 사고방식을 바꿔나가야 한다. 실업 중인 사람이 평일 낮에 영화관이나 극장에 찾아주면 "실업 중인데도 극장을 찾아줘서 고마워요. 사회와 관계를 맺고 있어서 고마워요. 그렇게 하는 편이 최종적으로 행정과 사회의 비용도 위험요소도 경감되니까요"라고 말이다. 또는 생활보호세대가 콘서트홀에 오면 "생활이 어려운데도 음악을 들으러 와줘서 고마워요. 집에 틀어박혀 있지 않아서 고마워요"라고 생각하는 사회를 만드는 편이 최종적으로 사회전체의 부담이 경감된다.

이러한 사고방식을 '문화를 통한 사회포섭'이라고 부른다.

일본은 예로부터 지연과 혈연이 강한 사회였다. 그러나 그러한 사회체계는 태평양전쟁 이후에 붕괴되었고 기업 사회가 그것을 대체했다. 사택에 살고, 사원운동회에 참가하고, 사원여행을 즐기고, 기업연금의 보장을 받으면서 사람들은 일생을 마친다고 믿었다. 그러나 1990년대 이후에 세계화가 진행되면서 기업은 이제 노동자를 지킬 필요가 없어졌다.

기업사회 또는 그에 대한 믿음은 붕괴되었다. 뒤돌아보면 옛날의 좋았던 지연·혈연형 사회(라는 것도 역시 환상)도 존재하지 않았다. 이것이 한때의 유행어였던 '무연사회'의 정체다.

게다가 일본에는 마지막 안전망인 종교도 없다. 유럽의 노숙자는 정말 힘들 때는 교회를 찾을 수 있지만 일본에는 그런 종교조차 존재하지 않는다. 한마디로 일본은 세계 선진국 중에서 가장 인간이 고립되기 쉬운 사회가 되어버렸다.

　일단 인간이 고립되면 행정은 말 그대로 손을 쓸 방법이 없다. 공적인 기관과의 접점이 모두 사라졌기 때문이다. 그렇게 고립된 사람들 가운데 일정수가 어느 순간 생각지도 못했던 범죄를 저지르거나 또는 반사회적 행동을 저지른다.

　앞에서 설명한 것처럼 사회와의 연결고리를 유지하게 하면서 안전망을 만들어가는 일은 결국 행정 또는 사회전체의 위험요소와 비용을 경감시킨다는 것이 사회포섭의 사고방식이다. 그렇다면 넓은 의미에서 문화활동의 역할은 지금까지처럼 정서교육과 생애학습이라는 관점이 아닌 사회정책의 일환으로 이해하는 시대가 되지 않을까?

　사회학의 기본 개념에 게젤샤프트Gesellschaft와 게마인샤프트Gemeinschaft라는 용어가 있다. 이익공동체와 지연혈연형 공동체라고도 번역되는 양쪽 모두가 위기에 처해 있는 것이다. 정확히 말하면 대부분의 일본 국민은 아직 양쪽에 속해 있다. 아니면 적어도 한쪽에는 속해 있다. 그러나 자주 듣는 말이지만, 현재 일본 사회에서는 '두 가지 불행'이 겹치면 맥없이 빈곤으로 전락해버린다. 예를 들어 '도산이나 정리해고'와 '가족의 병' 또는 '불합리한 전근 명령'과 '부모의 간병' 등이다. 이것은 모두 이익공동체와 지연혈연형 공동체 양쪽에서 유리되었을 때 일어난다.

　그렇기 때문에 이런 두 가지 기존 형태의 공동체 사이에 '관심공동체'라고 부를 수 있는 또 하나의 공동체, 문화적 요소로 연결된 관대한 공동체를 마련할 필요가 있는 것이 아닐까?

대학의 강의에서 이러한 '문화를 통한 사회포섭'에 관한 이야기를 한지도 벌써 10년이 넘었다. 그런데 내가 근무하는 오사카대학이나 도쿄예술대학의 학생들은 해가 갈수록 부유층, 사립 중고교 일관학교 출신자의 비율이 늘고 있다. 최소 중학교만이라도 출신 지역의 공립학교를 다녔다면 주변에 일상적으로 존재하는 빈곤을 체감할 기회가 있었겠지만, 그런 경험이 서서히 줄어들고 있다는 것을 실감한다.

사회의 분단이 진행되고 빈곤은 은폐되고 있다. 극히 소수에 불과하지만 학생 중에는 실업이나 생활보호는 '자기책임'이라고 공공연하게 말하는 사람도 나오기 시작했다.

그래서 나는 요즘에는 강의에서 다음과 같은 설명을 덧붙이고 있다.

"노숙자 분들의 이야기는 여러분에게 멀게만 느껴지는 이야기일지 모른다. 여러분은 생활보호와는 평생 인연이 없는 사람도 많을 것이다. 그렇다면 이렇게 설명해보겠다.

예를 들어 아이를 키우는 어머니가 아이를 보육원에 보내고 극장으로 연극을 보러 간다고 뒤에서 손가락질을 당하는 사회와, 생활보호세대가 극장에 가면 뒤에서 손가락질을 당하는 사회는 본질적으로 동일한 배제의 논리를 가지고 있다고 나는 생각한다."

도쿄 스기나미구杉並區에서는 보육원에 아이를 보낸 어머니가 패밀리레스토랑에서 담소를 나눴다는 것만으로 신고를 당했다는 소문을 많은 사람들이 믿고 있다. 나는 이 이야기는 일종의 도시전설이라고 생각하지만, 아이가 있는 연극단원들에게 물어보면 모두 입을 모아 "그 정도의 일은 충분히 있을 수 있다"고 말한다. 실제로 2018년 초에도 연예인 쓰지 노조미辻希美가 아이를 보육원에 보내고 헬스장에 간 일로 인터넷에서 비판을 받은 사건도 있었다. 언제부터 일본은 이렇게까지 야박한 나라가 되어버린 것일까?

아이를 보낼 보육원을 찾는 활동, 이른바 '보활保活'을 하고 있는 어머니들은 너무나 심각한 현실에 '아이를 낳은 것 자체가 잘못이었던 것은 아닐까?'라는 생각마저 든다고 한다. 아이를 기르고 있는 어머니도 고립되기 쉬운 존재다.

U턴을 거부하는 이유는 무엇인가

조금씩 인구 감소 문제로 돌아가 보자. 졸저《내리막길을 천천히 내려가다下り坂をそろそろと下る》에서 나는 "아이를 키우고 있는 어머니가 아이를 보육원에 보내고 극장에 가도 뒤에서 손가락질을 당하지 않는 사회를 만든다"는 제언을 했고, 이것은 일정수의 공감을 얻었다.

그러나 사실 그것만으로는 U턴을 불러들이기 위해서는 아직 부족한 부분이 있다. 나기초 마을과 함께 내가 문화정책과 교육정책을 돕고 있는 또 하나의 자치단체 효고兵庫현 도요오카豊岡시다. 이곳에 위치한 기노사키城崎국제아트센터의 관장은 U턴족이다. 그의 부인은《호타루의 빛ホタルノヒカリ》등의 작품으로 유명한 만화

가 히우라 사토루다. 만화는 현재 모든 업무를 인터넷으로 처리할 수 있기 때문에 어디에 살아도 상관 없다고 한다. 몇 년 전에 육아도 고려해서 가족이 다 같이 도요오카로 이주했다.

그런데 히우라 씨가 기노사키의 땅을 선택한 또 다른 이유는 이 마을에서는 여성이 밖에서 혼자 맥주를 마시고 있어도 아무도 뭐라고 하지 않는다는 점이었다고 한다. 이것은 의외로 중요한 관점이다. 롯폰기六本木나 다이칸야마代官山의 오픈카페에서 여성이 오후 2시쯤 이탈리아 음식을 먹으면서 와인을 마셔도 누구도 아무렇지 않게 지나친다. 그러나 지방에서는 "저 집 부인은 대낮부터 술을 퍼마시고 있어"라며 뒤에서 손가락질을 당한다.

최근에 들은 이야기인데 내가 운영하는 극단 여배우가 아오모리현 출신과 결혼했다. 둘은 평소에는 도쿄에서 살고 있지만 법회 때문에 오랜만에 아오모리를 방문했다. 집에서 열리는 법회였는데, 회비가 1인당 1만 엔이라는 말을 들어서 2만 엔을 봉투에 넣어 가지고 갔더니 1만 엔만 내라고 말하는 것이었다. 나이가 어려서 배려해주는 건가 생각했더니 그렇지 않았다. 남자들은 거실에서 호화로운 식사를 하면서 술을 마시고, 여자들은 쉴 새 없이 주방에서 일하고 식사도 서서 간단한 볶음국수로 해결했다고 한다(참고로 남편은 따로 식사를 준비해두었다고 한다).

대체 얼마나 고용을 늘리면 이런 마을에 U턴족이 찾아올까?

나는 2016년, NHK야마가타山形가 제작한 인구 감소 대책 방송에 해설자로 출연했다. 촬영장에 도쿄에 살고 있는 동북지역 출신 여성들을 많이 불러서 'U턴을 거부하는 이유는 무엇인가'에 대해서 의견을 나눴다.

사전에 이루어진 설문조사에서 U턴·J턴·I턴을 거부하는 가장 큰 이유는 역시 고용이었다. 그러나 그것은 종래의 "고용이 없다"가 아니라 "나에게 맞는 일이 있을지 불안하다"는 답변이 많았다. 그렇다면 몇 가지 의문점이 생긴다. 먼저 그 사람들은 과연 도쿄에서 자신에게 맞는 일을 하고 있을까? 그러나 문제의 핵심은 그것이 아니다. 도쿄에는 자신에게 맞는 일을 발견할 수 있는 가능성이 펼쳐져 있다. 가능성이 환상에 지나지 않아도 역시 도쿄에는 아직 꿈이 존재한다. 반대로 지방에는 희망이 없다.

물론 도쿄에서만 할 수 있는 일도 있다. 그런 경우는 어쩔 수 없다. 그리고 정말 그런 일을 하고 싶은 사람, 하고 있는 사람은 도쿄에서 살아도 상관없다. 그러나 막연하게 가능성에 매달려 있는 것뿐이라면, U턴이나 I턴을 선택지에 넣어도 되지 않을까?

도요오카시에서는 "도시개발과 자기결정능력은 수레의 양쪽바퀴"라고 말한다. 실제로 도요오카에는 작은 전문대학 하나밖에 없기 때문에 인구의 일정수가 한 번은 외부로 나갈 수밖에 없다. 이유가 있어서 파리나 뉴욕에 가는 것은 상관없다. 그러나 "동경심만으로 도쿄에 보내지는 않겠다"는 것이 도요오카시의 교육 방침이다. 그러기 위해서는 18세까지 자신이 나가고자 하는 길을 선택하거나, 길이 결정되지 않아도 그 시점에서 최선의 선택을 본인이 판단할 수 있는 힘이 필요하다. 그만한 교양을 익히기 위해서 18세까지 세계 일류의 예술을 접하게 한다는 것이 도요오카시 문화정책의 기본이다.

아무리 훌륭한 도시를 만들어도 자기결정능력이 없다면 젊은이들은 이렇다 할 목적도 없이 도쿄로 빨려 들어간다. 자기결정능력을 갖춰도 도시 자체에 매력이 없다면 젊은이들은 돌아오지 않는다. 두 가지가 수레의 양쪽바퀴가 되지 않으면 인구 감소는 멈추지 않는다.

또 한 가지 중요한 사실은 지방에는 자신에게 맞는 일이 없는 것이 아니라 '자신에게 맞는 일만으로는 먹고 살 수 없다'는 점이다.

웹디자이너라는 직업만으로는 확실히 지방에서는 한 달에 10만 엔 정도의 수입밖에 못 얻을 수도 있다. 그러나 한 달에 5일은 농사일을 돕고 3일은 아이돌보미를 하는 식으로 한 달에 20만 엔 남짓의 수입을 손에 넣는 일은 어렵지 않다. 지금은 어디나 일손이 부족하기 때문에 현금이 꼭 필요하다면 편의점에서도 패밀리레스토랑에서도 아르바이트 자리는 찾을 수 있다. 최저임금도 오르기 시작했다. 농사일을 도우러 가면 채소는 남아서 썩힐 만큼 받을 수 있다. 집세는 싸다. 자동차 유지비와 휘발유 값을 빼더라도 충분히 생계를 꾸려나갈 수 있다.

실제로 I턴 등에 성공을 거두고 있는 도시는 이른바 '부업'이 가능한 체계를 갖추고 있는 곳이 많다.

예를 들어 나기초 마을은 폐업한 주유소(가솔린 스탠드)를 개장해서 업무 공간 '시고토 스탠드'를 개설했다. 이곳에서는 관청이나 기업에서 위탁받은 업무를 아이를 기르는 어머니 등이 몇 시간 단위부터 받아서 일할 수 있다. 궁극의 워크셰어링이다. 업무 공간 한가운데 아이들을 위한 놀이공간이 마련되어 있기 때문에 아이들이 놀고 있는 모습을 보면서 작업할 수 있다. 현금을 어느 정도 손에 넣을 수 있다는 점도 좋지만, 어머니들은 무엇보다 사회와의 연결고리가 생겼다는 사실에 기뻐한다고 한다.

앞에서 소개한 설문조사에서 2위에 오른 것은 "즐길거리와 내가 있을 곳이 있을지 불안하다"는 것이었다. U턴·J턴·I턴을 거부하는 두 번째 이유로 넓은 의미의 '문화'를 꼽은 것이다.

실은 이 경우도 사태는 훨씬 복잡하다. 나는 지방자치단체의 U턴·J턴·I턴 담당자에게는 다음과 같이 설명하고 있다.

"이주를 희망하는 사람들은 도시의 살벌한 인간관계에 지쳐서 지방생활을 동경하는 것이다. 그래서 지방에서 지역민들에게 따돌림당하는 것을 가장 걱정한다. 게다가 마을의 축제나 자치소방단 같은 모든 행사에 억지로 참가하는 것도 경계한다."

이야기를 들은 대부분의 담당자는 "그렇게 자기 입장만 내세우다니……"라는 표정을 짓는다. 내가 봐도 확실히 이기적으로 자기 입장만 생각하는 것처럼 들린다. 그러나 지방자치단체가 정말 생존을 걸고 U턴·J턴·I턴족을 불러들이고 싶은 마음이 있다면, 이 지극히 좁은 스트라이크 존을 노려서 지역 개발을 진행해야 할 것이다. 그것은 일본 사회에 전례가 없는 새로운 시민사회를 만들어내는 시도라고 할 수 있다. 여기에서도 역시 핵심은 관심공동체의 구축이다.

교육과 문화정책에 열쇠가 있다

설문조사 답변의 3위와 4위는 아이들의 교육과 의료에 관한 걱정
이었다. 지금까지 모든 자치단체는 I턴족이 '찾아오는 이유'에 대
해서만 생각했다. 설문조사를 하면 누구나 "풍요로운 자연 속에서
여유롭게 아이를 기르고 싶다"고 대답한다. 그래서 모든 자치단체
는 하나같이 '풍요로운 자연'을 강조해왔다. 그러나 풍요로운 자연
은 일본 어디에나 존재한다. 게다가 젊은이들은 돌아오지 않았다.

돌아오지 않는 이유, 이주해오지 않는 이유를 하나씩 지워나가
야 했다.

고용은 이미 존재한다. 지방은 일손이 부족하다.

의료도 상당히 충실해졌다.

남은 것은 교육과 넓은 의미에서의 문화다.

예를 들어 도요오카시는 최근 몇 년 동안, 도쿄와 오사카 등지에
서 도요오카시가 주최하는 연극교육 워크숍을 실시하고 있다. U
턴·J턴·I턴의 유치를 전면에 내세우지 않고 "도요오카에 오면, 이
렇게 많은 교육과 문화정책을 무상으로 누릴 수 있습니다"라는 것
을 강조하는 전략이다.

워크숍에 참가한 부모와 아이들은 입을 모아 "도요오카로 이주
해도 좋겠다고 생각했다"고 대답한다. "나는 일 때문에 이주할 수
없지만 지인에게 권해주고 싶다"는 대답도 많다.

도요오카시는 2017년부터 연극적인 방법을 활용한 커뮤니케이
션 교육을 시내 39개 모든 초·중학교에서 실시하고 있다. 한편으

로는 내 고장 교육과 영어 교육에도 힘을 쏟고 있다. 모든 중학교에 외국어보조교사를 배치하는 등 유치원과 보육원부터 원어민의 영어를 접할 수 있는 기회를 많이 만들고 있다.

여담이지만 도요오카시에서 이렇게 선진적인 대처를 빠르게 받아들인 데는 숨겨진 이유가 하나 있다. 도요오카의 땅에는 도이 요시오는 교육자가 살고 있었다. 도이 요시오 선생님은 1960년을 무렵에 '마을을 버리는 학력, 마을을 키우는 학력'이라는 개념을 제창했다. 이대로 이른바 '학력'만 키워봤자 우수한 아이일수록 도쿄로 나가버리고 마을은 쇠퇴할 뿐이다. 공동체를 좀더 풍요롭게 만드는 교육으로 그 본질을 바꿔야 한다고 주장한 것이다.

고도경제 성장이 한창 진행되던 시기에 이런 주장이 다지마但馬•의 땅에서 나왔다는 것은 경탄할 만하다. 나는 지금 일본의 문부과학성이 진행하고 있는 '세계화 교육'은 21세기의 '마을을 버리는 학력', 말하자면 '국가를 버리는 학력'이 아닌가 생각한다.

워크숍에서는 이러한 이념과 정책을 실연도 섞어가며 소개하고, 마지막으로 참가자들에게 지역 명물 '황새쌀'과 이주 촉진 홍보책자를 들려서 돌려보낸다. 가장 마지막에 '이주'라는 가장 고가의 상품을 팔고 있는 것이다. 나는 이것을 '오리털 이불 상술'••이라고 부르지만 이 방법이 의외로 호평을 얻고 있다.

일본 총무성이 주최하는 I턴 행사 등에 출전해 홍보책자를 뿌려대도 결과는 사막에 물을 뿌리는 것과 다르지 않다. 관심 있는 계

• 현재 효고현 북부에 해당하는 지역의 옛 지명.

층에게 흥미를 끌 수 있는 내용을 전달하지 않으면 성과는 오르지 않는다.

벌써 세 번째 반복하고 있지만 아이를 기르고 있는 어머니의 관심은 육아지원과 교육수준과 의료, 있을 곳(문화)이다. 이것을 깨달은 자치단체와 아직 깨닫지 못하고 공공사업과 기업을 유치하기만 하면 지역진흥에 성공한다고 생각하는 자치단체 사이에 지금 큰 차이가 벌어지고 있다.

대학에서 19년간 교편을 잡으면서 적어도 내 강의에서 "고향은 고용이 없어서 돌아가지 않겠다"고 말하는 학생은 본 적이 없다. 그들은 입을 모아 "지방은 지루하다"고 말한다. "(도쿄나 오사카에서) 이렇게 자극적인 생활을 경험하면 이제 지방으로 돌아갈 수 없다"고 말한다.

나는 정치가들에게 "그렇다면 재미있는 마을을 만들면 되지 않습니까? 만남의 기회가 있는 마을을, 가능성이 펼쳐지는 마을을 만들면 되지 않겠습니까?"라고 말하지만, 이것은 생각보다 어려운 일이다. 지방의 지도자가 이 말을 하는 순간, 자신의 지지자들은 지루한 사람들이고, 지루한 사람들만 이 마을에 남아 있다고 공언하는 셈이 되어버리기 때문이다.

그러나 이러한 사고방식의 문제에 용기를 가지고 뛰어들지 않으면 지방의 재생은 불가능하다.

──────────

•• 상태를 무료로 점검해주겠다고 접근해 결국 고가의 오리털 이불을 강매하는 대표적인 악덕 상술.

또 한 가지 중요한 점은 지금까지 글에서 설명해온 것처럼 자유롭고 열린 마을을 만드는 일이다.

앞에서 아오모리의 법회에 얽힌 일화를 소개했는데, 실은 나도 비슷한 경험을 한 적이 있다. 내 어머니는 도쿄에서 태어났지만 14세 때 도쿄대공습으로 집이 불타버려 할아버지의 고향집이 있는 아키타秋田로 피난을 갔다. 중고등학교를 아키타에서 다녔기 때문에 친구도 많아, 살아계실 때는 해마다 몇 번씩 아키타를 방문했다. 그러나 그런 어머니가 정작 본인의 아버지의 장례식에는 참석하지 않았다. 아버지를 잃은 슬픔에 잠기는 것도 허락받지 못한 채 억지로 일해야만 하는 상황을 참을 수 없었기 때문이다.

앞에서 언급한 NHK 방송을 녹화할 때, 나는 이 일화를 소개하면서 "그런 고향에 돌아가고 싶습니까?"라고 물었다. 스튜디오에 있던 동북지역 출신 여성들은 수긍하며 고개를 끄덕였다. 이런 부분을 극복하지 않으면 일본의 인구 감소는 멈추지 않을 것이다.

도시와 지방,
먹거리로 연결되다

'관계인구'를 창출한 공동체 혁명

다카하시 히로유키 高橋博之

1974년 이와테현 출생. 《도호쿠 먹는 통신東北食べる通信》 편집장. 일반사단법인
'일본 먹는 통신 리그' 대표이사. 특정비영리활동법인 '도호쿠 개간' 대표이사.
주식회사 포켓마르쉐 CEO. 2006년 이와테현 현의회 의원 보결선거에 무소속
으로 입후보해서 첫 당선. 2011년 이와테현 지사 선거에 출마했으나 낙선. 2013
년 정보지 《도호쿠 먹는 통신》 창간. 《도호쿠 먹는 통신》 2014년 굿디자인 금상,
2016년 일본서비스대상 수상. 저서로는 《도시와 지방을 뒤섞다》가 있다.

생산자의 모습을 '가시화'하다

———

지금 인구 감소 사회의 최대 과제 가운데 하나는 '지방 창생'일 것이다. 저출생·고령화가 급격히 진행되어 소멸의 위기에 처한 지방에는 말 그대로 '한계집락'이라고 부를 수밖에 없는 쇠퇴가 현저한 농촌이 다수 존재한다. 이 사태를 어떻게든 극복하기 위해서 정부와 지방자치단체는 결혼 장려와 육아 지원, 지방으로의 이주 촉진 등 다양한 저출생 대책을 강구해왔다. 그러나 도쿄 집중 현상은 가속화되고 지방의 구조적 고통은 커질 뿐이다.

나는 지금까지 수많은 1차 산업 종사자들의 이야기를 들으며 농어촌의 피폐한 현실을 마주했다. 이 글에서는 '식食'의 관점에서 현재 도시와 지방의 관계의 문제점을 자세히 밝히고, 미래 사회에 대한 장대한 구상grand design을 그려보고자 한다. 먹는다는 것은 곧 살아간다는 것이다. 가장 절실한 '식'의 문제에 일본 사회의 본질과 타개책이 숨어 있다고 믿는다.

내가 편집장을 맡고 있는《도호쿠 먹는 통신》은 2013년 7월에 창간한 정보지로, 세계 최초로 먹거리를 부록으로 제공한다. 농부나 어부의 이야기를 엮은 대형책자, 생산자가 실제로 키운 먹거리를 부록으로 넣어 도시생활자에게 택배로 보낸다. 만드는 사람(생산자)과 먹는 사람(소비자)을 연결하는 '먹는 통신'의 새로운 유형은 일본 전국으로 확산되어, 지금까지 홋카이도부터 오키나와에 이르는 40개 이상의 지역에서 창간되었다. 그뿐 아니라 '먹는 통신'은 바다를 건너 대만에서도 4개 지역에서 창간되는 등, 동아시아로 공감의 범위를 넓히고 있다.

우리 소비자가 평소에 보고 있는 먹거리 세상은 슈퍼마켓에 가지런히 진열된 식재료, 음식점에서 예쁘게 접시에 담긴 음식 등 모두 표면적 세상이다. 도시의 소비지에서는 그 뒷면에 존재하는 생산자의 모습을 전혀 볼 수 없다. '먹는 통신'은 보이지 않는 생산자의 모습을 가시화했다.

1차 산업이 곤경에 빠졌는데 어째서 그들은 농부와 어부가 되었을까? 그들은 생산현장에서 어떤 심사숙고와 노력을 거듭하며 엄선된 생산물을 기르고 있을까?

이러한 인간 드라마를 철저히 취재해 특집기사로 정리한다. 창간 이후 월간지로 지금까지 58호를 제작했으며, 매호 내가 직접 현장을 찾아 취재한다. 한 사람의 생산자에게 초점을 맞춘 특집 기사 한 편은 약 8천 자 정도니까, 지금까지 40만 자가 넘는 그들의 이야기를 써온 셈이다. 같은 생산물이라도 생산자의 이야기를 읽고 먹으면, 어떤 일류 요리사도 만들 수 없는 '이해'와 '감사'라는 조미료가 더해지는 만큼 맛있게 느껴진다. 평소에는 보이지 않는 생산자를 '시각화'함으로써 생산물의 가치를 소비자에게 정당하게 평가받고 싶다는 바람이 있었다.

애초에 지금의 먹거리 가격이 적당하다고 할 수 있을까?

먹거리의 생산 현장에서는 1차 산업으로는 먹고살 수 없다는 이유로 농부와 어부가 점점 줄고 있다. 먹거리를 만드는 사람이 먹고살 수 없다니, 정말 이상한 이야기다. 식의 세계화가 진행되면서 싼 가격을 강요당하자, 생산자가 충분한 이익을 얻지 못하는 상태가 오래 이어졌다. 먹거리 가격이 내려가면 소비자에게는 기쁜 일임에 틀림없다. 그러나 생산자가 계속 줄어든다면 결국 일부 부유층만이 일본 국내산을 아이들에게 먹일 수 있게 될 것이다.

실제로 먹거리 가격이 지나치게 내려가면 국민의 생명과 건강도 위협받게 된다. 끊이지 않는 식품 위조 문제의 근원에는 1엔이라도 저렴한 음식을 선택하는 소비 행동이 생산과정이 보이지 않는 먹거리의 대량 제조를 초래한다는 부분도 부정할 수 없다. 2007년 식품가공회사 미트호프의 가공육 위장 사건˙이 세상에 알려졌을 때, 회사 사장이 기자회견에서 "반액 할인을 좋아하는 소비자에게도 문제가 있다", "싼 냉동식품을 좋다고 구매하는 소비자도 나쁘다"고 말해 세간으로부터 집중 공격을 당했다.

확실히 위조는 나쁜 일이고 비판받아 마땅하다. 그러나 미트호프 사장의 발언은 우리가 먹거리를 선택할 때 '저렴함'을 판단기준으로 삼은 것이 생산과정의 블랙박스화˙˙를 초래했음을 여실히 보

˙ 돼지고기와 닭고기 등을 섞어 '소고기 100퍼센트 간고기'로 속여서 판매한 사건.

여주었다. 먹거리의 안전을 위한 비용을 소비자가 이해하지 못하면 식품 위조 문제는 반복될 것이다.

2017년 구마모토熊本에서 만난 여의사는 병원을 찾는 환자를 줄이기 위해서 채소 소믈리에 자격을 취득했다고 말했다. 현대인은 평소 식생활을 신경 쓰지 않고, 안전을 위한 돈도 쓰지 않는다. 그러다 어느 순간 병에 걸려 거액을 의료비로 쓰다가 결국 병상에 누워 비참한 최후를 맞이하는 사람도 많다. 이왕 같은 돈을 쓴다면 부정적 비용이 아니라 안전한 먹거리를 구매하는 긍정적 비용을 선택해 건강 수명을 늘리는 것이 좋지 않을까? 우리 자신의 소비 행동을 바꾸는 것은 백세시대에 걸맞은 저비용의 의식동원醫食同源 사회 만들기로 이어진다.

세계화의 틀을 벗어나다

———

세계자본주의가 추진한 저렴한 대량생산이라는 무대 밖에서 새로운 시도에 나선 사람도 나타났다. 나는 시장원리에 좌우되지 않는 독자적 가격을 만들기 위해서 1차 산업의 현장에서 노력하고 있는 많은 생산자를 취재했다.

예를 들어 이와테현의 이와이즈미초岩泉町 마을의 나카호라中洞 목장은 24시간 365일 자연방목으로 젖소를 기르고 있다. 일본 대

•• 내부 구조나 동작 원리를 거슬러 올라가 해명할 수 없는 상태.

부분의 낙농 현장에서는 소의 목에 사슬을 묶어 사육 밀도가 높은 우사에서 기른다. 외국에서 수입한 영양 과다 사료를 주고 착유량을 강제로 늘린다. 그러나 건강하지 못한 젖소는 병에 걸리기 쉽기 때문에 관계자 이외에는 접근금지다. 그에 비해 나카호라 목장의 소는 병치레도 적고 수명도 길다. 나카호라 다다시中洞正(65세)씨가 소비자가 견학할 수 있도록 일 년 내내 목장을 공개하고 있는 것은 자신이 있기에 가능한 일이다. 그래서 나카호라 목장의 우유는 비싸다. 한 병에 1000엔도 넘지만 잘 팔린다. 생산과정을 알 수 있는 먹거리를 구매하기 위해서는 당연히 그에 상응하는 가격을 지불해야 한다는 것을 나카호라목장을 보면 확실히 알 수 있다. 그것은 바로 안전에 대한 비용이다.

또 다른 예로, 후쿠시마 원자력발전소 사고 이후에 후쿠시마현 소마相馬시로 U턴해 농사를 시작한 기쿠치 쇼헤이菊地將兵(31)씨가 있다. 그는 "일본에서 제일 오염된 장소이기 때문에 오히려 일본에서 가장 안전한 음식을 만들고 싶다"는 생각으로 유기농업을 시작했다. 2년 전부터는 양계업도 하고 있다. 슈퍼에서 파는 시판 달걀은 항생물질이나 백신을 대량 투여하고, 첨가물이 들어간 유전자조작 사료를 먹고 자란 닭이 낳은 것이다. 그런 달걀을 아들에게 먹이기 꺼림칙했기 때문이다.

그는 안전한 달걀을 만들기 위해서 직접 수집한 자연산 사료만 주고 있다. 마을 생선가게에서 선도가 떨어진 생선이나 손질하고 남은 부위를 채소와 물물교환으로 손에 넣는다. 이런 식이기 때문에 사료를 준비하는 데만 하루 8시간이 걸린다. 그렇게 만들어진

'소마 밀키 에그'는 10개들이 한 팩에 770엔이다. 농부 친척들은 "그렇게 비싼 달걀을 누가 사겠냐?"며 반대했지만, 평판은 입소문을 타고 퍼져나가 정기구매를 하는 고정고객이 지역 안팎에서 늘고 있다.

"유기농은 부자가 아니면 먹을 수 없다. 이것이 지금 부딪힌 벽이다"라고 기쿠치 씨는 털어놓는다. 그 벽을 뛰어넘기 위한 첫걸음으로 작년 830엔으로 가격 인상을 단행했다. 고객이 1팩을 구매할 때마다 30엔씩 외부모가정과 양호시설* 어린이들에게 유기농 먹거리를 기부하기 위한 자금으로 삼겠다고 선언했다. 기쿠치 씨의 뜻에 공감한 소비자의 주문이 들어와 고객은 오히려 가격 인상 전보다 늘었다.

어업 분야에서도 작은 혁명이 일어나고 있다.

야마가타현 쓰루오카鶴岡시의 주낙** 어부 스즈키 고타鈴木剛太 (32세) 씨는 가을이 다가오면 삼치를 잡기 위해 배를 띄운다. 2016년 함께 동행 취재를 했을 때는 불볕더위 속에서 8시간 동안 고기를 잡았다. 낚싯바늘 1,000개를 바다에 던져 넣어 잡은 삼치는 81마리. 10퍼센트 이하의 확률이었지만 고타씨는 '풍어'라며 웃었다. 어떻게 이렇게 적은 양의 어획량으로 살아갈 수 있을까?

고타 씨는 삼치 한 마리 한 마리에 상처가 생기지 않게 건져 올려 즉시 고기잡이를 중단하고 작업대 위에서 신경을 제거했다. 걸린

● 아동 복지 시설의 하나. 환경상 보호를 필요로 하는 아이들을 수용한다.

●● 긴 낚싯줄에 여러 개의 낚싯바늘이 달린 고기잡이 기구.

시간은 약 10초. 꾸준한 노력으로 습득한 장인의 솜씨였다. 그 뒤에 몇 분간 피를 빼고 얼음물을 넣은 용기에 조심해서 차곡차곡 겹쳐 쌓는다. 배에서 내려 출하할 때도 고타 씨는 삼치에 세심한 주의를 기울이고 있었다. 이렇게 품질 향상을 위해 최대한 노력을 기울인 삼치는 '쇼나이 오바코 삼치莊內おばこサワラ'라는 이름으로 브랜드화되어 비싸게 팔린다. 일반 삼치는 800엔 정도지만, 쓰키지 수산시장에서 1킬로그램에 2,000엔 이상의 가격으로 거래되기도 한다.

브랜드화의 배경에는 어부들의 강한 위기감이 있었다. 광대한 태평양과 다르게 동해 바다는 어장이 협소하고 자원도 한정되어 있다. 해마다 감소하는 어획량과 수입은 야마가타현 어업의 미래에 불안한 그림자를 드리우고 있었다. 이에 고타 씨를 비롯한 열 명 남짓한 어부들이 '쇼나이 오바코 삼치' 브랜드 추진협회를 결성했다. 몇 년이나 걸려서 삼치를 회로 먹는 문화가 없는 도쿄에서 수요를 만들어냈다.

"'잡는' 어업은 끝났다. 이제는 '만드는' 어업이다"라고 고타 씨는 말한다. "그물이라면 많이 잡을 수 있을지는 몰라도 상처가 많이 생겨서 단가도 싸다. 주낙은 실과 바늘로 잡기 때문에 상처를 입히지 않는다. 좋은 상태로 건져 올린 물고기를 높은 선도로 유지하면 회로도 먹을 수 있어서 단가도 올라간다. 그러면 적은 어획량으로도 충분히 살아갈 수 있다."

자식이나 손자 세대까지 어업을 물려주겠다고 다짐하는 고타 씨는 싼값 경쟁을 벗어난 외부에서 어업의 미래를 주시하고 있었다.

여기에서 소개한 내용은 그저 하나의 예에 불과하다.

작년에는 치솟는 채소 가격이 가계를 압박한다는 보도를 자주 볼 수 있었다. 한 번 생각해보길 바란다. 가계소비에서 차지하는 생선과 채소의 비율은 오랫동안 2퍼센트 전후를 맴돌고 있다. 겨우 2퍼센트다. 휴대전화에 지불하는 비싼 요금을 조금 줄이면 만들어낼 수도 있는 금액이다. 한편 생산자의 힘든 현실이 알려지는 경우는 드물다. 그래서 나는 생산자의 이야기와 생산과정을 사람들에게 전함으로써 독자가 먹거리 가격에 대해서 다시 한 번 생각할 기회를 제공하고자 한다.

서로 다른 존재를 잇는 공간으로서의 매체

———

원래 생산자와 소비자는 상호의존적 관계다. 소비자는 아무리 돈을 많이 벌어도 먹거리를 만들어주는 사람이 없으면 살아갈 수 없고, 생산자 역시 아무리 먹거리를 많이 생산해도 구매해주는 사람이 없으면 생계를 꾸려 나갈 수 없다.

그러나 고도 경제 성장기를 거치며 먹거리의 대규모 유통체계가 비대해지면서, 생산자와 소비자는 서로 이질적 존재로 완전히 분단되었다. 그리고 생산자가 '손님'의 눈치를 보면서 생산활동을 하는 불건전한 관계가 되어버렸다.

따라서 '도호쿠 먹는 통신'은 먼저 먹거리의 보이지 않는 부분을 가시화한다. 소비자와 똑같이 가족을 부양하고 생활하는 살아 있는 인간이 자신들을 대신해 먹거리를 만들고 있다는 사실을 독자에게 알리기 위해서다. 그리고 생산자의 이야기에 공감한 독자를 직접 그들과 이어줄 수 있는 공간을 소셜네트워크서비스SNS 상에 만들었다. 그러자 자연스럽게 독자가 "잘 먹었습니다" 등의 감사인사를 생산자에게 전달하고, 생산자도 "의욕이 샘솟는다" 등의 코멘트로 답했다. 또한 온라인뿐 아니라 생산자 교류회나 현지 행사 등의 오프라인 교류의 기회를 마련함으로써, 생산자와 독자의 직접 교류를 심화시켰다. '먹는 통신'을 여권 삼아 독자적으로 생산자를 방문하는 독자도 속출했다. 이렇게 생산자에게 공감한 독자는 다양한 형태로 생산 현장에 참여하고 있다.

개인적으로 감동한 것은 아키타현에서 논밭을 갈지 않는 '무경운재배'* 농법을 실천하고 있는 기쿠치 고세이菊地晃生(38세) 씨의 사례다. 그의 생애와 철학에 공감한 나는 2013년 잡지에 그를 소개했다. 그로부터 1년 뒤, 기쿠치 씨가 절체절명의 궁지에 몰리는 사건이 일어났다. 길어진 장마에 엎친 데 덮친 격으로 논에서 물을 빼는 시기까지 놓쳐, 추수철이 되었지만 여전히 논은 질퍽이는 진흙탕 상태였다. 가족 네 명이 모두 벼베기에 매달려도 도저히 시간 안에 끝낼 수 없을 것 같았다.

지푸라기라도 잡는 심정으로 기쿠치 씨는 자신의 페이스북에 '일생에 한 번뿐인 부탁'이라는 제목으로 자신이 처한 어려운 상황을 전하고 벼베기를 도우러 와달라고 호소했다. 900명이 등록한

• 경운작업을 하지 않고 파종하거나 이식하여 작물을 재배하는 법. 작물 잔재물이 토양표면에 남아 있다.

'도호쿠 먹는 통신 독자 그룹'에도 같은 글을 올렸다.

그러자 글을 올린 다음 날부터 도시의 독자들이 교통비를 자비로 충당하며 속속 아키타를 방문해 맨발로 논에 들어가 벼를 베기 시작했다. 그 수는 약 200명에 달했다. 간사이關西 지방에서 날아온 사람까지 있었다. 이러한 전대미문의 사태에 '먹는 통신'으로 이어져 있던 다른 농부와 어부도 호응했다. 모두를 위한 식재료를 잇달아 현지로 보내주었기에 독자들이 현장에서 조리해 함께 둘러앉아 먹었다. 결국 벼베기는 2주 안에 끝났고 기쿠치 씨는 위기를 넘겼다.

얼굴이 보이는 교류를 통해서 소비자와 생산자가 서로를 배려하는 지속적 관계로 성장한 것은 큰 발견이었다.

도시에 살고 있는 어떤 독자는 지금까지 태풍이 접근하면 대중교통 정보만 신경 썼지만, 지금은 산리쿠三陸 지역●의 파도높이도 찾아본다고 말했다. 《도호쿠 먹는 통신》을 통해서 만난 산리쿠 어부의 김 양식용 뗏목이 괜찮을지 걱정되기 때문이다.

이렇게 풍작의 기쁨과 흉작의 슬픔을 함께 나누는 관계로 발전해 특정 생산자의 생산물을 적정가격으로 구매하면서 계속 응원하는 독자도 있다. 생산자가 도쿄에서 열리는 행사에 출점하면 도와주러 달려가서 매장 판매원으로 일하는 독자도 있다. 그중에는 관계가 너무 깊어져 특집 기사의 생산자와 사랑에 빠져 아오모리현의 시모키타下北반도로 시집을 간 도쿄의 회사원도 있다. 보이

● 일본 도호쿠 지방(미야기현, 이와테현, 아오모리현)의 태평양 연안 지역.

지 않는 것을 보이게 만들어 이질적 존재를 이어줌으로써 '먹는 통신'은 '공감'과 '참가'의 회로를 열었다.

인구 감소에 신음하는 이와테현에서

────

《도호쿠 먹는 통신》을 시작하기 전, 나는 이와테현 현의회 의원이었다. 18세에 상경해, 대학을 졸업한 뒤에는 원하던 신문기자는 되지 못하고 의원 비서와 주간지 기자 등의 아르바이트로 간신히 입에 풀칠을 했다. 29세에 결심한 바가 있어 귀향했고, 31세에 이와테현 현의회 의원선거에 출마해 첫 당선에 성공했다. 이후 동일본대지진까지 2기 5년* 동안 현의원으로 일했다. 선거구였던 하나마키花巻시는 내가 태어나서 자란 인구 약 10만 명의 자치단체로, 오우奥羽산맥을 등지고 논밭이 펼쳐져 있는 농촌지역이기도 하다. 그러나 집이 중심시가지에 있었기 때문에 농업과는 인연이 없었다.

이와테현은 시코쿠四国에 필적하는 광대한 면적을 보유하고 있으며,** 약 140만 명이 살고 있다. 한때 일본에서 현립고등학교와 현립병원이 가장 많은 지역이었으나, 인구 감소 사회로 돌아서면

────

• 현의원 임기는 4년. 의회가 해산되는 시점에서 임기가 종료된다.

•• 이와테현의 면적은 약 15,275제곱킬로미터. 도쿠시마현(德島県)·가가와현(香川県)·에히메현(愛媛県)·고치현(高知県)의 4개현으로 구성된 시코쿠 지방의 면적은 약 18,297제곱킬로미터.

서 통폐합 문제가 떠올랐다. 하나마키시도 농촌지역의 현립병원을 입원 시설이 없는 무상진료소로 전환하는 문제가 발생해 주민의 반대 여론이 날이 갈수록 높아졌다. 나도 분쟁의 소용돌이 속에 있었다. 고등학교와 병원의 통폐합 모두 그 배경에는 학생과 환자가 감소한 데 있다. 인구 감소 사회가 다가오는 발소리를 직접 경험한 것이다. 인구가 감소하는 농촌지역의 민가를 집집마다 방문해보면, 주민에게 가장 자주 듣는 말이 "농업으로는 먹고살 수 없다"였다. 그런 집의 아이들은 부모의 뒤를 잇지 않고 도시로 떠나버린다. 해가 갈수록 과소·고령화가 진행되는 것도 당연했다.

내가 태어나기 얼마 전인 1970년 1,035만 명이었던 농업종사자는 2016년에 192만 명으로 줄어들었다. 192만 명 가운데 65세 이상의 고령자가 125만 명, 39세 이하는 겨우 12만 명뿐이다. 또한 연령별로 살펴봤을 때, 이농비율이 가장 높은 연령은 39세 이하다.

내가 현의원으로 재직하던 때부터 이러한 감소 경향은 계속되고 있다. 이런 수치가 눈앞에 제시하는 현실을 현장에서 보고 들으면서, 지금까지 먹거리의 생산에 관한 문제를 남의 일처럼 생각하던 자신을 깨달았다. 인간은 먹지 않으면 살아갈 수 없다. 다시 말해 모든 국민은 식생활 문제의 당사자이지만, 1차 생산에는 전혀 관심이 없었다.

먹거리가 없어져 곤란한 쪽이 소비자라면, 생산자 혼자 머리를 싸매고 후계자 부족 문제를 고민하는 것이 아니라 소비자도 당사자라는 의식을 가질 필요가 있지 않을까? 가격을 판단 기준으로 삼아 소비행동을 해온 우리는 1차 산업을 쇠퇴시킨 간접적인 가해

자라는 생각이 들었다.

그렇게 낙농과 쌀농사 등의 현장을 체험하면서, 인간이 통제할 수 없는 자연의 영향력 아래서 생명을 키우는 것이 얼마나 힘든 일인지 통감했다. 생물이기 때문에 병에 걸리고 죽기도 한다. 악천후로 인해 그동안의 막대한 노력이 물거품이 되는 경우도 있다. 따지고 보면 우리는 농부 덕분에 살아가고 있다는 경외심이 저절로 생겨났다.

농부는 자연에서 배운다. 자연과 함께 살아가는 지혜·기술·판단력을 지니고 있다. 그렇게 지역 사람들이 지금까지 축적한 지혜·기술·판단력이라는 경험치는 일종의 과학이기도 하다. 농부의 경험치를 활용한 생산활동은 자연을 인간의 먹거리로 바꾸기 위한 작은 과학small-science이다.

그러나 태평양전쟁이 끝나고 일본인은 농촌을 떠났다. 뜻대로 되지 않는 자연과 타인, 지역사회 등의 번거로운 관계를 버리고 도시로 흘러들었다. 그러나 번거로움에서 해방되는 대신, 자연이나 지역사회와의 관계 속에서만 얻을 수 있는 지혜·기술·판단력을 포기했다. 생활의 풍요로움을 원자력발전과 유전자공학 등의 거대과학big-science에 맡기고, 행정·과학기술·경제에 모든 것을 일임한 채, 관객석 위에서 강 건너 불구경을 하기로 했다.

그런 삶에는 공동체의 생활을 자신의 지혜와 창의적 노력으로 만들어가는 기쁨과 감동이 존재하지 않는다. 모두 함께 지혜를 모아 지역의 과제를 해결하는 마음가짐을 잃고, 사회를 만들어가는 당사자가 아니라 '손님'이 되어버렸다.

주인 의식을 상실한 1억 총관객사회에 활력이 생겨날 리가 없다. 생산인구는 줄어들고, 수요부족으로 경제가 침체되고, 세수입도 줄어들었다. 어쩔 수 없이 행재정 자원이 축소되고, 고령자 부양이라는 부담이 핵가족을 덮치던 그때, 풍요의 기반이었던 원자력이라는 거대 과학이 폭주해서 우리를 당황하게 만들었다. 지나치게 성장을 추구한 결과, 오히려 근원적 위험요소를 구조적으로 떠안아버린 사회는 사회학자 울리히 벡Ulrich Beck이 말하는 '위험사회'*의 개미지옥 자체다.

지역과 관계를 맺지 않고 '혼자 살아가는' 1억 총관객사회는 '고비용 사회'이기도 하다. 고립이 진행될수록 1인당 생활유지 비용이 증가한다. 이러한 문제들을 해결하기 위해서 다시 경제와 과학기술의 힘에만 의존한다면, 좀더 심각한 '위험사회'의 수렁으로 빠져들 수밖에 없다.

그렇다면 어떻게 해야 할까? 생활과 사회에서 '관계의 힘'을 되살려야 한다.

자연과 타인, 지역사회와의 관계를 되살리는 것은 우리가 관객석에서 무대로 내려와 각자 생활의 주인공이 되는 것을 의미한다. 자신의 힘으로 사회를 만들어나가는 쪽으로 돌아간다. 어쩔 수 없이 억지로 내려가는 것이 아니다. 무대 위에서 연기하는 편이 훨씬 즐겁기 때문에 내려가는 것이다.

• 경제 및 과학기술의 발전에 따른 물질적 풍요와 정치적 변혁과 함께, 다양하고 복잡한 위험요소가 생산되는 사회.

자신을 둘러싼 환경에 주체적으로 참가하며 살아가는 농부들의 모습은 직접 생활을 만들어나가는 기쁨과 감동을 깨닫게 해주었다. 그것은 우리 사회를 되찾는 일임과 동시에 재해·경제 위기·질병 등의 요소에 취약한 '위험사회'에 대비하는 일이다. 생산자와의 교류를 통해서 이런 생각을 하기 시작한 그때, 2011년 동일본대지진이 일어났다.

동일본대지진의 교훈

당시 나는 이와테현 현의회 의원 2기 임기가 끝나가고 있었다. 재해가 발생한 직후부터 피해를 입은 이와테현 오쓰치초大槌町 마을을 찾아가 대피소에 지원물자를 전달하는 등 봉사활동을 했다. 재해민은 동일본대지진을 통해 '자연은 이길 수 없다'는 사실을 절감했다. 아무리 인간이 머리를 짜내 대비해도, 자연은 그것을 뛰어넘는 힘을 가지고 있다. 방조제를 나무토막처럼 날려버린 자연의 압도적인 힘을 직접 목격하고 그저 망연자실할 뿐이었다.

그런데 이후 국가와 현이 제시한 부흥계획은 좀더 거대한 방조제의 축조를 전제로 하는 지역계획, 자연과 대결하는 노선의 연장이었다. '자연과 맞서 싸워서는 안 된다'는 교훈은 전혀 효과가 없는 것처럼 보였다.

나는 인공건조물로 쓰나미를 막아낸다는 발상에서 벗어나, 쓰나미가 밀려온다는 전제 아래서 확실히 대피할 수 있는 지역계획을 공약으로 내걸고 이와테현 지사선거에 출마했다. 방조제와 행정에 극단적으로 의존하고 있는 종래의 방재 형태는 지역주민의 생명은 주민이 함께 지킨다는 주인의식을 흐리게 만들어 결과적으로 목숨을 잃을 위험이 높아진다. 주민이 직접 무대 위로 내려와 참여하는 방재 형태를 호소했지만 현직 의원에게 패하고 말았다.

그리고 지금 산리쿠 바다에는 거대한 방조제가 늘어서기 시작했다. 도호쿠 산간지역에서는 과소화로 사람이 사라져 경계심이 약해진 야생동물이 인간의 생활영역을 침범해 농작물을 먹어치우는 등 심각한 문제를 일으키고 있다. 이에 대한 대책으로 농지와 마을에 전기울타리를 두르는 지역도 있다. 바다와 산에게 자연의 공격을 받아 방조제와 전기울타리로 반격하는 인간의 모습은 얄궂게도 마치 동물원 우리에 갇힌 동물처럼 보인다.

인구 감소 사회에서 인간권人間圈은 어쩔 수 없이 자연권에서 조금씩 철수할 수밖에 없다. 우리는 새로운 인간권과 자연권의 경계선 위에서 '자연과 공생하는 지혜'를 발휘해 생활해야 한다. 경계선은 도시지역을 서서히 잠식하고 있다. 자연에 대한 대응법에 대한 결코 지방만의 문제가 아니다.

근대 이후, 자연을 철저히 배제하는 사상을 바탕으로 만들어진 도시 안에서 인공물에 둘러싸여 생활하는 도시주민은 언제부터인가 가장 가까운 자연인 자신의 몸에서도 눈을 돌렸다. 동식물의 생명을 우리 생명으로 바꿔서 살아가고 있다는 사실을, 인간 역시 생물이라는 자연의 일부라는 사실을, 애초에 생로병사라는 자연은 통제할 수 없다는 사실을 잊어버렸다.

생명의 본질을 우리에게 일깨워준 것이 동일본대지진 재해지역이었다. 엄청나게 많은 사람이 죽었다. 자원봉사를 위해 재해지역을 방문한 도시주민은 '생'과 '사'가 이어져 있는 자연의 세계를 목격했다.

작년까지 웃으며 이야기를 나눴던 가족, 친구, 이웃이 갑자기 사라져버렸다. 사랑하는 사람의 목숨을 빼앗은 것은 바다라는 자연이었다. 당연하게 생각한 내일의 존재가 결코 당연하지 않다는 것을 재해민은 물론이고 자원봉사자도 알게 되었다. 그리고 문명사회를 한순간에 폐허더미로 만든 자연의 힘 앞에서 고개를 숙였다. 항상 도시에서 생활해 완전히 잊고 있었지만 아직 우리 곁에는 압도적인 자연이 존재한다. 우리가 아무리 노력해도 자연에서 도망칠 수 없고 통제할 수도 없다는 사실을 뼈저리게 느꼈다.

또한 재해지역이 어촌이었기 때문에, 자원봉사자 도시주민은 먹거리의 뒷면에 숨어 있던 생산자가 실제로 하는 일의 내용을 알고 경악했다. 그곳에서 만난 것은 인간이 통제할 수 없는 바다를 상대로 물고기를 잡고 조개를 기르는 어부들이었다. 어업체험 등을 통해서 소비자 도시주민은 거대한 '생물의 순환' 속에서 살아가는 자신을 확인할 수 있었다. 평소 자동차의 휘발유 급유를 닮은 기계적인 식사에 익숙해진 도시주민이, 자신이 먹던 것이 생물의 생명이며 그 생물이 자신의 몸을 구성하고 있다는 사실을 실감한 것이다.

재해지역으로 달려간 자원봉사자 도시주민이 자주 하는 말이 있었다. "오랜만에 함께 밥을 먹었다"였다. 도움에 대한 답례로 어부가 잡은 물고기를 자원봉사자에게 대접한다. 자원봉사자 도시 주민은 정기적으로 재해지역을 방문해 서로 근황을 주고받으며 식탁에 둘러앉아 관계성을 키워나갔다. 도시에 돌아가서도 어부가 보내준 해산물을 요리해 스마트폰으로 음식 사진을 보내면서 "잘 먹었습니다" 하고 감사를 전한다. 재해로 피해를 입은 어부와 자원봉사자가 확장가족이라고 할 수 있는 관대한 관계를 만들어 가고 있다.

휘발유 급유 같은 기계적인 식사는 대개 혼자다. 북적거리는 대도시 체인음식점에 들어가면, 눈앞의 점원이나 옆자리 손님과 대화하지 않고 모두 그저 묵묵히 음식을 먹고 있다. 그야말로 영양섭취 그 자체다. 그런 광경은 식사라기보다 가축에게 사료를 주는 것에 가깝다. 혼밥은 가정이나 직장 등 모든 곳을 잠식했다. 사람들은 먹고 싶은 음식을 먹고 싶을 때 각자 따로 먹고 있다.

구글에서 인공지능 개발을 지휘하는 레이 커즈와일Ray Kurzweil은 "번거롭게 음식에서 영양을 섭취할 필요가 없어진다"고 예측했다. 그에 따르면 특수한 대사용 나노봇에 의해 영양이 혈류에 직접 투입되고, 동시에 혈중이나 체내의 감지기가 각각의 부위에서 필요한 영양에 대한 정보를 무선통신으로 보내줄 것이다. 2020년대 후반에는 이러한 기술이 성숙되어, 미식의 기쁨을 느낄 수 있는 음식을 마음껏 먹을 수 있는 가상현실VR 기술도 실용화된다고 한다. 문명인은 성행위의 번거로움에서도 해방된다고 커즈와일은 말한다. 자손을 남기는 목적을 달성하기 위해서 필요한 체외수정 기술은 진화하며, 쾌락을 얻는 목적이라면 가상현실에 맡기라고 말이다.

먹는 것도 성행위도 실은 동물적 행위다. 동물이 하는 일은 살아 남기 위해서 다른 생물을 잡아먹는 것과 자손을 남기기 위해서 교 미하는 정도다. 커즈와일은 이런 행위가 번거로운 일이라고 말한 다. 이렇게 말하는 그가 두렵게 느껴질지도 모른다. 그러나 일본의 현실을 살펴보면, 기계적 식사를 만족시켜주는 시장이 확대되고 섹스리스도 증가 일로를 걷고 있다.

일본 사회가 커즈와일이 예측하는 미래로 조금씩 접근하고 있 음을 누가 부정할 수 있겠는가?

'관계인구'의 창출

———

동일본대지진으로 특히 막대한 피해를 입은 곳은 현저한 과소화 · 고령화 현상을 보이던 도호쿠 연안의 어촌마을이었다. 재해가 닥 치기 전부터 한계에 부딪힌 변경지역이 쓰나미와 원자력발전소 사 고로 인해 괴멸상태로 내몰렸다. 그곳에 사는 사람의 힘만으로는 다시 일어나 피해를 복구하고 회복할 수 없었다(지금도 여전히 회복 과정에 있다).

고령화를 동반하는 인구 감소와 쓰나미에 휩쓸린 재해지역의 재해민을 지원한 것은 도시에 사는 타지 사람들이었다. 재해민의 삶과 생업을 되찾기 위해서 마치 자기 일처럼 본인의 식견과 기술, 인맥, 체력, 시간, 돈을 투자하며 관계를 유지하는 도시주민이 생 겨났다. 초기보다 줄어들긴 했지만 지금도 관계는 이어지고 있다.

어째서 관계가 끊어지지 않고 유지되고 있을까? 그것은 일방적인 지원 관계가 아니었기 때문이다. 나는 어느 순간 '지원'하기 위해 찾아온 자원봉사자가 오히려 재해지역이나 재해민에게 힘을 얻어 도시로 돌아간다는 사실을 깨달았다.

나는 도쿄의 주민회관을 중심으로 180회 이상의 원탁 토의 좌담회를 개최하며 도시주민의 목소리에 귀를 기울여왔다. 가장 많이 듣는 말은 "살아간다는 실감이 들지 않는다", "현실감을 원한다"라는 종류다. 평균 수명도 긴 평화롭고 배부른 사회에서 '죽음'을 느끼거나 생각하는 경우는 거의 없다. '죽음'을 외면한 결과, 우리는 마치 끝이 없는 인생을 멍 하게 살고 있는 것처럼 생기 없는 얼굴로 살아간다는 실감이 들지 않는다고 투덜거린다.

그런 도시주민이 재해지역 방문을 계기로 자신의 내부에 잠들어 있던 자연을 발견하고 삶의 의지를 발견했다. 그리고 적당한 거리감으로 서로를 배려할 수 있는 확장가족 같은 관계를 손에 넣었다. 다시 말해 도시주민과 재해민은 서로의 장점으로 서로의 약점을 보완하는 연대관계를 구축했다. 서로가 필요하기 때문에 길고 얇게 유지되는 관계로 발전했다고 생각한다.

확실히 재해지역은 막대한 피해를 입었고 정주인구는 줄어들었다. 그러나 그 지역에서 생활하는 사람의 현재 상태에 대해 고민하고 미래를 걱정하면서 계속 관계를 유지하는 사람은 재해 이후 확연히 늘어났다. 나는 이런 사람들을 '관계인구'로 정의하고, 4년 전부터 이런 사람들을 늘리기 위해 노력해왔다.

멀리 떨어진 지역과 계속 관계를 유지하기 위해서 주체적이고 능동적으로 움직이는 사람들은 언제나 자신이 할 수 있는 역할을 찾고 있다. 다시 말해 관객석에서 전혀 다른 무대로 내려가려는 사람들이다. 나의 제안은 이런 '관계인구'를 제2의 주민으로 지방의 지역계획에 참여시키자는 것이다.

일본은 세계 최초로 인류사상 예를 찾기 힘든 인구 감소 사회에 돌입했다. 정부는 다양한 시책을 강구하고 있지만, 설령 출생률이 회복되어도 인구 감소를 반전시킬 수 없는 인구구조로 전환되었다. 이웃나라 한국에서도 국가적으로 수조엔 규모의 저출생 대책을 실시하고 있지만 효과를 보지 못하고 있다. 오히려 인구가 줄고 고령자가 늘어난다는 전제 아래 먹거리의 생산현장을 지켜낼 방법, 행복하고 풍요로운 사회를 만드는 방법, 부정적 유산을 가능한 다음 세대에 남기지 않는 방법을 모색하는 편이 유익하지 않을까?

군살투성이의 1억 총관객사회를 어떻게 직접 움직이는 근육질의 건강한 사회로 바꿀 수 있을까?

이때 관계인구의 창출이라는 접근은 대단히 효과적인 다이어트 방법이 될 수 있다. 가령 인구가 양적으로 감소하더라도, 각 연령대에서 능동적이고 주체적으로 지방의 여러 현장과 관계를 맺는 사람이 늘어나는 인구의 '질적 변환'이 이루어지면 사회는 오히려 지금보다 활력이 넘칠지도 모른다.

'관계인구'가 만들어낸 공동체의 예를 하나 소개하도록 하겠다.

이와테현 구지久慈시의 야마가타무라山形町 마을에 위치한 축산농가. 가키키 도시유키柿木敏由貴(45세) 씨는 신념을 가지고 사육 중인 일본 단각종 소의 가격에 공감해준 '먹는 통신' 독자들과

팬 커뮤니티를 만들었다. 회원이 목장을 방문하고 가키키 씨가 도쿄로 초대를 받으면서, 74명 회원들과 함께 축산 현장에서 느끼는 문제점과 문제 해결을 위해 소비자가 할 수 있는 일에 대해서 의견을 교환해왔다.

2016년 여름, 이 커뮤니티가 위력을 발휘한 사건이 있었다. 가키키 씨가 소속된 생산자조합에서는 비용 삭감을 위해서 '일본산 사료 100퍼센트의 방침을 버리고 수입사료를 도입하자'는 결정이 진행되고 있었다. 가키키 씨는 "나는 지금의 고기 맛이 좋다. 일본산 사료 100퍼센트로 기른 일본단각종의 고기가 맛있다며 구매해주는 셰프를 배신하고 싶지도 않다. 비용 면에서는 힘들지 몰라도 어떻게든 일본산 사료 100퍼센트를 유지할 방법을 모색 중이다"라고 회원이 모인 자리에서 털어 놓았다. 그러자 회원들이 "무슨 일이 있어도 가키키 씨의 뜻을 지지한다!", "힘없는 개인이지만 열심히 홍보하겠습니다!"라고 앞 다투어 응원해주었다.

'일본산 사료 100퍼센트로 키운 귀한 고기'를 광고 문구로 걸고 도쿄의 대학 축제에 출점해 로스트비프를 판매하거나, 모리오카盛岡 시내의 가공육 공장에서 가키키 씨가 기른 소로 생햄을 만드는 뜻 있는 회원도 나타났다. 커뮤니티의 회원은 단순한 소비자가 아니라 가키키 씨의 이해자이며 영업일꾼으로 성장하고 있다.

고립의 벽을 넘어 이러한 관계인구가 늘어나면 실제 인구보다 두세 배의 힘을 발휘할 수 있지 않을까?

2018년 3월, 일본정부는 도호쿠 재해지역의 인구 감소 대책으로 지역과 계속해서 관계를 유지하는 관계인구의 창출을 지원하는 방침을 제시했다. 재해지역은 본격적인 인구 감소 사회로 돌입하는 일본의 근미래를 한발 앞서 경험하고 있다. 이곳에서 출현한 '관계인구'를 가시화하여 일본 전체로 확산시키는 것이다. 지금의 일본이 할 수 있는 일이다.

《도호쿠 먹는 통신》에 대담을 소개한 적 있는 농업경제학자 후지하라 다쓰시藤原辰史 씨는 "현 시대의 인간관계는 계면활성제 같다"고 표현한다. 계면활성제는 물체와 물체가 접촉할 때 마찰을 없애주는 약품이다. 오늘날의 인간관계는 미끈미끈하다는 뜻이다. 그러나 살아간다는 것은 상대방과의 '사이'가 끈끈하게 엉킨다는 것이다. 나와 나 이외의 누군가가 존재할 때 비로소 '살아간다'고 할 수 있다. 상대방이 이렇게 움직이면 나는 이렇게 움직인다, 그러면 상대방도 이렇게 움직인다. 이러한 상호작용을 통해서 움직이고 움직여지는 복잡형이 바로 '살아간다'는 것이다.

그런 끈끈하게 엉켜 있는 삶의 역동성은 분단을 뛰어넘어 도시와 지방이 함께 섞여 있을 때, 개개인의 몸에서 뿜어져 나온다.

얼핏 세련되고 생활에 부족함이 없어 보이는 사람이라도 한꺼풀 벗겨보면 살아간다는 실감을 느끼지 못하고 그저 타성에 '삶'을 맡기고 있는 도시주민일지 모른다. 직업의 보람을 느끼지 못한 채 무엇을 위해서 살아가는지 고뇌하거나, 내일에 대한 희망이 없는 도시생활자도 많다.

한편 농업과 어업의 현장은 단순하다. 살아가기 위해서 필요한 먹거리를 직접 만든다. 이렇게 알기 쉬운 '살아간다'가 또 있을까? 몸을 움직이면 땀을 흘리고, 배도 고프고, 푹 잘 수 있다. 생산자들이 "어려운 얘기는 몰라. 하지만 살아간다는 건 결국 그런 거 아냐?"라고 말하면 나 같은 사람은 언제나 찍소리도 못한다. 그들은 살아가는 것을 머리로 생각하지 않고 몸으로 느낀다. 신체성 회복의 중요성을, 자기 손으로 생활을 만들어가는 재미를, 살아가는 모습을 통해 우리에게 전해준다.

그러나 생활하기 힘들다고 말하는 생산자도 적지 않다. 농업과 어업의 수입만으로는 평범하게 아이를 낳아 기르며 살아가기 어렵다고 한탄한다. 그 이야기를 들었을 때, 나는 어떻게라도 도움이 되고 싶다는 충동에 사로잡혔다. 분명 비슷한 생각을 하는 사람이 많을 것이다.

지금 사회를 살아가는 자신의 모습에 만족하지 못하는 도시생활자와 도움이 필요한 지방의 생산자가 마치 건전지의 양극처럼 연결된다면 새로운 사회를 만드는 힘이 될 수 있다.

동일본대지진이라는 비상사태가 인구 감소 사회에 만들어낸 관계인구를 평상시에도 계속 만들어내고 싶다. 그런 마음으로 나는 지금까지 《도호쿠 먹는 통신》을 편집해왔다.

먹는다는 것은 곧 살아간다는 것이다. 살아가는 것이 '관계'라면 먹는 것에서도 '관계'가 보여야 한다. 농어촌은 재해지역과 마찬가지로 어디든 피폐한 상태다. 그러나 '식'을 통해서 도시 소비자와의 관계를 창출하는 매체가 있다면 일상적으로 관계인구를 만들어내는 장치가 될 것이다.

2016년부터 '먹는 통신'의 경험을 바탕으로 생산자에게서 직접 식재료를 구매할 수 있고 직접 이야기도 나눌 수 있는 온라인 산지

직송 어플리케이션 서비스 '포켓마르쉐'를 시작했다. 여기에서는 생산자 본인이 정보의 발신자가 되어 먹거리의 보이지 않는 부분을 가시화하고 자신에 대해 이야기한다. 공감한 소비자는 구매하고 감상을 전달하는 형태로 참여한다. 맛은 똑같지만 모양이 나빠서 시장에 유통할 수 없었던 생산물도 포켓마르쉐에서 판매할 수 있게 되었다. 딸기농가가 구매자에게 모종을 보내겠다는 제안을 하자, "첫 체험이라 두근거린다", "아들이 물주기 담당을 하기로 했다", "올봄에 딸기를 수확하러 현지에 가고 싶다" 등의 반응이 돌아왔다. 이곳에서도 '공감'에서 '참가'로 발전하는 관계인구가 생겨나고 있다.

지금 대도시에는 돌아갈 고향이 없는 '고향 난민'이 늘고 있다. 그리고 지방의 농어촌은 고향을 지키는 일손도 지혜도 부족하다. 앞으로는 '고향 난민'의 증가로 인해, 혈연으로 간신히 연결되어 있던 도시와 지방의 분단은 한층 심각해질 것이다. 우리 자신이 살아갈 힘을 되찾기 위해서라도, 도시와 지방의 미끈한 관계를 끈끈한 관계로 바꾸고 도시와 지방을 뒤섞어야 한다.

만원 전철은 사절이지만 지방으로의 이주도 진입 장벽이 높다고 말하는 도시주민도 가끔 들르는 생활방식이라면 크게 어렵지 않을 것이다. 도쿄에서 태어나 도쿄에서 살고 있는 독자 중에는 가족 모두 생산자와 친하게 지내면서, 대규모 수도권 직하 지진이 일어나면 여기로 피난 오라는 이야기를 주고받을 정도로 가까운 관계를 유지하는 사람도 있다. 어찌 보면 고향으로 가는 여권을 손에 넣었다고 할 수 있다.

고향은 위험요소가 커지는 도시에서 살아가는 인간의 유사시 생존기반이기도 하다. 그곳은 바다와 땅에서 분리되어 길을 잃은 생명의 미아가 다시 '삶'을 시작하는 장소임에 틀림없다.

인구 감소 사회를 힘차게 살아가기 위해서는 지성과 야생이 필요하다.

정기적으로 생명의 고향을 찾아서 흙을 만지고 파도에 흔들리다 보면 내면에 잠들어 있던 야생이 눈을 뜬다. 말하자면 참근교대 参勤交代와 정반대로 관계인구가 도시와 지방을 활기차게 왕복하게 되면 일본은 다시 살아날 것이다.

인구 예측 그래프의 덫

저출생을 둘러싼
여론의 배경에 존재하는 '경영자 시선'

오다지마 다카시 小田嶋隆

1956년 도쿄 출생. 칼럼리스트. 와세다대학 교육학부를 졸업하고 식품회사 입사. 약 1년 뒤에 퇴사하고 초등학교 사무원 수습, 라디오방송국AD, 테크니컬 라이터 등의 직업을 전전. 1988년 칼럼집《내 마음은 IC가 아니다》로 인기를 얻으며 다방면에서 비평활동 중. 주요 저서로는《지뢰를 밟을 용기》,《오다지마 다카시의 칼럼도》,《초·반지성주의 입문》등이 있다.

야랑자대夜郞自大*한 '경영자 시선'

———

21세기에 들어와 이상할 정도로 자주 사용되는 단어 가운데 '경영자 시선'이라는 것이 있다.

나는 이 단어를 남발하는 사람은 교제 범위에서 제외한다. 왜냐하면 경영자 시선으로 세계를 관찰하는 인간은 언젠가는 타인을 도구로 취급하게 된다고 믿기 때문이다.

그렇기 때문에 나는 "비즈니스 퍼슨 개개인이 경영자의 자각과 식견을 가지고 일에 임하면 그만큼 넓은 시야에서 본인의 업무에 몰두할 수 있습니다. 그렇게 하는 것은 결과적으로 생산적인 사회의 자율성을 촉구하는 에너지가 됩니다"라는 주장에는 전혀 귀를 기울이지 않는다.

참고로 20세기 회사원은 회사 내에서 직면하는 이런저런 일들

———————

• 분별없이 자신을 과대평가하는 것을 비유하는 사자성어. 중국 한나라 때 서남쪽의 오랑캐 중에서 야랑국이 오만했던 데서 유래했다.

을 경영자 시선에서 다시 파악하는 습관은 가지고 있지 않았다. 그 이전에 자기 자신을 '비즈니스 퍼슨'이라며 마치 전략가처럼 구는 인간에 빗대는 오만한 자의식 자체를 공유하지 않았다.

혹시 그런 종류의 의식이 강한 신입사원이 입사해도 "그러니까 네 녀석이 하는 일은 비즈니스고, 그 비즈니스에 대해서 퍼슨으로 임하는 것이 네 녀석의 직업생활이라는 거지?"라고 20세기의 선배들은 분명 번갈아가며 이죽대고 놀려댔을 것이다.

한마디로 20세기 일꾼들은 일개 노동자인 자신들이 경영자의 입장에서 생각하거나 발언하는 것을 '시야가 넓다'고 평가하는 태도와는 인연이 없었다.

그러나 21세기에 들어서면서부터 젊은 회사원은 다양한 연수와 자기계발서에 불필요한 '세계적'인 지혜를 추가하는 형태로 '경영자 시선'으로 대표되는 거시적 관찰의 습관을 강요당하고 있다. 그리고 그러한 환경 변화를 반영하여 부단한 자기개혁을 강요당하는 젊은 비즈니스 퍼슨 본인도 결국에는 자신의 눈앞에 존재하는 비즈니스와 사회를 통제가능한 조작대상으로 분석하는 태도를 습득하기 시작했다. 참으로 귀찮은 시대가 되어버린 것이다.

어찌되었든 나는 이 '경영자 시선'이라는 불손하기 그지없는 야랑자대가 무경험자에 의한 통치기구개혁이나 사회개량사업을 만연시키는 가까운 미래의 도래를 걱정하고 있다.

벽 안의 하나의 벽돌에 불과한 노동자가 성의 설계를 담당하는 창조주의 입장에서 발언하는 경우의 해악에 대해서 확실한 고찰이 이루어지지 않는 한, 끝나지 않는 21세기 비즈니스 퍼슨 문제는 종결되지 않는다. 이 일의 중요성은 아무리 강조해도 부족할 것이다.

앞에서 이야기했듯이 20세기 노동자는 경영자 시선을 가지고 있지 않았다. 마치 경영자가 빙의한 것 같은 발언을 반복하는 동료사원에게는 조합원으로서 철퇴를 가하는 것이 당시의 상식이었다. 설명을 덧붙이면, 옛날 살기 좋던 시절의 고상한 일본인은 개인이 경영관리적인 시야를 갖는 것 자체를 '주제 넘는' 태도로 여기며 경계했다.

그렇기 때문에 직급이 평사원인 사람이 경영자 시선과 마음가짐으로 회사의 광고 전략에 대해서 의견을 개진하거나, 자기 담당도 아닌 부서의 인사 배치에 이러쿵저러쿵 견해를 늘어놓는 일은 당장에 "시끄러워, 조용히 해"라고 질책을 받는 비즈니스 매너였다. 이런 상황에서 '시건방지다'는 주위의 평가를 받은 평사원은 결국 평생 동안 나아지지 않는 회사원 생활을 할 수밖에 없었다.

나는 저출생을 우려하는 여론의 배경에는 이러한 '경영자 시선'이 존재한다고 생각한다. 저출생을 걱정하는 사람들이 문제시하는 내용은 저출생으로 인한 소비시장의 축소와 노동자 부족으로, 결국 일본의 경제단체연합회 분들의 의견을 그대로 복사한 것이기 때문이다.

그들의 걱정은 시민의식에서 비롯된 것이 아니다. 사회의 구성원이 가져야 할 문제의식과도 관련이 없다.

그들은 그저 회사의 제품을 팔 수 있는 시장이 축소되는 것과 인력 부족을 우려하면서 도산을 걱정하고 있다.

"주제도 모르고 원숭이가 동물원의 돈벌이를 걱정하는 이야기로군."

"그보다도 어항의 크기 이상으로 산란하는 '생산성 높은' 금붕어가 좋은 금붕어라는 허풍으로 경영자를 가지고 노는 사람들이 바로 컨설턴트라는 이름의 인종이다. 결국 자기계발이라는 것은 썩어빠진 사기꾼 일당이 발명한 어항 차원의 금붕어 철학 자체에 불과하다."

20세기의 제대로 된 회사원이라면 반드시 이렇게 말할 것이다.

사회 속 개인의 경우도 마찬가지다. 20세기를 살아온 서민들은 예를 들어 납세자의 입장에서 발언한다는 건방진 행동방식을 있는 힘껏 공격해왔다. 그뿐 아니라 한 사람의 서민에 불과한 시민이 인구동태 도표를 가지고 문명에 대한 비판을 늘어놓는 것을 '교활하다'거나 '주제넘는' 태도라며 조소했다. 다시 말해 젊은 세대에게 꼰대질을 계속하는 것이 20세기의 질서를 유지하는 기준인 동시에 세간의 상식을 견고하게 만드는 골자이기도 했다.

"그러니까 그런 이야기잖아? 납세자의 입장에서 행정을 감시하는 시민인 당신은 성문제 행동가sex doer의 입장에서 저출생 문제와 씨름하는 행동가라는 뜻이잖아?"

"말해두겠는데 '한 사람의 납세자로서 나는'이라는 잘난척하는 화법을 '한 사람의 성문제 행동가로서 나는'이라고 그대로 응용할 수 있다고 생각하면 그것은 큰 착각이야. 혼자서는 섹스를 할 수 없으니까 그 부분을 고려해야지."

"요컨대 네 녀석의 입장은 '한 사람의 성문제 행동가로서 나는

지나친 피임의 폐해를'이라는 논점에서 사회를 계발하겠다는 거
지?"

"그거 참, 내가 보기에는 그냥 쓸데없는 참견에 불과한데 말이
야."

"맞아 맞아. 남의 피임을 비웃지 말라는 거지."

"그보다는 남의 섹스리스를 비난하지 말라고 해야겠지."

"시끄러워, 멋대로 하게 내버려두라고."

"그보다 한마디로 손님 숫자만 걱정하는 장사꾼 근성의 이야기
를 정치에 넘기지 말라는 거 아니야?"

"지역 부흥이 어쩌고저쩌고, 지역활성화는 무용지물이라고 입
만 벌리면, 행정에 잘못을 떠넘긴다면, 자기네 장사가 기우는 것을
과소화 탓으로 돌리고 싶어 하는 지방 고속도로 꼰대들의 화법과
어디가 다르단 말이냐?"

인구 동태 예측 그래프는 점성술이다

———

내가 어렸을 때 저출생을 걱정하는 소리는 일본 어디에서도 들리
지 않았다. 유식자 선생들은 오히려 한없이 증가하는 인구에 대해
서 강하게 경고했다. 신문의 논설위원과 NHK 논평방송에 등장하
는 문화인사도 인구폭발을 걱정하는 입장에서 주장을 펼쳤다. 학
교 수업에서도 중학교에 올라가면 사회과목 선생님이 맬서스의
인구론 등을 인용하면서 한 차례 문명 비판을 늘어놓는 것이 일반

적인 전개였다.

다시 말해 20세기가 끝나기 얼마 전까지, 일본인은 수십 년 동안 오직 인구 폭발과 식량위기와 에너지 고갈을 걱정하고 있었다. 특별한 설명 없이 '인구 문제'라는 단어를 꺼내는 경우, 협소하고 자원이 부족한 일본이 과잉인구의 압박으로 인해 마비되는 것에 대한 공포를 의미했다.

그런 이유에서 20세기 어린이의 구슬픈 말로인 내 입장에서는 인구 감소가 사회 문제의 범주 안에서 논의되는 단계에 이른 시대 사조의 급변을 여전히 석연치 않게 여기고 있다.

만원 전철에 앉을 자리가 생기는 것은 어디가 슬픈 일인가? 바꿔 말하면 나는 이런 입장에서 '인구'라는 단어를 둘러싼 불가사의한 논의를 바라보고 있다. 그렇기 때문에 어디든 예로 제시되는 인구동태를 예측하는 꺾은선 그래프에도 의심을 품고 있다.

1970년대의 인구 예측이 보기 좋게 빗나간 결과가 반세기가 지난 현재의 인구구성이라는 점을 고려하면, 지금부터 반세기 뒤의 2070년 일본 인구가 좌표 위에 그려진 급격한 하강곡선 그대로 진행된다고 생각되지 않기 때문이다.

60년을 살아온 인간이라면 누구라도 알고 있겠지만, 이런 종류의 예측이 항상 적중하는 것은 아니다. 신문이 인용하는 미래 예측 그래프는 오후의 차 모임에 지적인 화제를 제공해야 한다는 중압감에 고통 받는 초로의 부인을 위한 이야깃거리에 불과하다. 다 큰 어른이 진지하게 분석해야 하는 대상은 아니다. 그런 예측을 진지하게 받아들여서는 안 된다.

특히 시계열의 가로 좌표가 30년보다 먼 미래를 향해서 뻗어 있는 유형의 그래프는 점성술이나 혈액형 점의 행렬을 대하는 마음으로 취급해야 한다고, 나는 어느 정도 진심으로 그렇게 생각한다. 바꿔 말하면 인구와 경제에 대해서 50년 뒤의 이야기를 하면서 예측이 맞는다는 전제로 의논하고 있는 태도가 이미 경솔한 것이다.

인구동태예측 그래프에는 "현재의 상태로 이행된다면"이라는 단서가 붙어 있다. 이것은 "사회 형태가 크게 변하지 않고 사람들의 가족관과 성의식이 대체적으로 현재의 상태 그대로 이행된다면, 이것들은 이렇게 됩니다"라는 의미다. 자연사하는 인간의 수와 여성이 1인당 일생 동안 낳는 자녀수를 바탕으로 추론하여 ○년 뒤의 총인구는 ○○명이 된다고 예측하는, 연립1차방정식의 미지수(x) 부분에 나름의 숫자를 집어넣은 산수 문제의 결과에 지나지 않는다.

어떤 고정된 수식을 전제로 그 방정식 안에서 변수로 가정된 부분에 특정 숫자를 대입하면 당연한 귀결로 계산결과가 산출된다. 너무나 당연한 사실이다. 그러나 그보다 당연한 사실은 우리 사회가 꼭 방정식대로 움직이지는 않는다는 것이다. 순서를 착각해서는 안 된다. 계산식이 존재하고, 그 계산식대로 사회가 운영되거나 변화되는 것이 아니다.

먼저 사회가 존재한다. 그 사회의 성립 방법이나 변화 방향을 분석하기 위한 목적으로 몇몇 똑똑한 사람들이 계산식을 고안한 것에 불과하다. 일정한 조건에서 성립되는 계산식이라도 다른 조건이 추가되면 다른 해답을 내놓는다. 당연한 일이다.

무엇보다 전제가 붕괴되면 계산식 자체가 기능하지 않는다. 이역시 당연한 일이다. 간단히 말해서 단서 부분에 있는 '현재 상태로 이행되면' 자체가 항상 변하고 있는 이상, 미래에 대한 예측은 그 시점이 현재에서 멀어지면 멀어질수록 의심스러워질 것이다.

재해가 찾아올 수도 있다.

전쟁이 갑자기 일어날 수도 있다.

그렇게 극단적인 일이 일어나지 않아도, 예를 들어 30년 뒤에 예측한 형태 그대로 인구가 감소했다면 '인구 감소 이후의 사회'라는 조건이 그 시점의 새로운 전제가 된다. 그 새로운 전제는 분명히 그 이후 30년간 사회의 모습에 미묘한 변화를 초래할 것이다.

예를 들어 수십 년 뒤에 인구가 30퍼센트 감소하는 사태에 대해서 국가가 전혀 대책을 세우지 않았다면, 그 결과 초래되는 노동력 부족과 시장축소로 인해서 국민경제는 분명 무사하지 못할 것이다. 그렇게 피해를 입은 경제 규모의 축소가 일본 사회의 출생률과 사망률의 새로운 조건이 될 것이다.

그렇게 되면 더 이상은 예상할 수 없다.

물버룩이 알려주는 것

저출생 대책을 논의하는 흐름 속에서 사회에 진출한 여성의 육아 부담을 지원하는 시책을 요구하는 것은 당연한 일이다.

그러나 설령 그 부분의 문제가 해결되더라도, 그렇다고 저출생 경향이 개선될지 어떨지는 사실 불확실하다. 젊은 세대의 남녀가 아이를 가지려고 하지 않는 이유가 명확하지 않기 때문이다.

물론 교육비의 급등이나 보육원 부족 등의 이른바 육아 지원에 역행하는 상황이 젊은 세대의 생활을 압박하고 있는 것은 틀림없는 사실이다. 실제로 그들의 입장에서 생각해보면 현재와 같은 상황이 계속되는 한, 둘째는 몰라도 셋째를 낳으려는 마음은 생기지 않을 것이다. 이런 부분은 잘 알고 있다.

단지 그렇다면 육아 지원을 위한 조건들이 갖춰지면 젊은이들이 활발하게 결혼해서 빨리 아이를 많이 낳아 기르게 될까? 이 부분은 역시 여전히 불확실하다.

이것은 반대로 생각해보면, 1940년대 후반의 베이비붐 시대에 사람들의 다산을 촉진한 것이 무엇이었는지 아직 밝히지 못하고 있는 것과 같은 종류의 이야기다. 왜냐하면 아이를 맡길 수 있는 곳도, 젊은 남녀의 경제 상태도, 미래에 대한 전망의 희망도, 1940년대 후반은 이 모든 상황이 분명히 최악이었기 때문이다. 그런 최악의 조건 속에서 어째서 그렇게 극적인 출생률의 향상을 실현할 수 있었는지에 대해서는 결국 아무도 대답할 수 없다.

현재 육아 지원을 호소하는 사람들의 상당수는 "미래가 불확실한 현재 상황에서는 젊은 남녀가 아이를 가지려는 생각을 할 수 없다"는 요지의 주장을 되풀이하며 호소하고 있다. 그들의 주장은 대체적으로 이치에 맞는 것처럼 보인다.

실질임금이 정체되고, 보육원이 부족하고, 교육비의 급등이 멈추지 않고, 정사원으로 고용하는 노동자에게 요구하는 교육 수준이 한없이 고도화되고 있다. 이런 상황에서 아이를 낳아 기르겠다는 결단을 내리기란 쉽지 않다. 경제적인 부담이 큰 것은 물론이고 실패가 용납되지 않는 육아라는 임무에 수반되는 큰 위험부담이 젊은 남녀를 압박하고 있기 때문이다.

물론 교육비의 상당 부분이 공비부담으로 해결되고, 보육원이 정비되어 한부모가정이나 혼인외출생자에 대한 사회보장이 확충되면 당연히 출생률은 어느 정도 개선될 것이다. 그러나 그것만으로 저출생의 흐름이 반전될 수 있을지는 역시 알 수 없다. 개인적인 직감이지만 힘들다고 본다.

이런 글에서 개인적인 직감을 근거로 이야기를 끌어가는 것은 상당히 부끄러운 일이지만, 이미 말을 꺼냈으니 갈 수 있는 데까지는 가보도록 하겠다.

물벼룩은 생식하는 호수나 늪의 생존환경이 양호한 이상, 단위생식을 하는 것으로 알려져 있다. 단위생식은 암컷 혼자 알(단위생식란)을 낳아서 세대교체를 반복하는 것이다. 따라서 보통의 늪과 호수에는 암컷 물벼룩밖에 없다.

그런데 물벼룩이 지나치게 늘어나거나, 먹이가 부족해지거나, 수온이 내려가거나, 태양광이 부족해지는 등, 물벼룩의 생육환경이 악화되면 그들은 수컷을 낳는다. 그리고 그 수컷과 암컷 사이에서 '내구란耐久卵'이라는 수정란을 낳는다.

이 수정란은 건조와 환경변화에 강하기 때문에 늪이 말라붙어도 다음에 물이 찰 때까지 살아남을 수 있다. 꽤 멋진 이야기다. 다시 말해 물벼룩은 자신들의 주위환경이 좋은지 나쁜지 판단하여 그에 맞춘 산란을 하고 있다.

단위생식과 유성생식을 구분하여 사용하는 정도로 극단적인 예가 아니라도 환경에 따라서 산란수를 조정하는 생물은 드물지 않다. 먹이가 많을 때 자식을 많이 낳는 유형의 생물이 있는가 하면, 반대로 열악한 환경일 때 다산으로 바뀌는 유형의 생물도 있다.

인간이 어떤지는 알 수 없다.

어쩌면 어떤 유형의 생물이 그러하듯이, 인간 역시 종존속의 위기를 느끼는 사태에 직면하면 다산을 통해서 멸망가능성을 회피하려는 본능이 내재되어 있을지도 모른다. 만약 그렇다면 예를 들어 50년 뒤에 재해나 전쟁 또는 저출생에 따른 경제규모의 축소로 인해서 국가가 황폐해지고 국민의 생활조건이 열악한 수준으로 전락했다고 가정하면, 어느 순간 그 열악한 생활이 오히려 출생률 역전의 기회가 될지도 모른다.

물론 근거가 있어서 이런 가설을 제시하는 것은 아니다. 그렇지만 "현재 상태로 출생률 저하가 이행된다면, ○○년 뒤에 일본은 소멸한다"는 미래 예측을 내놓는 사람들이 하는 이야기도, 떠오르는 생각을 늘어놓은 나의 가설과 같은 수준으로 근거가 의심스러운 이야기다.

안이한 주제, '집'

———

미래 예측을 포함한 주장에 마주할 때 중요하게 생각해야 하는 부분은 그 예측이 맞는지 아닌지가 아니다. 미래 예측도를 우리 눈앞에 제시하고 있는 사람이 대체 어떤 목적을 가지고 있는지가 중요하다. 그렇기 때문에 글의 첫머리에서도 이야기했듯이 나는 인구 감소 사회의 도래를 움직일 수 없는 소여의 조건으로 취급하는 논의에는 주의를 기울이고 있다. 그런 종류의 입론은 세계 종말의 도래를 전제하는 도그마와 비슷해서 사람들을 불필요한 혼란에 빠뜨리기 때문이다.

저출생 문제를 둘러싼 논의는 사람들을 혼란에 빠뜨린다.

2007년 1월, 정치가 야나기사와 하쿠오柳澤伯夫가 여야당의 정치가들과 대중매체로부터 뭇매를 맞은 발언을 선명하게 기억하고 있다. 야나기사와는 시마네島根현 마쓰에松江시에서 개최된 자민당의 현의원집회에서 '미래의 연금, 복지, 의료의 전망에 대해서'라는 의제로 강연을 하면서 저출생 대책에 대해 다음과 같이 발언했다.

"낳는 기계라고 하면 좀 그렇지만, 장치가 말입니다. 이미 수가 정해져 있습니다. 기계의 수, 기계라고 하면⋯⋯ 좀 그렇지만, 그런 시대가 왔다면 남은 것은 하나, 저기 기계라고 해서 미안합니다. 그, 그 낳는, 낳는 역할을 하는 사람이 열심히 노력해주는 방법밖에 없습니다."

여성을 기계에 빗댄 이 발언이 '낳는 기계 발언'이라는 제목으로 보도되자, 야나기사와에 대한 공격은 걷잡을 수 없이 강해졌다.

이 발언에 대해서 '닛케이우먼 온라인'의 홈페이지는 다음과 같은 회고 글을 싣고 있다.

"결국 야나기사와 장관은 사임하지 않았고, 2007년 8월에 발족한 아베 내각에서도 후생노동장관을 지냈습니다. 그러나 이 발언은 임신과 출산에 대해서 경의와 존중의 마음을 가지지 않고 단순히 '인간 조달의 수단'으로 생각하고 있는 남성과 사회가 품고 있는 낮은 인식과 심리를 노골적으로 보여준 예로 후대에 전해지게 되었습니다."[1]

개인적으로 야나기사와의 발언은 무엇보다 무신경하게 느껴졌다. 본인은 재치 있는 예라고 생각해서 꺼낸 이야기였겠지만, 그다지 이해하기 쉬운 예도 아니었다. 하지만 차별이나 여성멸시 등의 이유로 장관직의 사임을 요구할 정도의 발언이었다고는 생각하지 않는다. 생산기계의 대수와 그 기계 한 대당 생산량으로 공장의 생산량이 결정되는 공장의 생산현장을 예로 든 것뿐이다.

장관은 그 비유 속에서 기계 한 대당 생산량을 늘리기 위해서는 어떻게 해야 하는가라는 논의를 제시했다. 이런 발상의 발언이 문제가 된다면, 출산과 임신이 포함된 논의를 공장의 생산조정과 같은 사고방식으로 생각하는 것 자체가 불가능해진다. 다시 말해 출생률에 관한 기술적인 논의 자체가 정치가에게 '지뢰'가 되어버렸다.

일반적으로 생각하면, 기계의 수가 한정되어 있는 경우 기계 한 대당 생산량을 늘릴 수밖에 없다는 문제의 구상은 지극히 논리적이고 근본적이다. 비유 표현에 문제가 있는 것은 사실이지만 사고방식 자체는 성차별적이지 않다. 그러나 현대 일본 사회에는 여성

---

1 http://wol.nikkeibp.co.jp/article/column/20100112/105511/

의 출생률을 직접적으로 문제화하는 것을 기피하는 분위기가 만연해 있다.

그간의 사정은 상당히 복잡하다.

인구 문제를 통계상의 숫자로 다루면서 미래 인구를 노동력 내지는 소비주체로서 상정하는 모든 논의는 여성을 아이를 '낳는 기계'로 계산한다는 전제로 진행된다.

그런데 인구 문제와는 다른 부분의 사회적 전제는 여성을 아이를 '낳는 기계'로 취급하는 것을 결코 용서하지 않는다. 여성은 독립된 인격을 갖춘 자유로운 인간이며, 낳거나 낳지 않도록 타인에게 강요당하는 존재가 아니다. 그렇다면 그런 여성을 통계상의 한 집단으로 취급하는 것은 물론이고 그 출생수로 합계를 구하거나 변수화하여 방정식에 대입하는 것 또한 여성이라는 성을 인구동태를 좌우하는 하나의 변수로 간주하는 차별적인 태도라고 주장한다.

그래서 인구 문제는 언젠가부터 남성과 여성이라는 자명한 이론에서 분리되어 '집'이라는 의제 속에 갇혀버렸다. 여성이라는 살아있는 자료를 계산식에 넣는 것을 피해서 '집'이라는 개념으로 취급하려는 것이다.

결국 21세기의 일본인은 여성 1인당 출생수라는 노골적인 화제에 손대는 것을 두려워하게 되었다. 출산 가능한 젊은 남녀의 초혼 연령의 상승 경향, 평생 독신을 선택한 남녀의 증가 등의 화제도 정치적으로 공정하지 않을 수 있다는 우려에 좀처럼 입에 담기 어려워졌다.

결국 안이한 주제인 '집'이 등장할 수밖에 없다. 여느 때처럼 일본 보수단체 일본회의 같은 사람들이 사자에상 일가[•]의 3세대 동거야말로 일본 가족의 전통이고 이상이며 희망이라는 무의미하고 저급한 주장을 들고 나왔다. 그런데 정말 놀랍게도 이 바보 같은 이야기가 예상 외로 많은 사람들의 마음을 사로잡고 있다.

일본의 인구 감소 경향은 향후 30년에서 50년은 계속될 것이다. 그보다 미래의 일은 알 수 없다.

저출생은 피할 수 없는 전제다. 그러나 저출생의 결과, 우리 사회가 어떻게 변할 것인지에 대해서는 현시점에서는 누구도 정답을 알지 못한다.

중요한 것은 시대를 앞으로 되돌리지 않는 일이다.

출산에 도달하는 남녀의 설정을 정상화하기 위해서 태평양전쟁 이전의 민법이 상정했던 형태의 '집'을 '되찾는다'는 망상에 사로잡히는 것만은 어떻게 해서도 피해야 한다. '국가', '노동인구', '소비시장'과 같은 '거시'적인 '경영자 시선'에서 도출되는 인구 증가를 위한 해결안은 양계장을 닮은 미래를 초래하기 때문이다.

야나기사와 총리의 발언이 폭발적인 반발을 불러일으킨 이유는 그의 발언 자체의 문제보다도, 총리의 말투에서 태평양전쟁 이전에 "낳아라 늘려라"라며 식산흥업殖産興業과 부국강병을 강요했던 국가주의의 망령을 떠올린 일본인이 의외로 많았기 때문이 아닐

———————

• 1946년부터 방송되고 있는 일본 국민 텔레비전 애니메이션. 3세대 6명으로 구성된 가족의 이야기.

까? 그래서 그렇게까지 혐오의 대상이 된 것이 아니었을까? 만약 그렇다면 우리의 직감은 생각보다 날카로운지도 모른다.

국민을 일왕의 자식이라 부르면서 모든 구성원을 한 명의 병사로 계산했던 과거의 저주받은 대일본제국 체제는 그렇게 깊이 일본인의 기억 속에 새겨져 있다.

경영자가 일손 부족으로 고통 받고 있다고 그런 시대의 사회체제를 되살려서는 안 된다.

이 글의 결론은 다음과 같다.

인구 문제에 논리적으로 대처하기 위해서는 인간을 '낳는 기계'라고 가정하는 전제가 불가결하다. 하지만 인간을 '낳는 기계'라고 생각하는 사고방식에서 출발한 입론은 대단히 높은 확률로 인간을 '일하는 기계' 또는 '소비하는 기계'로 배치하길 원하는 경영자 시선의 사상으로 이어지게 된다.

그렇다면 답은 분명하다.

인구 감소 문제에 대한 해답은 '경영자 시선'을 가진 인간의 사상 속에는 존재하지 않는다. 해답은 우리 개개인이, 우리 자신의 인생을 자기 나름대로 살아가는 생활 속에 이미 존재하고 있다.

'집'이라는 개념으로 돌아가서도 안 된다.

'노동인구'나 '시장'이라는 경영자 시선의 이야기에 휘둘려서는 더더욱 안 된다. 우리는 양계장의 닭이 아니기 때문이다.

뜨거운 근대는 끝났다

'사양의 일본'을 위한
현명한 안전보장 전망

강상중姜尙中

1950년 구마모토현 출생. 정치학자. 도쿄대학 명예교수. 구마모토현립극장 이사
장 겸 관장. 와세다대학 대학원 정치학연구과 박사과정 수료. 도쿄대학 대학원
정보학환情報學環·학제정보학부 교수 등을 역임. 저서로는《막스 베버와 근대》,
《오리엔탈리즘을 넘어서》,《내셔널리즘》,《증보판 한일관계의 극복》,《재일 강상
중》,《애국의 방법》,《고민하는 힘》,《악의 시대를 건너는 힘》등이 있다.

'뜨거운 근대'의 종언

———

신문이나 출판 관계 모임에서 업계의 장래성에 대한 질문을 종종 받는다. 내 대답은 정해져 있다. '다자이 오사무太宰治'다. 그 속에 숨겨진 의미는 '사양斜陽'*.

　관계자에게서 자조적인 웃음소리가 들리고 결국 어색한 분위기가 퍼져나간다.

　'사양……' 서쪽으로 기울어진 태양, 석양. 여기에서 파생되어 번영한 자가 쇠락하는 것, 또는 영락하는 것. 사전적 의미는 이 정도일 것이다. 확실히 '사양족'**부터 '사양산업'까지 사양에는 뒤처지거나 낙오되는 쇠퇴의 이미지가 감돌고 있다.

　저출생·고령화와 인구 감소, 과소화와 '새로운 빈곤', 격차 확대

———

• 1947년 발표된 다자이 오사무의 소설 제목.
•• 다자이 오사무의 《사양》에서 유래한 단어. 몰락해가는 상류계급 사람들을 가리킨다.

와 고정화 등, 무슨 일이 있을 때마다 일본의 현황에는 전성기가 지나버린 '사양'의 이미지가 따라붙어 미래에 대한 불안과 비관적인 예측이 수반되는 경향이 있다. 가장 확실한 근거가 되는 것이 인구 감소다.

2015년의 국세조사에 따르면 일본의 총 인구는 1억 2,709만 명이다. 지난번 조사(2010년)보다 거의 100만 명이 감소했다. 총 인구가 감소한 것은 국세조사가 시작된 1920년 이래 처음이다. 감소 경향은 아무래도 지방이 현저하지만 오사카부와 같은 대도시권에서도 2010년 조사보다 2만 수천 명이 줄어들어 태평양전쟁 이후로 첫 감소를 기록했다. 이런 상황에서도 도쿄도는 증가하고 있다. 그러나 증가율은 지난번 2010년 조사의 4.63퍼센트보다 둔화된 2.70퍼센트에 그쳤다.

국세조사의 통계수치를 대략 살펴보기만 해도 지방뿐 아니라 대도시권에서도 축소되고 있는 일본을 떠올릴 수 있다.

그러나 과연 이것은 일본만의 현상일까? 이례적으로 일본만 현저한 인구 감소와 고령화의 압박을 받으며 쇠퇴하고 있는 것일까?

여기서 잠시 멈춰 서서 생각해볼 필요가 있다. '사양'은 일본만의 현상인가? 그것은 부정적인 현상이며, 쇠퇴와 소멸을 의미하는가? 근본적으로 '사양'이라는 것은 대체 무엇을 의미하는가?

넓은 범위에서 조감해보면 우리는 지금 '근대Modernity'의 사양이라는 문명사적 변동 과정에 있다고 할 수 있다.

후쿠자와 유키치福沢諭吉의 《문명론의 개략文明論之概論》이 19세기 중반에 활약한 영국의 헨리 버클Henry Buckle의 《영국 문명사

History of Civilization in England》나 프랑스의 프랑수아 기조François Guizot
의《유럽 문명사*Histoire de la civilisation en Europe*》를 바탕으로 쓰였다는
사실에서도 알 수 있듯이, 2018년 '메이지유신 150주년'을 맞이한
근대 일본의 발자취는 근대 유럽의 '뜨거운 시대'에서 압도적인 영
감을 받았다.

'뜨거운 근대'는 화석연료를 에너지원으로 노동력과 과학기술
의 향상을 지렛대 삼아 생산력을 높여 국부國富와 국력의 증대를
도모하는 무한진보에 사로잡혔던 시대를 가리킨다. 물론 그와 동
시에, 메이지시대 일본을 예로 들면 "만사 공론에 따라 결정할 것"
이라는 '5개조 서약문'의 내용처럼 입헌주의와 의회제에 의해서
민주주의가 확립된 시대이기도 했다.

이러한 '뜨거운 근대'의 모습을 후쿠자와는 "일신一身 독립하여
일국一國 독립한다"는 절묘한 한마디로 간결하게 표현했다.

개인이 자신을 연마하면서 공공의 공간을 통해서 주체적으로
국정에 참여한다. 그리고 국가가 그러한 개개인의 내면을 통해서
운영된다. 이러한 국가야말로 국부와 국력이 가장 강력한 국가라
는 것이다.

후쿠자와의 이상과 메이지유신 이후에 전개된 현실을 차치하
고, 메이지유신 150주년을 맞이한 일본은 구미를 제외한 지역에
서 그러한 '뜨거운 근대'의 선두주자였다고 할 수 있다.

그러나 그 실상을 들여다보면 '뜨거운 근대'는 '추격추월형' 근
대화, 다시 말해 앞사람을 끊임없이 추월해 나가는 강박증적인 열
기에 사로잡힌 근대화였다. 게다가 그것은 사실 가부장제 지배와

자본주의적 합리화, 내셔널리즘이 결합된 '남성 중심'적인 성적 편견이 강한 시대를 의미했다.

그러한 강박증적인 열기가 얼마나 내면을 병들게 하는지, 일본의 국민작가 나쓰메 소세키夏目漱石는 《그 후それから》에서 주인공 다이스케代助의 입을 빌려 다음과 같이 표현했다.

"소와 경쟁하는 개구리처럼 이제 곧 너는 배가 터지고 말거야."

'배가 터진다'. 메이지유신 150주년의 중간 지점에서 일본은 확실히 '패전'이라는 배가 터지는 괴멸적 파탄을 경험했다.

그러나 태평양전쟁으로부터 약 70년 가까이, 일본은 고도성장이라는 '뜨거운 근대'를 재현함으로써 국부와 국력으로 "재팬 애즈 넘버원Japan as number one"이라 불릴 정도로 세계가 탐내는 국가가 되어 돌아왔다. '부국강병'이 아니라 '부국약병'이지만, 일본은 두 번이나 '뜨거운 근대'의 흐름을 타는 데 성공한 것이다.

하지만 그러한 '뜨거운 근대'에 불을 지핀 것은 인구 증대가 국력의 토대이며, 인구는 기하급수적으로 증대되고, 그에 비해 생활 자원은 산술급수적으로만 증대된다는 맬서스주의적인 압박이었다. 그런 이유로 태평양전쟁 이전에는 구미열강의 뒤를 따라 제국주의적 식민지 쟁탈전에 참가하고, 이후에는 집중호우적 과잉 수출*을 통한 무역입국으로 발전했다.

태평양전쟁 이전에도 이후에도, 인구는 늘어난다는 가정 하에 오로지 생산력 증강에만 매진한 역사였다고 할 수 있다.

• 특정 품목에 대해서 일시적으로 특정 국가에 집중적으로 이루어지는 수출.

19세기 중반 에도시대 말기의 인구는 약 3,000만 명, 1870년대 메이지시대 초기는 약 3,500만 명이었다. 메이지유신 이후 150년 동안, 전쟁으로 인한 감소가 있었지만 일본의 인구는 세 배 이상으로 불어났다.

영국과 프랑스가 같은 기간에 약 1.5배 증가했음을 고려하면 일본의 인구 증가율이 얼마나 높은 수치인지 알 수 있다. 일본과 비슷한 근대화 과정을 거쳤으며 전쟁도 체험한 독일의 경우도 영국과 프랑스보다는 증가율이 높지만 일본 정도는 아니다.

미국은 이민국가이기 때문에 일본의 단순 비교 대상이 될 수 없다. 일본의 증가율을 월등히 상회하는 국가는 한국이다. 그러나 한국은 '압축 근대'라는 이름이 붙을 정도로 '뜨거운 근대'를 단기간에 편파적인 형태로 통과했다. 그러다보니 출생률은 일본보다 낮아 저출생·고령화 속도가 상당히 빠른 편이다.

결국 메이지유신 이후 150년 동안, 세계적으로도 미국을 제외한 주요 선진국들은 인구 감소 경향으로 변하고 있다.

1980년을 1로 상정하고 인구 증가율을 예측해보면 2050년에는 일본이 0.9 이하, 독일도 1 이하로 떨어지게 될 것이다. 한국은 일본 이하의 증가율을 보일 것이 확실하다.

확실히 '뜨거운 근대'를 뒷받침하던 인구동태는 근본적으로 변하고 있다. 그리고 이러한 추세는 틀림없이 불가역적으로 진행될 것이다. 이런 의미에서 '사양'은 일본만의 현상이 아니라 오히려 문명사적인 현상이다. 그럼에도 사양화를 한탄하는 것은 여전히 '뜨거운 근대'를 기준으로 여기면서 '사양'은 기준에서의 이탈이라고만 생각하며 제대로 파악하지 못하고 있기 때문이 아닐까?

일본과 같은 선진국에서는 식자율의 향상과 여성의 고학력화 및 사회참가와 더불어 만혼화와 비혼화가 진행되어 이미 불가역적 경향으로 자리 잡았다. 일본의 2015년 출생률은 1.46이었다. 주요 유럽 국가들과 비교해도 낮은 수준으로 일본보다 낮은 출생률은 한국의 1.24 정도다.

이렇게 '뜨거운 근대'를 저변에서 뒷받침하고 있는 인구동태의 경향 자체가 크게 변하고 있으며, 그 변화가 문명사적 변동과 연동되고 있다는 것을 알 수 있다.

과학역사가 야마모토 요시타카山本義隆는 이러한 움직임을 "과학기술 총력전 체제의 파탄", "성장 환상의 종언"으로 정의하고,[1] 지속가능한 발전과 개발이 가능한 문명으로의 전환을 주장하고 있다.

'메이지유신 150주년' 기념식과 우경화 움직임을 보면 이러한 인식이 완벽한 주류가 되었다고는 말하기 어렵다. 그러나 지방창생의 새로운 패러다임에 대한 요구, 자연재생에너지의 개발, 소규모생산·유통·소비네트워크의 형성 등 다양한 시도가 활발하게 이루어지고 있다.

그렇지만 이러한 문명사적인 전환을 배경으로 하는 일본의 안전보장에 대한 전망은 상당히 허술한 실정이다.

이에 '뜨거운 근대'의 종언과 문명사적인 변화를 배경으로 일본

---

1 야마모토 요시타카, 《근대 일본 150년》.

안전보장의 전망에 대해서 생각해보도록 하겠다.

힘에 의한 안전보장의 한계

———

저출생·고령화와 저성장, 또는 '정상화定常化 사회'의 도래에 대한 논의가 시끄럽다. 그러나 그 대부분이 일본 국내의 지역문제와 사회문제, 다시 말해 일본의 국내적인 문제로 한정되어 있다. 어째서 대외적인 측면으로 눈을 돌리지 못하는 것일까?

당연히 그러한 인구변동과 문명사적인 변화를 배경으로 국가안전보장의 이상적인 형태 그 자체를 재고하는 움직임이 일어날 법도 한데, 그러한 조짐은 보이지 않는다. 그 이유는 일본열도가 직면한 안전보장 상의 위기를 당장 눈앞에 닥친 위협으로 공유하고 있기 때문이다.

J. F. 케네디 미국 대통령은 우발적인 핵전쟁의 위기를 그리스신화에 등장하는 '다모클레스의 칼'에 비유했다. 이 비유를 적용해보면, 일본열도는 칼날이 머리카락 한 가닥으로 머리 위에 매달려 있는 상황이다. 이렇게 일촉즉발의 위기에 처했다는 위기감이 중장기적인 안전보장의 선택지를 고려할 여지를 빼앗고 있는 것이다.

설명할 필요도 없이, 일본열도 위에 매달려 있는 칼날은 북한의 핵 위협이며 또한 해양 진출이 왕성한 중국의 군사적 위협이기도 하다.

현재 일본열도를 둘러싼 국제적인 환경은 에도시대 말기부터 메이지시대 사이의 제국주의적 '완력'이 위력을 발휘하던 약육강식의 세계와 다르지 않다. '불량배 국가' 또는 독재국가가 힘을 악용하여 일본의 안전 자체를 위협하는 무법지대가 되고 있다.

이러한 공포감과 위기의식은 냉전이 종결되던 시기의 평화의 배당이 동등하게 균점되어 '역사의 종언'이 찾아온다는 다행증적인 낙천주의와 현저한 대조를 이룬다.

힘에 의한 위협에는 힘으로 대항해야 한다. 그러기 위해서는 지정학적 전략에 입각한 동맹관계(미일동맹)를 강화하고, 최신 병력과 장비를 갖추고, '최소한의 방위력'이라는 제한적인 안정보장 개념을 일소함으로써 강함과 부드러움 양면에서 기존의 '금기'를 타파하고 좀더 적극적인 군사력의 확충과 기동적인 운용이 필요하다. 이러한 지정학적 현실주의에 입각한 군사력을 우선하는 안전보장 개념이 대두하고 있다.

이렇게 힘으로 유지하는 평화와 군사력에 대한 과신, 나아가 지정학적 전략 등은 어떤 의미에서 '뜨거운 근대' 그 자체가 다시 온 것이라고도 할 수 있다.

대륙계 지정학의 대표적 인물인 독일의 카를 하우스호퍼Karl Haushofer부터 영미계의 앨프리드 마한Alfred Mahan, 해퍼드 매킨더 Halford Mackinder, 니콜라스 스파이크먼Nicholas Spykman까지, 국제관계를 지리적·국력적·군사적인 요인으로 설명하는 전략적 사고는 한계를 지적받으면서도 세계화가 진행되는 과정에서 세계 각지에서 격세유전처럼 다시 되살아나고 있다.

그러나 국가안전보장의 개념 자체가 이미 '뜨거운 근대'와 결별하고 크게 변용되고 있으며, 이러한 흐름을 따르면 지정학적 군사력에 편중된 국가 주도의 안전보장이라는 사고방식은 시대에 뒤처지는 것이다. 그러한 사고방식은 인구를 병력의 원천으로 간주하고, 국토 보전을 주권적 우선사항으로 간주하는 '뜨거운 근대'의 국가중심적 안전보장 개념이기 때문이다.

오히려 현대의 안전보장은 국가중심에서 인간중심의 '인간의 안전보장'이라는 개념으로 이동하고 있다. 이러한 포괄적인 안전보장 개념을 표어로 나타내면 "영토 편중의 안전보장에서, 인간 중시의 안전보장으로", "군비에 의한 안전보장에서 '지속가능한 인간 개발'에 의한 안전보장으로"라고 할 수 있다.

물론 국가중심의 전통적인 안전보장 개념과 인간 중심의 비전통적인 안전보장 개념이 반드시 대립하는 것은 아니다. 경우에 따라서는 상호 보완적인 관계를 맺을 수도 있다.

그러나 미국이 일으킨 이라크 전쟁이 구체적으로 보여주듯이, 테러로 인한 대량살육에 분노한 초강대국의 선제공격은 돌이킬 수 없는 민간인의 희생을 수반하고 '명분 없는 전쟁'으로 지탄받았다. 이는 인간의 안전보장을 짓밟는 국가 중심적 안전보장은 아무리 초강대국이라도 막대한 참화를 초래한다는 것을 의미한다. 이라크 전쟁은 초강대국 미국의 위신 저하와 패권 약화를 초래하는 결과로 끝났다.

로버트 케이건Robert Kagan은 미국 조지 W. 부시 정권이 내세운 '신보수주의neocon'의 이론적 지도자였다. 이라크 전쟁이 일어나기 1년 전, 그는 《폴리시 리뷰The Polish Review》에 발표한 논문 〈힘과 약함)에서 "영구적 평화를 주장하는 '유럽의 칸트적 신질서'는 실제로는 "홉스적 구질서의 법칙을 따라서 행사되는 미국의 힘의 우산 아래에서만 존립될 수 있다"고 적으며 힘에 의한 안전보장의 정당성을 다음과 같이 주장했다.

> 유럽은 '도덕적 의식'에 입각한 규칙을 아직도 받아들지 않는 세계로부터 물리적으로도 정신적으로도 유린당하지 않기 위해서 자신들의 낙원을 지키려는 의지도 능력도 가지고 있지 않다. 그렇기 때문에 지금도 권력정치를 신봉하는 전 세계 세력들을 억제하고 타파하기 위해서 군사력을 행사할 의지를 가지고 있는 미국에 의존해온 것이다.

유럽을 일본에, 권력정치를 신봉하고 '도덕적 의식'에 입각한 규칙을 따르지 않는 국가를 북한과 중국에, 그리고 낙원을 태평양전쟁 이후의 평화주의로 바꾸면, 설교처럼 들리는 케이건의 단언은 현재의 일본 안전보장 개념에 거의 그대로 들어맞는다고 할 수 있다. 그러나 군사력에 편중된 미국의 힘이 과연 미국뿐 아니라 국제질서의 안정과 안전보장에 공헌하고 있다고 할 수 있을까?

오히려 초강대국의 '도덕적 의식'에 입각한 규칙과 존엄, 그 위신은 트럼프 정권이 되고 반대로 계속 떨어지고만 있다. 이것이 세계의 다극화 또는 무극화라는 혼란스러운 국제관계에 박차를 가하고 있는 것은 아닐까?

그럼에도 군사력에 편중된 힘에 의한 안전보장 개념에 사로잡혀 뒤늦게 '힘에 의한 평화'로 회귀하고 있는 것이 현재 아베 정권의 안전보장 개념이 아닐까? 애초에 북한의 인권탄압과 '비정상적 체제', 나아가 핵 실험과 미사일 발사는 '도덕적 의식'에 입각한 규칙에 어긋난다. 도저히 용인할 수 없다.

그러나 어떤 의미에서 힘에 대한 맹신은 초강대국이 주도하는 군사력에 편중된 힘의 정치의 축소판이라고도 할 수 있다. 적대하는 국가관계에서는 힘에 의한 안전보장 개념에 집착하기 쉽다.

'일대일로一帶一路' 정책을 통해서 광역세력권 확립을 진행하고 있는 중국도 '도덕적 의식'에 의한 규칙은 따르지 않는다. 더 강력한 힘이기 때문에 더 위협이 되는 국가라는 평가가 내려지는지도 모른다.

그러나 현실주의 국제정치학의 권위자 한스 모겐소Hans Morgenthau는《국가 간의 정치Politics among Nation》에서 다음과 같이 이러한 대외 인식의 맹점을 지적했다.

서로 공포에 빠져서 공포를 누그러뜨리기 위해서 군비경쟁에 휘말린다면, 어느 쪽도 처음에 가정했던 상대방의 제국주의를 현실의 경험적 체로 걸러낼 수 없게 된다. 본래 현실에 대한 신화적 인식에 불과하던 대상이 이제는 자기충족적 예언이 되어버린다.

현재의 중일관계는 이와 같은 상호공포의 덫에 빠져서, 일본에 전통적인 군사력에 편중된 안전보장 개념의 확대를 초래하고 있는 것은 아닐까?

이러한 군사력에 편중된 전통적인 안전보장 개념으로 회귀하게 된 이유는 북한과 중국의 위협과 더불어 일본의 국내적 불안감 심화와 개인을 대신하는 상징적 대체물로서의 국가에 대한 정서적 애착이 강해져졌기 때문이 아닐까? 그 집단적인 감정의 격앙은 다시 한 번 모겐소의 표현을 빌리면, 힘을 둘러싼 경쟁이 "선악간의 투쟁이라는 이념의 차원"으로 옮겨가서 인간의 안전보장이라는 넓은 시야가 닫혀버릴지도 모른다.

사회의 안정성과 안전함의 상실에 대한 근본적 불안감이 국가에 대한 자기동일화의 동력momentum이 된다면, 그것은 어디에서 비롯된 것일까?

그것은 앞에서도 설명한 것처럼 메이지유신 이후 150년, 그리고 태평양전쟁 이후 70년 동안 일본의 근대가 추구해온 '성장 이념'을 현실이 뒤집어버림으로써 이미 '뜨거운 근대'가 끝나버렸지만 그것을 대신할 수 있는 이상과 목표를 찾을 수 없기 때문이 아닐까?

사양을 그저 정체와 쇠퇴로밖에 이해하지 못한 채, '뜨거운 근대'의 재림만을 갈구하는 과거지향적인 안전보장 개념에 일본의 미래를 맡길 수 있을까?

현명한 안전보장 전망

———

그렇다면 '뜨거운 근대'가 끝나 사양을 피할 수 없는 시대에는 어떤 안전보장이 필요할까? 그에 대한 전망을 동아시아의 미래를 시야에 넣어서 윤곽의 일부라도 제시해보고자 한다.

당연히 안전보장은 테러나 자연재해 등 국내의 중대 사고를 제외하면 대외적 위협과 관련이 있다. 인간의 안전보장은 적대 국가의 시민과 주민까지 시야에 넣은 인간적인 '개발'가능성을 가능한 존중한다는 생각에 기반을 두고 있다.

그러나 동아시아의 경우는 영토 문제와 주권의 안보, 나아가 역사 문제와 체제간의 알력이 얽혀 있기 때문에 국가적 위협이 증폭되기 쉽다. 거기에 변덕스러운 여론이 끼어들어서 위협이 사실 이상으로 과대평가되는 경향이 있다.

그러나 간단하게 생각하면 위협은 능력과 의지의 곱셈에 지나지 않는다. 러시아는 미국에 필적하는 핵 대국이다. 보유한 핵의 힘으로만 따지면 일본의 위협이 되지만 의지의 면에서는 일본에 임박한 위협으로는 여기지 않는다. 중국도 마찬가지다. 적어도 핵의 위협이라는 점에서는 중국은 당장의 위협으로 여기지 않는다.

그렇다면 북한은 어떨까? 현 시점에서 북한이 일본의 가장 중요하고 임박한 위협으로 여겨지고 있음을 말할 필요도 없다. 가렴주구苛斂誅求의 전제적 지배와 왕조국가적 독재, 잔인한 숙청, 납치와 테러에 손을 대고 있는 '불량배 국가'라는 이미지가 '무슨 일을 저지를지 모른다'는 불안감과 맞물려 위협은 높아질 뿐이다.

확실히 북한은 사실상 핵 보유를 선언했고, 핵탄두를 중거리탄도미사일에 실어 일본열도로 날려보낼 수 있는 능력을 가지고 있다. 게다가 국교조차 맺지 않았기 때문에 북한의 의도는 사실상 내부가 보이지 않는 상자 같은 상태다. 이런 요인이 위협을 증폭시키고 있다.

그러나 명확한 사실은 북한이 일본에 핵을 사용하면 미국에게 보복적인 핵 공격을 당해서 괴멸적으로 파괴된다는 것이다.

'도덕적 의식'에 입각한 규칙에서 벗어난 무모한 행동에서도 자기보존이라는 점에서는 일정한 합리성을 찾을 수 있다. 독재자는 잔인할지는 몰라도 미치광이처럼 아무 일이나 저지르는 것은 아니다.

체제유지와 자기보존이라는 점에서 분명히 북한은 파워게임에 참가하고 있는 선수다. 그렇다면 북한의 핵과 미사일이 최대의 위협이 되고 있는 이상, 그것을 포기하게 만드는 것이 일본 외교의 목표가 될 수밖에 없다.

여기서 문제는 미사일 방위시스템을 정비하고, 필요에 따라서는 적의 기지를 공격할 능력을 갖추고, 나아가 경제적인 봉쇄와 압력을 가하는 것만이 진정 위협을 제거하는 최선의 선택인가라는 점이다. 이러한 방법이 전통적인 안전보장 개념에 입각한 '힘에 의한 평화'에서 도출되었음은 말할 필요도 없다.

그러나 이러한 '제로섬 게임'적인 '힘에 의한 평화'에는 '뜨거운 근대'의 군사력에 편중된 힘의 정치만이 두드러진다. 유연하고 다양한 선택지를 향해 열려 있는 종합적인 외교의 자세는 보이지 않는다. 게다가 외교적 전망도 찾아볼 수 없다.

다시 한 번 모겐소의 말을 빌리면, 외교는 국민의 사기가 국력의 정신적인 부분을 형성할 수 있도록 국력의 두뇌를 형성하고 있는 것이다. 그는 외교적 전망이 불확실하면 군비, 인구 규모와 질 등의 이점도 결국 국가에게 의미를 갖지 못하게 된다고 말한다.

북한은 핵을 보유하고 있는데다가 미사일 실험에도 어느 정도 성공했다. 이런 북한을 압박하기만 할 경우, 북한이 이것을 핵 포기만을 요구하는 수단으로 생각하지 않고 오히려 체제의 전복(정권교체)을 의도한 위협으로 간주할 가능성은 충분히 상정할 수 있다.

그렇게 된다면 최악의 경우 핵전쟁의 악몽이 기우로 끝나지 않을 수도 있다. 이것은 세계적으로 정평이 나 있는 '북한 전문 소식통'인 존스홉킨스대학 웹사이트 '38노스'의 시뮬레이션만 봐도 분명히 알 수 있다. 북한의 위협을 최소한으로 축소하고, 최종적으로 핵과 미사일의 위협을 제거하기 위해서는 그 능력뿐 아니라 그것을 사용할 의지가 없는 상태를 만들고, 그 이후 적당한 시기에 핵과 미사일을 포기하게 만드는 단계적 접근과 외교적 구상력 및 전략이 필요하다.

북한에 대한 대응 방법은 일본이 '뜨거운 근대'로 회귀하는 군사력에 편중된 전통적인 안전보장대국으로 나아갈지, 그렇지 않으면 수준 높은 국제적 구상력을 갖춘 중규모 국가로 '외교대국'이 될지를 가르는 중대한 시금석이기도 하다.

만약 일본이 후자의 길을 선택하여 북한 위기의 평화적인 해결에 크게 공헌한다면, 남북관계의 개선은 물론이고 일본·미국·남북한·중국·러시아를 포함한 다국간 협조의 평화주의로 가는 기틀을 마련하는 데 중요한 역할을 수행하게 될 것이다.

북미 사이의 반목은 확실히 뿌리가 깊고, 북한에 대한 불신감도 쉽게 바뀌기 힘들다. 그러나 사실상 방치되고 있어도, 2005년의 제4회 6자회담 관련 공동성명에서 "6자는 동북아시아지역의 안전보장에서 협력을 촉진하기 위한 방책에 대해서 탐구해나가는 것에 합의했다"고 주장했다.

이 방책을 솔선해서 탐구해나가는 것이야말로 '뜨거운 근대'를 끝내고 사양으로 접어들고 있는 성숙한 일본에게 걸맞은 '외교대국'의 길이 아닐까? 이것이 일본이 제시할 수 있는 전망이며 이상이 아닐까?

그저 현상 유지status quo에 매달리며 워싱턴의 출장 사무소 역할에 만족하기만 해서는 '국력의 정신적 부분'인 '국민의 사기'가 고양되지 않는다.

"역사에서는 두뇌(외교) 또는 정신(국민의 사기)이 없는 골리앗이 두뇌와 정신을 둘 다 겸비한 다윗에게 종종 죽임을 당한다."

모겐소의 이 경고를 지금 다시 한 번 되새길 필요가 있다.

맺음말을 대신해

———

사양의 시대를 맞이한 일본의 안전보장을 생각하면서 언제나 머릿속을 떠나지 않은 것은 독일이었다. 동양과 서양에서 같은 궤적을 그리면서 '뜨거운 근대'를 헤쳐 나와, 세계대전에서 상처를 입은 두 국가는 지금 대조적인 위치에 있다고 생각한다.

확실히 유럽연합은 재정 위기, 영국의 탈퇴 표명, 난민 문제 등으로 요동치고 있다. 그 통합의 중심인 독일도 국내적으로는 결코 안정되어 있다고는 말할 수 없다.

그러나 일본과 마찬가지로 저출생·고령화의 파도에 휩쓸리며 분명히 정점을 지나 사양으로 향하고 있지만 독일에서는 보수파를 포함해, 적어도 주류 세력 안에서 '뜨거운 근대'의 재림을 요구하는 목소리는 크지 않다. 게다가 독일을 둘러싼 이웃 국가들과의 사이에서 한일 또는 중일과 같은 긴장감이 감돌고 있지도 않다.

게다가 독일은 미국의 출장사무소적 역할을 담당하고 있지도 않다. 오히려 트럼프 정권의 미국에 대해서 시시비비의 입장을 견지하고 있다. 이란의 핵 개발 포기 교섭에서는 국제연합의 안보리 상임이사국과 함께 중요한 동반자의 역할을 수행했고, 우크라이나 위기에서도 푸틴 정권 러시아와 미국과의 관계를 중재하는 중개인의 직무를 담당하고 있다.

또한 궤도를 수정했다고는 하지만 난민문제에서는 인간의 안전보장이라는 관점에서 최대한의 배려를 아끼지 않았던 것도 메르켈 총리가 이끄는 보수연합의 독일이었다. 이렇게 이야기하면 독일을 둘러싼 국제관계와 역사는 일본과 다르다는 진부한 변명(클리셰)이 돌아올 것에 틀림없다.

그러나 그럼에도 독일이 비교적 '뜨거운 근대'에서 완만한 사양으로 방향을 바꿀 수 있었던 이유는, 대외적으로 보면 구상력이 뒷받침된 외교력 덕분이었다. 그것은 일국의 국민의 '사기'에 뿌리를 내리고 있는 '두뇌'의 선물이기도 하다.

개인적으로 이렇게 실감한 것은 태평양전쟁 종료 50주년을 기넘하는 일독 포럼에 출석했을 때였다. 구서독에서 외무총리로서 '동방정책Ostpolitik'을 책임지고 미하일 고르바초프Mikhail Gorbachev 와 함께 '동유럽 혁명'의 기선을 잡은 한스디트리히 겐셔Hans-Dietrich Genscher의 언동을 접하고 깊은 감명을 받았기 때문이다. 그의 언동은 보수정치의 이상으로 가득 차 있었고, 동시에 역사를 통해서 배양된 '모든 힘은 상대적인 것이다'라는 신념이 살아 숨 쉬고 있기 때문이다. 그때 나는 구상력을 갖춘 외교력의 일면을 확인할 수 있었다.

없는 것을 무리하게 요구하는 것이 아니다. 일본에는 분명히 사양에 걸맞은 현명한 '외교대국'으로서의 가능성이 있다. 이상과 전망을 망각한 '현상유지' 외교는 국민의 '사기'를 저하시키고 국가의 '두뇌'인 외교의 질적 저하를 초래할 뿐이다.

이 논고를 집필하는 동안에 세계를 놀라게 한 극적인 남북정상회담과 북미정상회담의 개최가 발표되어 북한의 핵위기 타개에 대한 기대가 커지고 있다.

물론 이것도 제재로 인해서 궁지에 몰린 북한의 책략manoeuver에 불과하며, 그 교묘한 평화 공세에 속아서는 안 된다는 경계론도 확고하다. 특히 일본은 압박 일변도의 힘에 의한 해결 쪽으로 기울어 있었던 만큼, 북한 최고실력자와의 정상회담에 응한 트럼프 정권의 대응에는 당혹감과 더불어, 분명히 최대 후원자인 미국의 변심으로 고립될 수 있다는 의심이 강해지고 있을 것이다.

머리를 스치는 것은 일본을 제외하고 전격적으로 이루어진 1971년 미국과 중국의 접촉이라는 씁쓸한 경험이다. 한창 냉전 중이었지만 베트남 전쟁이 진흙탕 싸움으로 변하면서 초강대국 미국의 힘에 그늘이 보이고, 미국 국내에 대항문화의 물결이 커지던 시기였다. 그때 일본은 1960년대 '뜨거운 근대'의 여운을 즐기고 있었다.

그때는 일본식 경영이나 '메이드 인 재팬'이 세계의 각광을 받고, 일본의 인구는 1억 명을 넘으며 증가하고 있었다. 군사적인 면에서는, '한정 치산자'*라는 신분에 만족하면서 국내 자원을 경제 성장에 쏟아부으며 미국의 압도적인 군사적 안전보장의 우산 아래에서 '팍스 자포니카Pax Japonica'**를 구가하던 시대였다.

그렇게 한창 '뜨거운 근대'를 즐기고 있던 일본에게 국제무대에서 군사적인 면은 물론이고 외교적으로도 '금치산자'***의 신분이라는 사실을 억지로 일깨워준 것이 바로 미국과 중국의 접촉이라는 충격적인 역사적 전개였다.

그로부터 반세기가 지나, 미중 접촉과 비슷한 충격이 재현되려 하고 있다.

그 사이 냉전은 종결되고 '뜨거운 근대'를 가동시켜온 이념 대립도 막을 내리면서 '역사의 끝'이라는 소리마저 들려오는 세계화 시대가 되었다. 세계화 시대의 도래는 곧 물리적인 힘을 아웃소싱(미

• 정신 장애가 있거나, 낭비가 심하여 가정 법원으로부터 재산의 관리나 처분을 제한하는 선고를 받은 사람.

•• 일본의 경제력을 바탕으로 일본이 주도하는 평화.

••• 법원에서 심신 상실의 상태에 있어 자기 재산의 관리·처분을 금지하는 선고를 받은 사람.

일안보)에 맡기고 '뜨거운 근대'의 패자의 지위에 오른 일본이 영원한 번영을 누리는 시대의 도래라고 여겨졌다. '일본영원번영론'조차 결코 환상이 아니라고 생각했다.

그러나 냉전의 종결과 함께 '뜨거운 시대' 안에 봉인되어 있던 다양한 차이가 쏟아져 나오면서 국가가 주도하는 과학기술총동원형 사회의 한계가 드러났다.

인구의 체감遞減과 고령화, 노동인구의 감소와 과소화가 진행되면서 사회적 성역할을 둘러싼 갈등과 여성의 사회 진출, 성·민족·종교 등의 정체성을 둘러싼 소수자의 권리 문제 등의 유사 가부장제도와 그 전통적 계승 위에 성립된 과잉동조적인 사회질서가 흔들리기 시작한 것이다.

이제 메이지유신 이후에, 그리고 태평양전쟁 이후에 전개되어 온 인구증대와 윤택한 노동력, 남녀의 성역할과 유사 가부장제, 국가가 주도하는 과학기술동원체제와 균질적 국민교육제도를 토대로 하는 국력증진형 사회는 확실히 종언을 맞이하고 있다. 이것은 미국처럼 특수한 다민족사회를 제외하면 서구의 성숙사회에서도 공통적으로 나타나는 경향이다.

일본은 19세기 후반부터 시작된 '뜨거운 근대'에서 '개국'을 경험하고, 시작이 늦었지만 단기간에 '뜨거운 근대'의 '기성품'을 일본적으로 개조하는 데 성공했다. 오히려 이런 성공이 방향을 전환할 가능성을 없애버렸다고도 볼 수 있다.

70년 전의 '패전 체험', 그리고 7년 전의 '후쿠시마 원전사고'의 체험은 분명히 '뜨거운 근대'의 '추격추월형'의 근대에서 '차가운'

근대의 저성장=정상화 사회로 전화하는 결정적인 동력이 되었다. 안전보장의 면에서는, 군사력에 편중된 지정학적 전략 개념에서 인간의 안전보장에 중점을 둔 외교전략을 중요시하는 평화주의로의 전환을 의미한다.

북한 위기를 둘러싼 문제의 경우, '최대한의 압박maximum pressure'에서 '최대한의 현명함(신중함)maximum prudence'으로의 전환을 의미한다.

지정학적 현실을 고려해도 미국, 중국, 러시아와 같은 대륙형 대국이 아닌 일본은 남북으로 긴 섬나라의 지리적 조건 때문에 외부의 무력공격에 대단히 취약한 지형적 환경에 놓여 있다. 이런 의미에서 일본은 '취약성vulnerability'이 지극히 높은 사회다. 게다가 거대 지진 등의 자연재해가 빈번하게 발생하는 지역에 위치하고 있는 이상, 일본 사회는 국내적 '취약성'이 주변 국가에 비해서 현저하게 높다.

메이지유신부터 1995년 고베대지진까지 약 130년 역사에서 1923년 관동대지진을 제외하면 거대지진과 쓰나미 등의 중대사고 없이 보냈다. 그러나 그것은 우연한 행운이다. 일본열도는 확실히 활동기에 속하며 어디에서 자연재해가 발생해도 이상하지 않다. 자연재해는 재해지역에 마치 국지적 전쟁터와 같은 피해를 입힌다. 동일본대지진의 참상을 보면 분명히 알 수 있다. 게다가 원자력발전소 사고처럼 막대한 재해가 겹치면 일본은 국토의 재생조차 확신할 수 없다.

이렇게 국내외적으로 '취약성'에 노출되어 있으며, 독보적인 기

세로 저출생·고령화로 돌진해가는 사회에서 지정학적·군사적 대국화를 지향하는 것은 과장을 조금 보태면 자살행위와 다름없는 무모한 계획이라고도 할 수 있다.

오히려 일본은 작지만 현명한 중규모 국가로서 남북한의 융화 및 북미정상화의 현실을 응시하며, 힘의 균형을 둘러싸고 동아시아에서 일어나는 큰 변화에 적합한 지역적 평화질서를 형성하는 데 외교적 자원을 투입해야 하지 않을까?

'축소'라는 단어로 주로 표현되는 일본의 미래는 결코 우울하지 않다. 적어도 '뜨거운 근대'의 주박에서 해방되어 보유한 부드러운 힘을 외교전략 중심의 평화주의로 전환하고, 저성장=정상화를 받아들이며, 감재減災˙에 월등한 지역분산형 국토를 연결하고, 훌륭한 문화적 부가가치를 다품종 소량생산 체계와 연계시키는 주기를 구축한다면 일본은 원만하게 사양을 구가하는 성숙사회로 이행할 수 있을 것이다.

˙ 재해로 인한 피해를 가능한 한 최소화하기 위한 대처(방재가 피해가 나지 않도록 대처하는 것인 데 반해, 감재는 미리 피해 발생을 상정한 다음 그 피해를 줄이려고 하는 것).

인구 감소 사회는
위험하다는 착각

저출산, 저성장 시대를 맞이하는 미래 세대를 위한 처방전

초판 1쇄 발행 2019년 12월 24일
초판 6쇄 발행 2024년 5월 30일

지은이 우치다 다쓰루 외 **옮긴이** 김영주
펴낸이 최순영

출판2 본부장 박태근
지적인 독자 팀장 송두나
디자인 윤정아

펴낸곳 ㈜위즈덤하우스 **출판등록** 2000년 5월 23일 제13-1071호
주소 서울특별시 마포구 양화로 19 합정오피스빌딩 17층
전화 02) 2179-5600 **홈페이지** www.wisdomhouse.co.kr

ISBN 979-11-90427-49-4 03330